개정판

기계경비개론

정태황 지음

백산출판사

머리말

소득의 향상과 함께 사람의 안전욕구는 증가하고 있으며, 안전산업의 지속적인 증가는 이러한 사실을 잘 반영하는 듯하다. 짧은 민간경비의 역사에도 불구하고 우리나라의 민간경비산업의 증가는 실로 엄청나다 할 수 있으며, 안전산업에서 차지하는 비중도 증가하고 있다. 현대는 인건비 절약과 효율적인 근무를 위하여 기계경비시스템이 경비업무를 위해 선택되는 기회와 차지하는 비중이 증가하고 있으며, 기계경비시스템에 의한 다양한 형태의 경비업무가 선보이고 있다. 기술의 발달과 함께 개선되고 발전된 형태의 경비기기가 등장하면서 경비기기는 인간의 보조자로서의 역할을 훌륭하게 수행하고, 특히 취약한 장소나 취약한 시간에 안전근무자를 대신하기도 한다.

기계경비기기를 구성하는 주요 기술은 전자기술과 통신기술로, 전자와 통신기술의 변화는 기계경비시스템의 구성과 운영에 큰 영향을 주게 될 것이며, 특히 갈수록 변화하는 정보통신 환경에서 새로운 형태의 경비서비스 창출과 함께 경비산업을 한층 더 증가시킬 수 있을 것으로 예상된다.

한편 경비기기의 작동을 방해할 수 있는 여러 요소로부터 벗어나고, 경비기기의 오작동 문제를 해결하기 위하여 경비기기를 설계하는 사람을 포함하여 기계경비에 관련된 사람들이 공통으로 노력해야 할 것이다.

그리고 2001년에 개정된 경비업법에 의해 기계경비업무가 새로운 경비영역으로 자리 잡으면서 기계경비에 대한 체계 정립과 함께 민간경비시장에서 차지하는 비중이 증가하고 있으며, 이러한 추세는 당분간 지속될 것으로 전망된다.

1996년에 기계경비에 대한 이론서를 최초로 발행한 후, 2001년에 한 번의 수정을 거쳐 이제 두 번째의 수정작업을 마치게 되었다. 각종 경비기기에 대한 구성과 작동원리, 적용 및 운용방법 등 학생과 기계경비 분야에서 종사하는 사람들이 참고할 수 있는 좋은 자료가 되길 기대해 본다.

그동안 이 책이 만들어지기까지 도움을 주신 백산출판사 여러분들께 감사를 드린다.

2011년

두 번째 수정작업을 마치면서

저자 씀

차 례

제1장 기계경비의 개념

제2장 침입감지시스템

제6장 전원공급장치

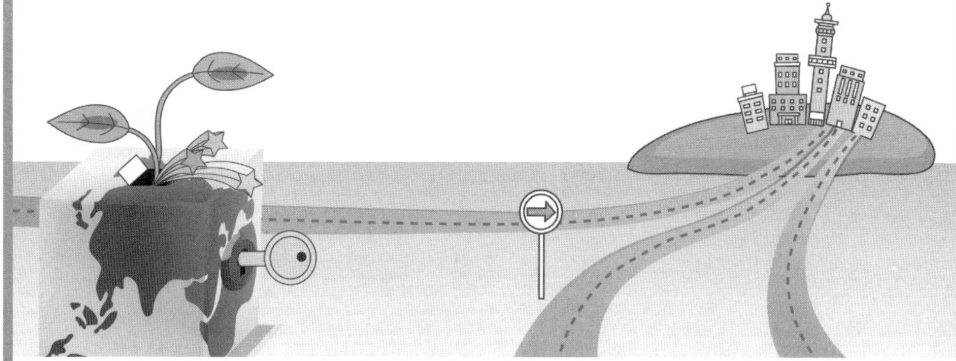

제1장

기계경비의 개념

제1장 기계경비의 개념

제1절 개요

1. 기계경비의 의의

경비란 "사람의 생명과 재산을 보호하기 위하여 대상지역이나 시설을 경계·순찰·방비하는 행위이다"라고 설명하고 있다.[1]

경비는 분류기준에 따라 여러 가지로 구분할 수 있는데, 경비 수단에 따라 인력경비와 기계경비로 구분할 수 있다.[2] 인력경비는 사람에 의해 직접적으로 이루어지는 경비를 말하며, 기계경비는 인력경비와 대비되는 의미로 각종 경비기기에 의해 이루어지는 경비를 말한다. 그러나 경비 활동의 주체는 사람이므로 기계경비는 경비기기를 수단으로 사람의 근무를 보조하여 경비업무를 효과적으로 수행할 수 있게 한다.

침입행위를 방지하기 위하여 물리적인 보호장치를 설치하거나 벽이나 울타리, 출입문, 창문 등과 같은 곳에 침입감지장치를 설치하여 범행이 진행되

1) 김두현, 경호학개론, 백산출판사, 2002.

2) 경비를 구분함에 있어 경비주체에 따라 공경비와 민간경비, 경비수단에 따라 인력경비와 기계경비, 경비대상에 따라 경비업법에 근거하여 시설경비, 호송경비, 신변보호, 기계경비, 특수경비로 구분한다. 특히 2001년에 개정된 경비업법에 의해 기계경비가 경비업의 한 분야로 등장하게 되었다.

고 있다는 것을 경고하여 범행을 방해하거나 조기에 적절한 조치를 취할 수 있게 한다.

오래 전 경비근무자들은 순찰도중 범행을 발견하여 도움을 요청할 때 호루라기를 불어 사람의 주목을 끌었지만, 지금은 무전기를 사용한다. 또한 공항에서는 금속탐지기나 X-ray와 같은 검색장비를 이용하여 무기나 폭발물과 같은 위험물이 비행기로 반입되는 것을 방지한다. 이와 같이 경비기기는 근무자들이 좀더 정확하게 그리고 좀더 신속하게 정보를 얻게 하여 적절한 조치를 취할 수 있게 도와준다.

사람들은 안전한 상태를 유지하기를 원하며, 경비기기는 안전한 상태가 변하고 있다는 것을 필요한 사람에게 알려 주는 역할을 하며, 이렇게 하여 범인에게 범행이 성공할 수 없다는 것을 경고하게 된다.

사람에 의한 근무효율의 저하와 인건비의 상승에 대응하기 위하여 경비기기를 선호하는 사람이 증가하고 있으며, 경비기기를 이용한 개선된 근무방법에 관심이 증가하고 있다.

인간의 안전욕구 증가와 함께 증가하는 경비시장에서 큰 부분을 차지하는 기계경비는 그 규모와 적용범위가 지속적으로 증가할 것으로 예상되며, 기술의 발달로 인한 새로운 시스템의 개발로 근무방법에도 많은 변화를 가져오고 있다.

2. 기계경비의 의미

가. 실질적 의미

기계경비란, 경비기기에 의한 경비를 의미하지만 경비기기 스스로 경비업무를 수행할 수 없고 경비업무의 수단으로 사용되어 사람을 보조하는 기능을 수행할 수밖에 없는 한계를 가지고 있다. 따라서 기계경비는 "경비기기와 함께 이루어지는 경비"로 해석할 수 있다.

일반적으로 기계경비는 일정한 지역을 단위로 여러 가지의 경비기기를 시스템 형태로 구성하여 운용하는 형태로 이루어지는데, 이와 같이 일정한 지역을 단위로 구성되는 경비시스템을 로컬경비시스템(Local Security System)이라 부르기도 한다.

나. 형식적 의미

기계경비의 형식적 의미는 경비업법에 명시된 기계경비를 의미하는 것으로, "경비대상시설에 설치한 기기에 의하여 감지 · 송신된 정보를 그 경비대상시설 외의 장소에 설치한 관제시설의 기기로 수신하여 도난 · 화재 등 위험발생을 방지하는 업무"를 의미한다.

즉 형식적 의미의 기계경비란 기계경비회사에서 용역서비스 형태로 제공되는 경비업무를 말하며, 현장에 설치된 센서에서 감지한 경보신호를 경비회사에서 수신하여 출동요원을 현장으로 보내 경보상황에 대응하는 업무로, 일부 사용자들에게 '무인경비'라는 용어로 알려져 있다.

3. 기계경비시스템

범행이 인간에 의해 행하여지는 한 경비활동은 인간에 의해 주도되어져야 하며, 경비기기는 근무자를 대신하는 것이 아니라 근무자에 의해 운용되는 보조수단으로서 근무자의 직무를 더 잘할 수 있도록 도와주는 부가적인 역할을 하게 된다. 따라서 기계경비가 경비의 보조자로서의 기능을 잘 수행하기 위하여 경비기기는 경비활동의 주체인 사람과 시스템적으로 조화를 이룰 수 있어야 한다.

기계경비를 적용함에 있어 경비의 기본 기능인 사람의 생명과 재산을 보호하기 위하여 경비대상시설로 출입하려는 인가되지 않은 사람이나 차량을 감시하고 통제할 수 있어야 할 뿐 아니라 물품의 반입과 반출의 통제 등 손실을 유발할 수 있는 다양한 대상에 적용할 수 있어야 한다.

기계경비시스템은 기계경비에 적용되는 경비기기 또는 시스템을 말하는데, 근무자의 보조기능을 수행하는 방법이나 형태에 따라 몇 가지로 구분하여 생각할 수 있다.

첫째, 침입행위 등의 이상상황을 감지하여 그것을 경보하는 침입감지시스템, 둘째, 일정한 지역을 감시하는 감시시스템, 셋째, 사람 및 차량의 출입이나 물품의 반출·입을 통제하는 출입통제시스템으로 각각 구분하여 설명할 수 있다.

침입감지시스템은 인가되지 않은 사람의 무단출입을 감지하여 그 정보를 필요로 하는 사람에게 경보형태의 신호를 보내어 이상 상황에 적절히 대응할 수 있게 해주며, 감시시스템은 CCTV의 형태로 근무자에게 필요한 시각정보를 제공하여 경계지역에 발생하는 이상상황을 감시하고 그 상황에 대응할 수 있게 한다. 그리고 출입통제시스템은 사람과 차량, 물품의 반입 및 반출을 확인하여 인가되지 않은 사람을 통제하거나 반입 또는 반출되는 것을 경보하고 통제하는 기능을 수행한다.

위에서 설명한 침입감지시스템, 감시시스템, 출입통제시스템은 각각 독립적으로 구성·운용되거나 2개 이상의 시스템을 연동한 형태로 구성·운용된다.

4. 문제의 발생

기계경비시스템은 경비대상시설에서 경비기기와 사람이 유기적으로 작용하면서 경비업무를 제공한다. 따라서 경비활동에 작용하는 경비기기와 경비기기를 운용하는 사람의 부적절함에 의해서 또는 대상시설 주변의 환경적 요인에 의하여 가끔 문제를 유발하게 되는데, 발생 가능한 문제를 몇 가지 형태로 설명할 수 있다.

첫째, 침입사건이 발생하였지만 경비기기가 감지하기로 설계되었던 기능을 제대로 수행하지 못하여 발생하는 문제

둘째, 침입자의 침입행위에 무관하게 불필요한 경보를 발생시켜 근무효율을 저해하는 문제

셋째, 경보신호를 받고 운용자가 경보상황에 적절한 조치를 취하지 않았을 경우 발생하는 문제

경비기기는 기계로서의 한계가 있기 마련이며, 경비기기의 기술적 문제나 운용자의 운용상의 오류, 기상변화와 천재 · 지변과 같은 주변 환경의 변화로 인하여 시스템의 오작동이 발생하게 된다. 이로 인하여 사용자나 운영자에게 일정한 형태의 손실이 발생하게 된다.

기계경비시스템이 그 기능을 제대로 수행하지 못하여 문제가 발생하게 되면, 경비기기의 신뢰성과 기능의 적합성, 경비기기 운용 또는 관리책임 문제가 제기될 수 있으며, 이 경우 배상문제를 해결하기 위하여 법적인 판단을 요구할 경우가 발생할 수 있다.

일반적으로 경비기기의 운용을 경비회사에서 담당할 경우, 경비업무 중 발생하는 문제에 대하여 고객과 경비회사 사이의 책임한계가 규정되고 배상을 위하여 보험회사가 참여하게 된다.

제2절 기계경비시스템의 적용

1. 기계경비시스템의 적용 개념

침입감지시스템은 원래 건물 또는 장소에 아무도 없는 동안 이를 보호하는 개념, 즉 '잠그고 떠나는 개념'으로 적용되었으며, 이러한 관점에서 근무자의 관심을 건물에 설치된 침입감지시스템에서 발생하는 경보신호로 전환시켜 주었다.

사람이 출입할 때마다 이를 확인하여 출입시키고 다시 문을 잠가야 하는 번거로운 절차 없이 출입이 가능한 사람과 침입자를 식별하여 출입을 허용하거나 출입을 통제하고 있다.

CCTV와 같은 감시시스템의 도입으로 취약한 지역의 감시는 물론 침입감지시스템과 출입통제시스템을 더욱 효과적으로 사용할 수 있게 되었다. 그리고 사람 뿐 아니라 옷이나 가방 속에 넣어 반출 · 반입시키려는 무기나 훔친 물품 등을 검색할 수 있는 장비가 사용되고 있다.

기계경비시스템의 적용개념은 갈수록 복잡해지고 있다. 시스템을 필요로 하는 지역이 개인의 집에서부터 사무실, 상점, 창고, 공장, 공공서비스 시설, 정부건물, 군사시설 등으로 다양해질 뿐 아니라 범인이 시스템을 피하려는 방법이 갈수록 지능화되고 있어 이러한 변화에 대응할 수 있어야 한다.

한편, 경비회사에 운용하는 침입감지시스템의 오작동은 운용자나 경찰이 경보상황에 대응하는데 큰 장애물이 되고 있으며, 이를 개선하기 위한 노력이 시도되면서 시스템 자체의 기술 뿐 아니라 장비의 복합적 운용이나 감시장비를 이용하는 등 새로운 관점에서 많은 노력이 시도되고 있다. 그럼에도 불구하고 시스템의 오작동 문제는 시스템을 설계 · 구축 · 운용하는 사람이 해결해야 할 지속적인 관심거리가 되고 있다.

경비회사가 침입감지시스템을 적용함에 있어 단순한 도난방지와 같은 업무의 제공 외에 비상상황 통보와 화재나 가스누출의 감지와 같은 방재업무까지 다양한 서비스를 제공하기 위한 시스템을 운용하고 있으며, 부가적인 고객과 연결된 통신망을 이용하여 부가적인 서비스 제공을 위하여 변화하고 있다.

기계경비시스템을 적용하는데 있어 사용자가 직접 또는 경비원을 고용하여 운용하거나 경비회사에 의뢰하여 운용하는 방법을 선택하게 된다.

2. 경비수준과 기계경비시스템의 적용

외부의 침입을 방지하기 위하여 벽이나 울타리, 출입문과 같은 기본적인 물리적 보호장치를 사용할 수 있다. 그러나 침입행위로 인한 잠재적 손실이 클수록 보다 더 효과적이고 가시적인 경비조치를 요구하게 된다. 침입행위가 물건을 훔치기 위한 것이든 사람에게 위해를 가하기 위한 것이든 위해가능성이나 손실의 규모가 클수록 물리적 보호장치나 경비기기를 보강하려 할 것이다. 따라서 요구되는 경비수준에 맞게 적절한 물리적 보호장치나 기계경비시스템을 선정할 수 있어야 한다.

예를 들어, 경비수준을 3단계로 구분하여 생각해 볼 수 있는데, 여기서 구분하는 경비수준은 수준 1을 기준으로 상대적으로 설정한 수준을 말하는 것으로 경우에 따라 달리 적용할 수 있다.

가. 수준 1

인가되지 않은 사람의 출입을 제한할 수 있는 최소한으로 통제가 요구되는 수준으로, 문이나 창문, 벽과 같은 물리적 장애물이나 잠금장치 등 가장 기본적이고 최소한의 물리적인 보호장치를 사용할 수 있다.

나. 수준 2

경비수준을 좀 더 보강하여 인가되지 않은 사람의 출입을 통제할 뿐 아니라 침입자의 활동을 제한하거나 손실을 줄이기 위하여 요구되는 수준으로, 기존에 설치되어 있는 물리적 보호장치를 보강하거나 추가로 설치하는 조치와 함께 CCTV시스템 및 침입감지시스템을 설치하여 감시 및 경보기능을 강화할 수 있다. 이러한 조치는 가정뿐 아니라 창고나 가게, 공장 등 비교적 높은 안전이 요구되는 지역에서 필요로 하게 되며, 경비회사에 경비를 의뢰함으로써 최소한의 목적을 달성할 수 있다.

다. 수준 3

한층 더 높은 경비수준이 요구될 경우, 튼튼한 물리적 보호장치와 함께 ① CCTV 설치, ② 침입감지시스템 설치, ③ 출입통제시스템 설치, ④ 시설물 주위에 조명시설 설치, ⑤ 통신장비를 사용하는 현장경비원 운용, ⑥ 현장 상황실 운용으로 경비시스템 운용과 이상상황 대응, 경찰 소방 등에 지원요청 등 높은 수준의 경비조치를 할 수 있다.

같은 시설이라 할지라도 보다 높은 수준의 경비가 요구될 경우, 시설 내에 별도의 제한지역을 설정하여 인가되지 않은 사람의 출입을 제한하기 위해 제한지역 별도의 출입통제시스템을 구성하거나 CCTV와 연계된 출입통제시스템 또는 경비요원을 별도로 운용할 수 있다.

경비형태가 변화하면서 기계경비시스템의 적용형태도 다양해지고 있다. 건물 설계단계에서 제어설비와 안전개념이 포함된 새로운 자동화시스템이 기계경비시스템과 같이 적용되면서 한층 더 효율적이고 쾌적한 경비가 가능해지고 있다.

3. 기계경비시스템의 도입

사람이나 물리적 보호장치에 의한 보호가 충분하지 않아 이를 보강하기 위하여 기계경비시스템을 선택하게 된다. 그러나 기계경비시스템을 도입하기 위하여 기계경비시스템이 주는 효과를 적절하게 설명함으로써 기계경비시스템을 이용할 수 있게 하는 계기를 마련하는 것이 필요한데, 이에 대해 적절히 설명할 수 있는 다음과 같은 사람에 의해 그 계기가 제공될 수 있다.

첫째, 일반상품을 판매하는 것처럼 경비기기를 제조하거나 이를 운용하는 회사는 영업활동으로 자신의 상품을 이용할 수 있는 잠재고객을 찾게 된다. 사회가 변화하면서 발생되는 범죄에 대해 설명하고 이러한 상황이 자신에게도 발생할 수 있다는 것을 암시하면서 이를 효과적으로 예방하기 위하여 자신의 경비기기를 사용할 것을 열심히 홍보하려 할 것이다.

둘째, 위험상황에서 경찰에 의해 적절히 보호받을 수 없다고 판단하는 사람은 자신의 안전을 위하여 경비기기를 설치하거나 경비회사에 의한 경비서비스를 요구할 수 있다.

셋째, 회사나 정부기관 등과 같은 곳에서 보안업무를 담당하는 사람은 근무의 효율성이나 인건비 상승을 고려하여 기계경비시스템을 요구하게 된다.

넷째, 도난이나 범죄로 인한 손해배상에 사업적으로 관심이 많고 어떠한 손실이 발생했을 때 그것을 배상할 책임이 있는 보험회사가 경비기기의 사용에 대해 많은 관심을 가질 수 있다.

뿐만 아니라 보안전문 컨설팅회사는 근무의 효율이나 안전문제를 자문하는 과정에서 경비기기를 활용한 경비방법을 조언하게 될 것이며, 보험회사가 손실에 대한 배상책임을 수용하기 위하여 대상시설이나 주변지역에 대한 위험성에 대한 의견을 제시하게 된다. 특히 지역경찰은 범인을 체포하거나 범죄를 예방하기 위하여 담당구역을 순찰하고 출동하는 과정에서 그 지역의 취약점이나 이를 보완할 수 있는 방법을 잘 알고 있으므로 효과적인 범죄예방에 대하여 조언할 수 있다.

어떤 계기로 경비기기를 도입하든 경비목적 달성을 위해 사용하고 있는 경비기기의 기술적 문제나 운용방법의 개선 등 경비시스템을 발전시키기 위한 노력이 계속되면서 기계경비시스템이 변화하고 있다.

제3절 용어 정의

1. 일반 용어

가. 송신과 수신

태양은 빛과 열을 전달하며, 피아노는 빛이 아닌 소리를 전달한다. 그리고 라디오 방송국은 빛이나 열, 소리가 아닌 그 무엇을 전달하는데 이러한 것을 송신이라 한다.

한편, 자연적으로 발생하든 인간이 만들어 내든 송신은 수신하는 것에 의해 알 수 있다. 눈은 빛을 받아들이고 귀는 소리를 들으며, 프라이팬은 열을 받아들인다. 그리고 라디오는 라디오방송국에서 보낸 그 무엇을 수신한다.

이와 같은 송신과 수신은 일상생활에서 뿐 아니라 기계경비시스템에서도 같은 의미로 사용된다.

나. 음의 발생과 진동수

피아노를 연주하면 사람의 귀에는 아름다운 소리가 들리는데, 그 소리를 발생하는 것은 일정한 길이나 팽팽함을 가진 현이다. 사람이 피아노의 건반을 누르면 해머가 현을 때리게 되는데, 이 현을 보거나 만져 봄으로써 진동을 느낄 수 있다. 해머가 현을 때리면 현은 진자처럼 한 방향에서 반대방향으로 왕복운동을 하게 되며, 주어진 시간 동안 일정한 수로 왕복운동을 하게 되는데 1초 동안 움직이는 수를 진동수라 한다.

만약 더 우측에 있는 피아노의 건반을 누르면 보다 조금 높은 진동수의 소리를 내게 되는데, 이 때 피아노 안에서 조금 짧은 현이 조금 더 빨리 진동하는 것을 알 수 있다. 즉 피아노의 현이 짧을수록 더욱더 빨리 진동하고 음의 진동수를 높게 한다.

다. 파장과 주파수

주파수와 파장을 알아보기 위하여 음의 발생과 진동수의 관계를 언급해 본다. 현은 우리가 들을 수 있는 음조를 만들었고, 그 음조는 우리와 현 사이에서 일정한 진동수로 진동한다. 여기서 음조나 진동수가 높을수록 현의 길이는 짧고 진동수가 낮을수록 현의 길이가 길다.

현 주위에서 연쇄효과를 발생하여 마치 돌멩이가 호수에 떨어졌을 때 물결이 퍼져 나가는 것과 같이 공기압이 증가하고 감소하면서 퍼져 간다. 이 때 물 위에서의 한 물결의 마루에서 다음 물결의 마루까지의 거리 또는 공기 중에서 높은 압력의 지점에서 인접한 다음 사이의 거리를 파장이라 한다.

이 때 1회의 완전한 진동을 '사이클'이란 말로 표시하는데, 전통적으로 이를 창안한 물리학자를 기리기 위하여 그의 이름을 물리적 특징에 부여하였다. 또한 1초 동안의 진동수를 이를 창안한 사람의 이름을 따서 '헤르츠(Hertz)'라는 단위로 나타낸다.

그리고 주파수와 파장은 다음과 같은 관계를 보인다.

$$V = \lambda \cdot C \quad \text{또는} \quad C = V/\lambda$$

여기서 V : 속도
C : 주파수
λ : 파장

라. 초음파

피아노는 사람이 들을 수 있는 소리를 발생한다. 적당한 변조기를 사용하여 피아노의 제일 높은 음조보다 훨씬 높은 음조인 17kHz 정도가 되면 사람이 들을 수 있는 최상한계가 된다. 그리고 이보다 더 높은 20kHz 이상이 되면 인간은 거의 들을 수 없게 되는데, 인간의 귀로 들을 수 없는 높은 진동의 음파를 초음파라 한다.

개나 다른 동물은 인간보다 더 높은 소리를 들을 수 있으며, 인간의 귀에 들리지 않는 초음파를 발생하는 동물이 많다. 대표적으로 박쥐와 돌고래가 있는데, 박쥐는 야행성 동물로 암흑이나 동굴 속을 자기가 발생한 초음파의 반사를 능숙하게 구별하여 동료 간의 식별과 물체에 충돌하지 않고 날고 있다. 그리고 돌고래는 초음파를 발생하여 멀리 떨어진 동료와 연락한다. 이와 같이 초음파는 여러 형태의 센서에 적용되어 유용하게 사용되고 있다.

한편, 초음파는 초단파와 명칭이 비슷하나 성질은 크게 다른데, 초음파는 음향진동으로 이것이 전해지기 위해 기체, 액체, 고체 등의 물질이 필요하다. 반면 초단파는 전자기파로 진공 중에서도 자유롭게 이동할 수 있으며, 그 속도는 초속 30만km로 아주 빠르다.

2. 센서작동 용어

가. 도플러효과

도플러효과(Doppler Effect)는 파원에 대하여 상대속도를 가진 관측자에게 파동의 주파수가 파원에서 나온 수치와 다르게 관측되는 현상을 말하며, 이를 발견한 오스트리아 물리학자의 이름을 따서 도플러효과라 한다. 다시 말해 파원과 센서가 상대적으로 근접하고 있을 때에는 상대적 운동이 없을 때보다 파원의 주파수가 높게 느껴지고 파원이 멀어지고 있을 때에는 파원의 주파수가 낮게 느껴지는 현상을 말한다. 긴급자동차가 달리면서 울리는 사이렌 소리를 일정한 장소에서 관찰할 때, 관찰자를 중심으로 차가 다가올 때는 크게 들리고 관찰자를 지나 멀어질 때는 낮게 들리는 것을 경험할 수 있는데, 이러한 현상은 도플러효과에 의한 것이다. 이와 같은 현상으로 우리의 귀는 수신기로 사용되어 주파수의 관측 값의 변화를 알 수 있는데, 도플러효과는 광파뿐만 아니라 초음파, 전파에도 공통으로 적용되는 현상이다.

일정한 공간에서 공기의 움직임이 없다고 가정하고 이 공간의 구석의 일정한 높이에 초음파 송신기와 수신기를 같은 방향을 보게 나란히 설치하면 초음파 레이더 감지시스템을 형성하여 침입자로부터 반사된 신호의 주파수 증가를 수신기가 알아차리고 증가된 주파수는 송신되어 송신되는 주파수와 비교되어 그 차이가 경보신호를 작동시킨다.

이러한 관계를 식으로 표현하면 다음과 같다.

1) 센서(관찰자)가 정지하고 파원이 센서에 가까워지고 있을 때

$$f=f_{\circ}\ c/c-v$$

2) 센서(관찰자)가 정지하고 파원이 멀어져 가고 있을 때

$$f=f_{\circ}\ c/c+v$$

3) 파원이 정지하고 센서(관찰자)가 멀어져 가고 있을 때

$$f=f_{\circ}\ c-v/c$$

4) 파원이 정지하고 센서(관찰자)가 가까워지고 있을 때

$$f = f_{\circ}\ c + v/c$$

f : 주파수 — $f_{\circ}$: 파원의 주파수
c : 파원의 전파속도 — v : 센서 또는 파원의 이동속도

나. 초전효과

초전효과는 온도의 변화에 의해 전압이 발생하는 효과를 말하며, 초전물질의 초전특성에 의해 발생한다. 초전효과를 유발하는 물질로 티탄산연($PbTiO_3$), 티탄산바륨($BaTiO_3$), 티탄산지루콘산연(PZT) 등이 있으며, 열선센서는 초전특성을 이용하는 대표적인 센서로 물체에서 방출하는 적외선에너지를 검출하며, 온도변화에 대응하여 표면전하가 변화하는 특성을 감지센서로 사용된다.

다. 압전효과

압전효과는 압전물질에 작용하는 압축력이나 인장력과 같이 기계적 에너지의 작용에 의해 전압이 발생하는 효과를 말하며, 발생하는 전압은 압전물질에 가해진 에너지에 비례한다. 압전효과를 발생하는 물질로는 수정(SiO_2), 티탄산지루콘산연(PZT) 등이 있다. 초음파센서의 일종인 유리파손감지기는 압전효과를 이용하여 유리가 깨질 때 발생하는 진동을 검출하여 전기신호로 변환시켜 경보신호를 발생한다.

라. 광기전력효과

광기전력효과는 빛과 물질의 상호작용결과 빛에 의해 물질의 전기적 에너지가 발생하는 현상을 말하며, 적외선센서는 광기전력 효과를 이용한 대표적 센서이다.

3. 전기회로 용어

가. 옴의 법칙

전류와 전압, 저항의 관계를 나타낸 것으로 도체에 흐르는 전류는 전압에 비례하고 저항에 반비례한다는 것으로 이를 식으로 표현하면 다음과 같다.

$$I=E/R$$

여기서 I : 전류(A)
E : 전압(V)
R : 저항(Ω)

나. 접점의 형태

침입감지시스템에 사용하는 센서는 일종의 스위치 형태로 작동하는데, 스위치의 접점형태는 크게 2가지로 NO(Normal Open)접점과 NC(Normal Close)접점으로 구분할 수 있다.

NO접점은 평상시 접점이 떨어져 있다가 동작시 붙는 접점이며, NC접점은 평상시 접점이 붙어 있다가 동작시 떨어지는 접점을 말한다. 침입감지시스템에 적용할 경우 NC접점이 NO접점에 비하여 더욱 안전하다. 접점의 형태에 대한 세부적인 내용은 센서에서 다루기로 한다.

4. 감지효과 용어

가. 감쇠

주파수가 높을수록 에너지 손실이 크다는 것은 자연현상 중 하나이다. 음악을 들으면서 손으로 귀를 감싸면 음악소리의 볼륨은 감소하게 되는데, 그 소리를 들을 수 있다면 높은 음조는 낮은 음조보다 훨씬 조용하다는 것을 느낄 수 있을 것이다. 이러한 현상은 스피커가 무거운 커튼 뒤에 있을 때 경험할 수 있다.

태양에 의해 전달되는 색의 스펙트럼의 경우, 스펙트럼의 보라색 끝은 더 높은 주파수와 더 짧은 파장을 가지며, 스펙트럼의 붉은 색 끝은 더 낮은 주파수와 더 긴 파장을 가진다. 낮에는 정상적인 일광을 기대할 수 있지만, 해가 지게 되면 빛은 지구의 먼지 많은 대기를 통해 비스듬히 이동하게 되고 대기는 점차 보라색이나 푸른색과 같은 주파수가 더 높은 빛을 감쇠시켜 우리는 붉게 보이는 일몰을 볼 수 있으며, 같은 이유로 일몰과 같은 동일한 색의 일출을 보게 된다.

주파수와 감쇠효과의 관계를 설명하기 위하여 에너지의 음향적 근거와 전자파적 근거를 예로 들어 볼 수 있다. 침입감지에 있어 수십 미터 또는 수백 미터의 감지범위는 빛이나 무선파가 움직이는 거리에 비하면 아주 짧은 거리다. 빛이나 무선파가 긴 거리를 지나면서 점차적으로 감쇠되는 것을 보여 주지만, 이동거리로 인한 에너지 손실은 아주 작기 때문에 설계시 무선감쇠는 무시하더라도 별문제가 되지 않는다고 할 수 있다. 그러나 초음파의 경우에는 주파수에 따라 발생하는 감쇠현상이 문제가 되므로 침입자로부터 유용한 반향을 얻지 못할 정도의 너무 많은 에너지가 손실되지 않도록 사용 주파수의 한계를 제한할 필요가 있다. 에너지의 손실은 주파수의 제곱에 비례하는데, 예를 들어 주파수가 20,000Hz에서 40,000Hz로 2배 증가하면 송신력이 동일할 경우 에너지 손실은 4배가 된다.

음향파나 소리는 이동하면서 공기를 이리저리 밀면서 속도에 제한을 받는 것과 달리 전자파 에너지는 실제 속도에 제한을 받지 않는다. 사실 전자파는 초속 300,000,000m의 아주 빠른 것으로 공기 중에서 340m로 이동하는 소리와 아주 대조적이다.

[그림 1-1]은 주파수와 파장의 관계를 설명한 전자파스펙트럼을 보여 주는 것이다.

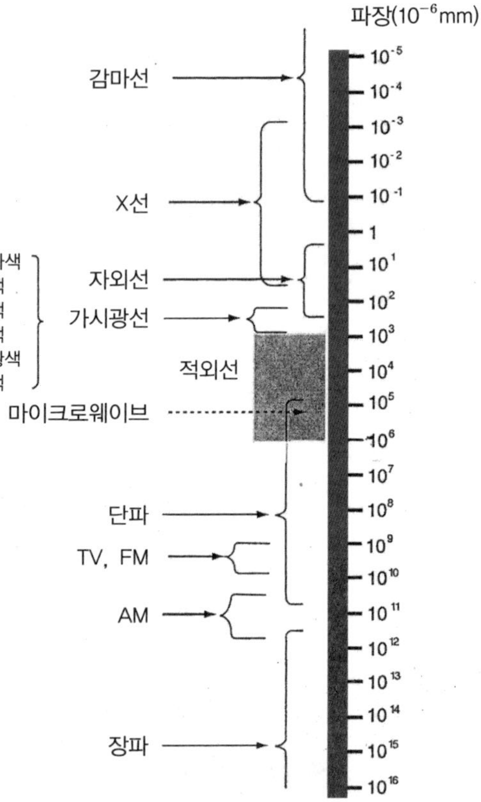

[그림 1-1] 전자파 스펙트럼

나. 분산

침입감지를 위하여 공간 감지센서의 작용거리를 제한하는 요소들을 살펴본다.

(1) 역제곱 법칙

슬라이드 프로젝트와 스크린의 경우, 스크린이 프로젝트에서 1m의 위치에 설치되어 있고 프로젝트 위에 슬라이드가 없다면 스크린에는 사각형의 빛이 나타나게 된다. 만약 프로젝트와 스크린 사이의 거리가 최초보다 2배가 되어 2m로 멀어질 경우, 스크린에 나타나는 빛의 크기는 증가하게 된다. 다시 말해 그 빛의 수직면과 수평면의 길이가 2배로 되어 4배의 면적을 비추게 된다. 따라서 프로젝트와 스크린 사이의 거리를 2배로 하면 스크린에 비치는 빛의 밝기는 최초보다 1/4로 감소한다.

위의 관계에서 더 큰 상을 보기 위하여 거리를 2배로 증가시키고 스크린에서 동일한 밝기를 유지하려 한다면 프로젝트의 램프 밝기를 4배로 증가시켜야 한다. 이러한 관계를 역제곱법칙(제곱에 반비례하는 법칙)이라 하며, 이러한 원리는 무선, 마이크로웨이브, 적외선, 초음파를 이용한 침입감지센서에 동일하게 적용된다. 그러나 송신기와 수신기가 나란히 위치하는 레이더형 센서의 경우, 이 관계는 달리 적용된다.

(2) 역네제곱 법칙

레이더형 침입감지센서의 경우, 송신기에서 방사된 에너지는 역제곱법칙에 따라 전달되고 분산되며, 침입자로부터 반사되어 수신기로 다시 돌아오는 에너지도 동일하게 역제곱법칙이 적용된다.

슬라이드 프로젝트의 예를 다시 인용하여 역네제곱법칙을 설명해본다. 스크린에서 빛이 완전히 반사된다고 가정하면 스크린은 송신기가 되고 사람의 눈은 수신기가 된다. 스크린에서 프로젝트까지의 거리를 2배로 증가시킨 후 스크린의 밝기를 동일하게 유지한다면 눈은 역제곱법칙 때문에 최초 밝기의 1/4밖에 볼 수 없다. 이 역제곱 법칙을 한번은 프로젝트에서 스크린까지의 빛에 그리고 한번은 스크린에서 눈까지로 두 번 적용시켜 보면 눈에서 밝기는 프로젝트와 스크린의 거리를 2배로 하기전보다 1/4의 1/4배, 즉 1/16배가 될 것이다.

다행히도 인간의 눈은 이러한 변화에 자동적으로 적응하지만, 레이더센서는 그러한 적응성이 없다. 레이더 수신기는 대부분 최대 능력 가까이에서 작동하게 되지만, 송신에너지는 경제적 또는 정부의 통제 하에서 제한될 수 있다.

이러한 원리에 의해 레이더감지센서의 감지범위를 2배로 하기 위해 송신력을 16배수로 증가시켜야 한다는 것을 알 수 있다. 송신력을 증가시키는 방법 대신 수신기의 감도를 증가시킬 수 있으나, 이렇게 할 경우 방해신호를 예민하게 수신하거나 오작동 문제를 증가시키게 된다.

다. 빔의 형태

빔의 형태와 감지범위의 관계를 알아보기 위해 슬라이드 프로젝트의 예를 다시 인용하여 본다.

프로젝트가 스크린과 10m 거리에서 스크린을 채웠을 경우, 프로젝트를 스크린으로부터 20m 뒤로 옮겨야 한다면 이미 알고 있듯이 상은 스크린 크기의 4배가 되고 스크린의 밝기는 1/4로 줄어들 것이다. 이 때 스크린의 밝기를 조정하기 위해 프로젝트 램프의 밝기를 조정하는 대신 프로젝트 렌즈의 초점거리를 최초 상태보다 2배로 조정하여 이 상태를 변화시킬 수 있을 것이다.

최초의 렌즈의 빔각이 수직과 수평으로 40도로 채웠다면 렌즈의 초점거리를 2배로 하여 빔의 각을 20도로 조정하여 스크린의 밝기를 유지시킴으로서 그 스크린을 채울 수 있을 것이다.

이러한 방식으로 빔 형태의 조정은 공간 감지센서에도 동일하게 적용할 수 있다. 레이더의 예에서 침입을 최대로 감지하기 위한 범위를 2배로 증가시키기 위해 송신력을 16배수로 증가시켜야 한다는 것을 알 수 있다. 더욱이 송신되고 수신되는 에너지의 빔각이 수직적이고 수평적으로 감소할 경우 가령 80도에서 40도로 감소한다면 송신력이나 수신감도를 증가시키지 않고 감지범위의 효과를 2배로 증가시킬 수 있다.

반사기나 혼렌즈를 이용하고 이러한 빔의 특징을 적용하여 널리 사용되는 레이더는 침입감지를 위해 더욱더 효과적으로 이용될 수 있을 것이다.

마이크로웨이브 레이더센서를 잘 이해하고 있다면 파장만 다른 전자파를 이용한 센서의 파장이 거의 같은 초음파레이더센서를 이해할 수 있을 것이다. 이들은 서로 전달매개체만 다르며, 하나는 매체이지만 다른 하나는 공기이다. 마찬가지로 적외선은 빛과 마이크로웨이브의 중간에 일치한다.

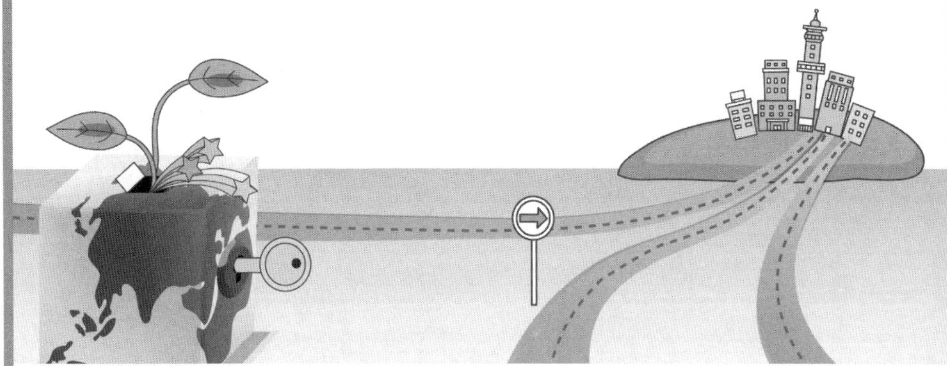

제2장

침입감지시스템

한 요원이 현장에 도착할 때까지 침입자의 행동을 적절히 지연시킬 수 있어야 한다. 그리고 침입자의 범행을 방해할 수 있는 물리적 보호장치가 우선되어야 한다.

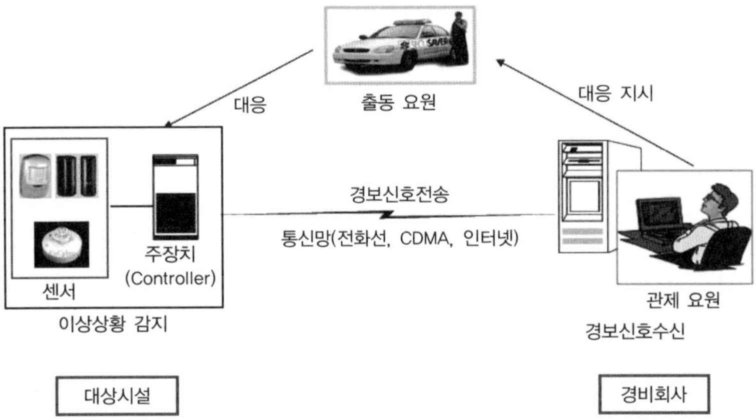

[그림 2-3] 기계경비의 구성체계

3. 기계경비업무의 특징

기계경비업무는 전자기기와 통신매체로 이루어진 침입감지시스템 설치와 운용, 관제, 출동, 기록관리 등 여러 가지 요소가 복합적으로 작용하여 이루어지므로 각 요소들에 의한 시스템적인 운용이 요구된다.

기계경비업무를 수행하기 위한 기술적 기능은 센서에 의한 이상상황 감지에서부터 통신망을 통한 경보신호 전송, 관제서버 및 모니터에 의한 경보신호 수신 등이다. 그리고 관제서버와 연결된 모니터를 통해 경보신호를 수신하고 판단하여 출동을 지령하고, 필요시 경찰 · 소방 등의 관계기관에 통보하여 지원을 요청하며, 출동요원에 의한 현장 대응조치, 대응결과 통보, 기록 등과 같은 여러 과정과 절차를 거치게 된다.

이외에도 센서 및 기기 설치를 위한 현장조사와 시스템 설계 및 설치, 설치된 시스템의 테스터, 시스템 개통, 시스템 관리 등의 많은 업무가 복합적으로 연계되어 있어 이 중 하나만 무시되더라도 기계경비의 목적을 달성하기 어렵다.

이외에도 고객확보를 위한 영업과 계약체결에서부터 시스템 점검 및 유지 · 보수, 고객관리 등 다양한 업무를 포함한다.

기계경비는 여러 가지의 구성요소에 의해 이루어지지만 사람에 의존하는 시설경비에 비해 다음과 같은 장점을 얻을 수 있다.

첫째, 경비기기와 최소의 근무자를 이용하여 많은 경비대상시설을 경비할 수 있기 때문에 경비업무에 소요되는 비용을 줄일 수 있다.

둘째, 사람은 취약시간에 지속적인 감시가 어렵지만, 경비기기는 이러한 한계를 보완하여 공백 없이 경비업무를 수행할 수 있게 한다.

셋째, 범인의 침입행위를 경보형태의 신호를 수신한 후 대응요원이 현장에 투입되므로 범인과 직접 조우할 수 있는 기회를 줄이므로 근무자의 피해를 줄일 수 있다.

넷째, 경비회사와 연결된 통신망을 이용하여 방범 외의 부가적인 서비스제공이 가능하다.

위와 같은 장점과 달리 경비회사의 관제요원은 수신되는 경보신호에 의존하여 상황을 판단하므로 현장상황에 대한 오판을 할 가능성이 있으며, 출동요원이 경비대상시설로 이동하는데 일정한 시간이 소요되므로 신속한 현장조치에 불리하다는 단점이 있다. 그리고 출동시간과 사고시의 배상 문제 등으로 가입자와 논쟁이 발생하기도 한다.

4. 경보신호 대응

경보상황에 대응하기 위해 대응요원이 대상시설로 출동하게 되는데, 범행에 의한 손실을 줄이기 위해 가능한 범인이 범행을 마치고 현장을 떠나기 전에 대응요원이 현장에 도착할 수 있어야 하며, 범인의 행동을 지연시키거나 방해할 수 있는 방법을 함께 적용하는 것이 좋다.

대응요원이 현장에 도착하여 경비대상시설로 들어가기 위하여 잠금장치를 해제하여야 하는데, 특별한 시설을 제외하고 경비회사가 사용자로부터 키를 위임받아 대응요원이 관리하게 된다.

경비회사의 대응요원에 의하여 1차적인 대응이 이루어지며, 민간경비원(대응요원)은 범인의 체포와 같은 권한이 제한적일 수 있으므로 경보상황에 실질적으로 대응하기 위하여 경찰이나 관련 공안기관에 지원을 요청하는 경우가 발생한다.

경보신호의 신뢰도에 따라 경찰에 도움을 요청하게 되지만, 시스템의 오작동을 염려하고 경비회사의 신뢰를 잃지 않기 위하여 지원요청을 꺼릴지 모른다. 통계적으로 경보상황을 분석하여 시스템의 오작동을 어느 정도 구분함으로써 시스템의 신뢰도를 보존할 수 있고 불필요한 지원요청을 줄일 수 있다.

경보상황에 효과적으로 대응하기 위하여 적절한 행동절차가 요구되는데, 자신의 안전을 감당할 수 있어야 하고, 범인과 싸우는 행위를 지양하고 손실감소를 위한 방안을 강구하여야 하며, 주어진 법적 권한 내에서 대응활동이 이루어져야 한다.

경비업법에 출동시간과 관련하여 규정하고 있지만[2] 갈수록 과감하고 지능화되어 가는 범행에 신속하게 대응할 수 있어야 한다. 출동시간 단축을 위해 충분한 기동장비와 인원을 확보하는 것이 우선이지만 GPS(Global positioning System)과 같은 위치추적시스템을 적용할 수 있다.

2) 경비업법에 기계경비업무를 수행하는 경비업자는 관제시설 등에서 경보를 수신한 때에는 경보를 수신한 때부터 늦어도 25분 이내에는 도착시킬 수 있는 대응체제를 갖추어야 한다고 규정하고 있다.

5. 제안 및 시스템 운용

현장조사 후 시스템설계가 완료되면 시스템설치 및 운용에 대한 제안이 필요하며, 시스템 설치와 경비서비스 제공을 위한 비용과 운영에 대해 설명하게 된다.

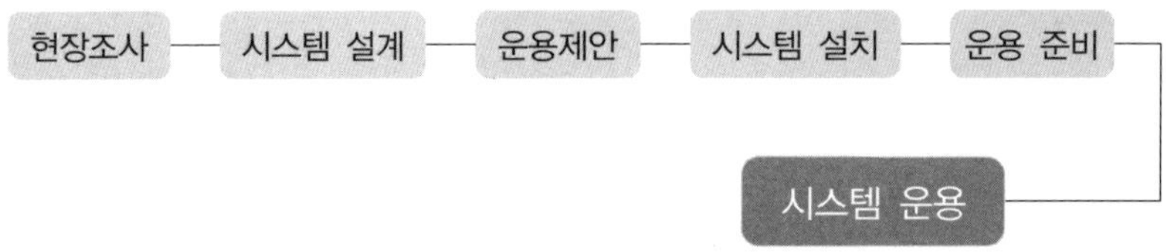

[그림 2-4] 시스템 운용절차의 형태

경비회사에 따라 차이가 있지만, 현장조사에서부터 시스템 운용까지 보편화된 일련의 과정을 거치게 된다.

경비회사는 계약상대방에게 기계경비업무와 관련된 관제시설 및 설치된 시스템의 개요, 대응조치, 오경보 발생원인 등에 대해 설명하여야 한다.[3)]

6. 운용책임과 배상

경비회사가 기계경비업무를 제대로 수행하지 못하여 손실이 발생했을 때 그 손실에 대해 배상책임을 지게 되며,[4)] 손실배상을 위해 보통 경비회사는 보험에 가입하게 된다.

---

3) 경비업법에 오경보의 방지를 위해 기계경비업자는 계약상대방에게 기계경비업무와 관련된 관제시설 및 출장소의 명칭 · 소재지, 경비대상시설에서 발생한 경보를 수신한 경우에 취하는 조치, 기기의 설치장소 및 종류와 그밖의 기계장치의 개요, 오경보발생원인과 송신기기의 유지관리방법 등을 기재한 서면 또는 전자문서를 통해 설명해야 하며, 그리고 손해배상의 범위와 손해배상액에 관한 사항을 기재한 서면 등을 교부하여야 한다고 규정하고 있다.

4) 경비업법에 경비업자는 경비원이 업무수행 중 고의 또는 과실로 경비대상에 손해가 발생하는 것을 방지하지 못한 때에는 그 손해를 배상하여야 하며, 경비원이 업무 수행 중 고의 또는 과실로 제3자에게 손해를 입힌 경우에는 이를 배상하여야 한다고 규정하고 있다.

우리가 일상생활에서 사용하는 장비를 사용할 때는 그 장비의 기능을 알고 작동환경을 사용자가 조정하지만 침입감지시스템은 그렇지 않다. 침입감지시스템을 구성하는 장치들은 사용자의 의지와 관계없이 주변환경의 변화나 시스템 장치를 방해하려는 범인에 의하여 적대적인 환경이 존재하게 된다.

기계경비업무 중에 발생할 수 있는 손실은 여러 요인에 의해 발생하므로 일단 손실이 발생하면 경비회사와 가입자 사이에 작성된 계약서에 근거하여 경비회사와 고객의 책임 · 과실여부에 따라 배상액이 결정된다. 배상을 위해 보험회사가 개입하게 되며, 경비회사와 사용자 사이에서 그 문제가 원만하게 해결되지 않을 경우, 법정에서 경비회사와 사용자가 대립하게 된다.

제4절 침입감지시스템 설치

1. 시스템 설계

경비대상 시설이나 지역은 나름대로의 특성이 있기 때문에 일률적으로 시스템을 설치할 경우 시스템의 효율적인 운용을 기대하기 어렵다. 현장상황에 맞지 않는 시스템설치는 오작동이나 운영상의 문제를 야기하게 되므로 경비대상에 적합한 침입감지시스템을 구성하기 위하여 현장조사를 통한 시스템설계가 필요하다. 실질적인 현장조사를 위하여 현장상황 분석과 사용자를 포함하여 경비와 관련한 사람들의 의견을 들을 수 있어야 하며, 현장조사를 통해 다음과 같은 사항을 확인하게 된다.

① 경비대상의 구조와 침입 가능한 출입구, 창문, 공조시설 등
② 보호가 필요한 시설 · 물건 등, 물리적 취약부분 또는 위험물
③ 시스템 설치 위치 및 적용 가능한 센서의 종류
④ 센서의 작동에 영향을 줄 수 있는 내 · 외의 환경

⑤ 사용자의 출퇴근 시간대, 시설 이용자 상황

⑥ 고객의 요구사항 및 제공서비스

⑦ 경보신호전송용 통신망

이와 같은 기본적인 사항 외에 다른 관점에서 다음과 같은 몇 가지 사항을 추가적으로 고려해 볼 수 있다.

첫째, 침입감지시스템이 어느 시간대에 필요한가에 대해 확인할 필요가 있다. 즉 일과시간 중이거나 사람이 있을 때 필요한 것인가, 아니면 사람이 없을 때 필요한 것인가, 아니면 동시에 필요한 것인가를 확인할 필요가 있다.

사람이 머무르고 있는 동안 보호받기를 원한다면 24시간 작동하는 센서의 적용과 출입통제시스템의 사용을 검토해 볼 수 있을 것이다.

둘째, 건물을 잠그고 떠날 때, 마지막 출입문을 어떤 문을 사용할 것인가를 고려할 필요가 있는데, 일반적으로 문의 위치는 그렇게 중요한 문제가 아니며, 정현관문이나 후문 중 어느 것이든 사용할 수 있으나 몇 가지를 고려할 필요가 있다.

우선 문을 잠그거나 열기 위하여 가장 안전하게 오고갈 수 있는 통로와 연결된 장소에 있는 문으로 가능하면 문틀이 건물 벽과 안전하게 고정되어 있고 힌지를 밖에서 조작하지 못하게 되어 있으며, 밖으로 열리는 문이 적합하다. 특히 한 개 이상의 안전잠금장치가 있는 문이 있으면 이를 사용하는 것이 좋다.

그리고 마지막 출입문 뿐 아니라 건물의 다른 출입문도 비슷한 방법으로 점검되어져야 하는데, 특히 시스템과 상관없이 건물을 안전하게 보호하기 위해 물리적으로 방호할 수 있어야 한다.

2. 시스템 설치

시스템 설계를 기초로 하여 시스템을 설치하게 되는데, 특히 침입감지시스템이 안정적으로 설치되었다 하더라도 경비대상시설이 침입자의 물리적인 행동으로 쉽게 부서진다면 침입감지시스템의 효과는 기대하기 어려우므로 물리적으로 보호할 수 있는 장치와 함께 적용되어야 한다. 물리적 보호장치는 침입감지시스템처럼 범인의 행동을 지연시키고 심리적인 부담을 주며, 근무자의 부담을 줄여주는 기능을 수행하게 된다. 시스템 설치를 위하여 다음과 같은 여러 가지 사항을 고려하여야 한다.

가. 범인의 시스템 방해 방지

시스템을 구성하는 장치 중 경비대상 시설에 설치되는 센서나 주장치, 통신장치는 고의든 우연이든 기기의 작동을 방해하려는 외부의 활동으로부터 보호되어져야 한다. 기기에 대한 고의적인 방해를 감지하기 적용하는 탬프(Tamper) 기능은 센서나 주장치의 뚜껑을 열 때 감지하게 한다. 어떤 센서는 탬퍼 기능으로 외부의 방해를 감지하여 스스로를 보호하지만, 많은 센서는 이러한 기능이 없다. 고의적으로 시스템이 작동하지 않도록 기기에 엉뚱한 조치를 취하는 행위를 감지하는 탬퍼 회로가 적용되었더라도 경비회사에 고용된 잘못된 직원들에 의해 시스템이 작동되지 않게 조작될 수 있다. 시스템의 경비기능이 해제되어 출입이 허용한 상황에서는 그 기능을 상실하는 경우가 많은데, 방해를 감지하는 탬퍼 회로는 시스템이 출입을 허용한 상태에서도 작동할 수 있도록 설계되어져야 한다.

나. 전기적 방해

경보신호를 전달하는 회로는 전기적 방해로부터 보호되어져야 한다. 전기적 방해를 가져주는 자연적 요소 중 가장 일반적인 것이 빛으로, 빛이 센서나 전선에 바로 방사되면 장비의 기능을 약화시킬 수 있으며, 보호되지 않은 전선에 가까이 닿아도 감지회로에 손상을 입히기에 충분한 에너지를 유발할 수 있다.

전기적 방해를 유발하는 인공적인 요인으로 전동기, 자동차 점화장치, 전기장치, 라디오, TV, 레이더, 통신용 송신장비 등이 있는데, 이들에서 방출되는 전자파에 의해 전기적 유도현상이 발생한다.

다. 오동작 요인 통제

우선적으로 소동물이나 기상 및 기후조건 변화 등 환경적 요인에 의해 감지기에서 발생하는 오동작을 방지할 수 있어야 한다.

많은 통계자료에 의하면 건물을 열고 닫을 때 오동작이 많이 발생한다는 것을 보여 주며, 이는 침입감지시스템의 통제장치를 조작하는 과정에서 오작동이 많이 발생한다는 것을 의미한다.

따라서 시스템 주장치를 설계할 때 인간의 실수를 최소화할 수 있도록 고려할 수 있어야 하며, 출입문의 통제방법 개선과 함께 사용자에게 출입문을 열고 닫는 절차를 포함하여 오경보 발생요인에 대한 교육이 필요하다.

라. 경보신호 전송매체

경보신호를 전송하기 위해 통신매체를 이용하며, 경보신호를 수신하는 장소까지 연결하기 위한 통신매체로 전용회선이나 공중회선 또는 이동통신망이 선택적으로 사용된다.

전용회선은 경보신호전송만을 위해 별도로 사용하는 통신회선으로 시스템이 설치된 장소와 사용자와 경보신호를 수신하는 장소를 직접 연결한다. 이 방식은 통신사업자로부터 일정한 사용요금을 내고 독점적으로 사용하기 때문에 시간에 관계없이 24시간 간섭 없이 사용 가능하며, 선로의 이상상태를 지속적으로 감시할 수 있다.

반면 공중회선은 별도의 통신회선을 구축하지 않고, 가입자가 사용하는 일반 전화회선을 이용하여 경보상황 발생시 경보신호를 수신하는 장소로 전화를 걸어 경보신호를 전송한다. 공중회선은 전용회선에 비해 경제적이지만 회선의 절단과 같은 이상상태를 감시하기 어렵다.

마. 전원

침입감지시스템을 작동시키기 위해 주전원 공급장치와 정전시 비상전원으로 자동 절취시켜 주는 장치, 그리고 전원공급의 변화를 운용요원이 확인할 수 있도록 신호를 발생하는 지시장치가 필요하다.

비상전원으로 건전지나 충전장치가 연결된 배터리를 사용할 수 있으나, 배터리는 자동충전회로에 의해 충분한 용량을 유지할 수 있어야 한다. 이를 위해 정기적인 점검이 요구되며, 침입감지시스템의 주요장치와 마찬가지로 전원공급장치도 외부의 방해로부터 보호되어져야 한다.

바. 배선의 은폐

각각의 시스템장치를 연결하는 배선은 건물의 미관을 해치게 되므로 시스템의 기능과 무관하게 사용자의 우려를 유발할 수 있다. 특히 미술관과 같은 장소에서는 미적인 면을 고려하여야 하는 곳에서는 더욱더 그럴 것이다.

배선은 가능한 보이지 않게 문이나 벽의 내부에 구멍을 내어 설치하거나 호일스트립을 이용하여 설비가 손상되지 않게 보호될 수 있어야 하며, 이렇게 함으로써 장비의 손상을 막아주고 장비의 오작동을 방지하여 준다.

보통 배선은 경보신호를 발생하는 회로와 연결되기 때문에 범인이 배선을 절단하면 경보기가 작동하게 된다. 배선을 은폐하기 위하여 문을 제작할 때 힌지나 힌지볼트 또는 특수한 접촉장치를 문의 내부에 설치하여 감지장치의 부품과 연결할 수 있도록 하는 경우가 있는데, 이는 문틀과 문을 연결하는 방법보다 보기 좋고 외부의 손상으로 배선을 보호할 수 있다는 장점이 있으나 비싸다.

사. 부품의 상호 연결

전자부품이나 장비를 서로 연결하기 위하여 구리 전선이 많이 사용되는데, 구리는 너무 연하지도 너무 딱딱하지도 않아 취급하기 편리하다. 또한 구리는 필요한 모양으로 잘 구부러지고 일단 설치되면 신뢰성이 있다. 그러나 구리는 구부러지면서 조금 더 딱딱해진다. 우연히 또는 기기를 점검하기 위하여 구부린 부분을 다시 구부리면 더 딱딱해지고 구리선이 부서지기 쉬운 상태에서 더 이상 구부리면 구리선이 파손될 수 있다. 연결을 위해 구리선을 사용할 경우, 두꺼운 구리선을 한 가닥 사용하는 것보다 얇은 구리선을 여러 가닥 사용하는 것이 좋다.

장비나 부품을 서로 연결하면서 케이블을 벽이나 다른 장소에 고정시키기 위해 스테이플을 사용할 경우 다른 문제를 유발할 수 있는데, 외부의 접촉이나 온도 변화에 따라 케이블이 움직이게 되면 우연히 옆에 있는 선과 원하지 않는 접촉이 이루어질 수 있다. 그리고 아주 나쁜 방해요소 중 하나는 전선을 다른 전선이나 부품과 접속시키기 위해 나사로 죄는 방법을 사용할 경우, 구부릴 때와 마찬가지로 전선이 손상될 수 있다.

제5절 오경보

1. 오경보의 개념

침입감지시스템이 도입된 이래 현재까지 침입감지시스템을 운용하는 사람을 가장 괴롭히는 것은 시스템 오경보로, 오경보 방지를 위한 여러 가지의 개선방안이 제시되고 있지만 오경보 문제는 시스템을 연구하는 사람들이 지속적으로 해결하여야 할 과제로 남아 있다.

'오경보'라는 용어는 여러 관점에서 달리 설명되고 있으나, 일반적으로 침입행위 등 이상상황이 발생하지 않은 상황에서 발생한 경보를 말한다. 다시 말해 사용자 또는 운용자, 기기의 오류 등에 의해 침입행위 등과 무관하게 발생하여 대응요원의 불필요한 현장 출동을 야기하는 경보를 말한다.

시스템을 운용하는 경비회사는 위에서 설명한 오작동의 범위가 너무 넓다고 생각할 수 있으며, 확인 가능한 경보나 센서가 감지하기로 한 상황을 정상적으로 감지하여 발생한 경보는 오경보에서 제외하려 할 것이다.

오경보에 관한 해석을 조정하기보다 오작동에 대한 포괄적인 의미를 수용하면서 오작동의 요인 개선에 집중할 필요가 있다.

한편, 실제로 침입상황이 발생했을 때 이를 감지하지 못하여 경보신호를 발생시키지 못했을 경우, 이는 시스템이 감지하기로 한 기능을 수행하지 못하였다는 점에서 시스템의 오작동으로 설명할 수 있다.

2. 오경보의 원인

시스템의 오경보는 여러 요인에 의해 발생하게 되지만, 다음과 같은 요인에 의해 많이 발생한다.

① 환경
② 사용자
③ 기기

가. 환경

침입감지시스템이 감지하고자 하는 것은 침입행위이다. 외부로부터의 침입을 감지하기 위하여 시스템은 침입자와 출입이 허용된 사람과 동물, 새, 나무, 바람에 날리는 물체 등을 구별해야 하며, 또한 비나 눈, 안개, 천둥·번개와 같은 기상문제로 인한 작동방해를 피할 수 있어야 한다.

이와 같이 많은 환경적 방해요소들에 의한 오경보를 극복하는 것이 시스템의 개선을 위한 중요한 부분이라 해도 과언이 아니다.

침입감지시스템을 내부에서 사용할 경우 외부에서 사용하면서 작용하는 많은 방해요인으로부터 상당히 멀어질 수 있으나, 내부의 환경으로 인해 발생되는 오경보 문제를 무시할 수 없다.

창고와 같은 곳에서는 새나 고양이가 전형적인 방해요소이며, 히터나 방열기로부터 공기의 이동이나 환기팬의 가동, 문의 덜거덕거림과 햇빛의 반사는 오경보를 유발할 수 있는 보편화된 요인들이다. 또한 해안지역이나 기기의 부식현상을 유발하는 상황에서 설치된 경비기기는 쉽게 손상되어 이로 인한 오경보가 발생할 수 있으며, 온도가 높은 곳이나 습도가 높아 곰팡이가 서식하는 곳, 곤충이 만연하는 곳에서는 환경적 요소가 충분히 고려되어져야 한다.

나. 사용자

통계자료에 의하면, 사용자에 의해 많은 오경보가 발생한다. 많은 오경보가 문을 열거나 닫힐 때 발생한다는 사실은 사용자가 오작동의 주요한 원인을 제공한다는 것을 의미한다. 오경보는 사용자가 시스템 작동을 잘못해서 또는 출입문이나 창문을 열어 두어서, 또는 비상버튼을 잘못 눌러서 등 여러가지 이유로 발생하게 된다.

다. 기기

기기는 시스템을 구성하여 시스템의 목적달성을 위해 중요한 기능을 수행하므로 기기의 결함은 시스템의 작동을 방해하여 오경보를 유발한다. 시스템에 사용되는 기기는 센서와 주장치, 시스템을 구성하는 전기 · 전자부품 등 다양하다. 불량부품을 사용한 기기나 눈 · 비 · 천둥 · 번개 등의 기상현상으로 인한 기기의 손상, 전자부품에서 발생하는 열이나 습기 등에 의해 오경보가 발생한다. 반도체 사용의 증가와 전자스위치가 기계릴레이를 대신하면서 기기의 전반적인 효과는 훨씬 향상되어 열이나 기기의 손상에 의한 오경보는 잘 발생하지 않는다.

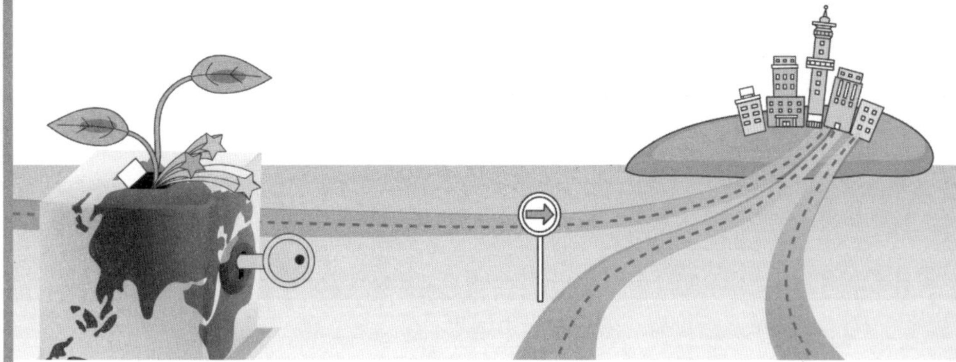

제3장

센 서

제3장 센 서

제1절 개요

1. 센서의 개념

센서의 범위는 아주 넓으며, 스위치와 같은 간단한 것에서부터 CCD까지 다양하다. 센서는 필요한 정보 및 에너지를 검출하기 위해 사용되며, 검출대상은 빛이나 압력, 자력, 온도, 열, 진동 등 다양할 뿐 아니라 적용범위도 광범위하여 일상생활에서도 널리 사용되고 있다.

침입감지시스템에 사용되는 대부분의 센서는 순간적으로 작동하여 경보신호를 발생하게 하는 일종의 스위치라 할 수 있는데, 센서는 감지기라 불리며, 센서의 종류에 따라 단순하게 또는 복잡하게 작용한다.

침입감지시스템에 사용되는 센서는 침입감지용센서가 주를 이루지만 화재나 가스 누출 등과 같은 위험상황의 발생을 감지하기 위한 센서도 사용되고 있다. 침입감지시스템을 사용하여 제공되는 경비서비스의 범위는 사용되는 센서에 의해 결정된다고 할 수 있다.

2. 센서의 작동형태

센서는 작동형태에 따라 능동형과 수동형으로 구분하여 설명할 수 있으며, 각각은 장점과 단점이 있으므로 사용시 장점과 단점을 고려할 필요가 있다.

능동형 센서는 적외선센서나 마이크로웨이브센서처럼 센서로부터 방출한 빔의 차단과 같은 그들이 만들어 낸 환경이 외부의 영향에 의해 변화되는 것을 감지한다. 수동형 센서는 사람의 행동이나 외부의 자극에 의한 스위치의 작용에 의해 작동하며, 대표적으로 출입문이나 창문에 사용하는 자석센서가 이에 해당하며, 유리파손센서와 진동감지기도 이에 해당한다.

능동형 센서는 에너지를 방사하는 부분과 이를 수신하는 센서 사이를 통과하는 물체에 의해 방사된 에너지가 방해받을 때 경보신호가 발생한다. 능동형 센서의 빔을 형성하기 위해 적외선 빔이 많이 사용되며, 드물지만 가시광선이나 초음파 에너지를 사용하기도 한다.

3. 센서의 스위치 회로

대부분 센서는 스위치 형태로 작동하며, 일반적인 기계스위치와 마찬가지로 열린 상태 또는 닫힌 상태를 유지한다. 그리고 스위치 회로에서 NO(normally open)나 NC(normally closed) 또는 NO와 NC가 결합된 형태로 작동하도록 설계되므로, 기능과 적용에 따라 적절한 센서를 선택하는 것이 중요하다.

그런데 NO센서와 NC센서 중 어느 형태의 작동방법이 좋으냐는 의문이 제기되지만, 적용에 따라 다르지만 침입감지시스템에 적용시 NC센서가 NO센서에 비해 비교적 안전성을 더 제공해 준다는 이유로 선호되고 있다.

[그림 3-1]은 NO센서 스위치로 구성된 아주 간단한 스위치 회로를 보여 주는 것으로, 열린 상태를 유지하다 침입자의 행동에 의해 회로가 닫히게 되면 경보기를 작동시킨다. 그러나 침입자가 시스템의 작용을 방해하기 위하여 [그림 3-2]에서 보여 주는 것처럼 센서와 주장치 사이의 전선을 절단했을 때

정상적인 열린 상태로 인지하기 때문에 절단상황을 인지하지 못한다.

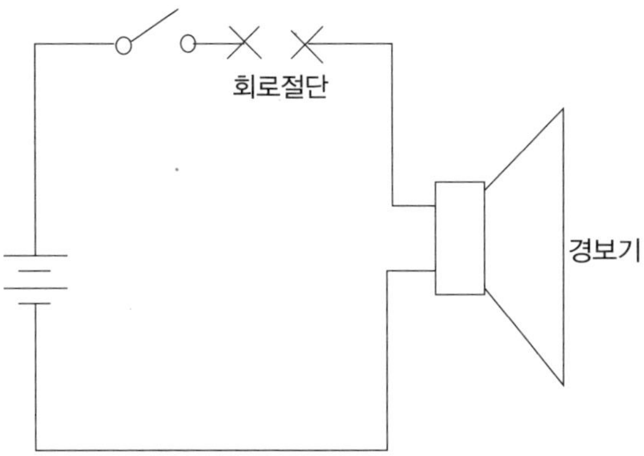

[그림 3-1] NO회로의 작용형태

반면 NC센서 스위치를 사용할 경우, [그림 3-2]에서 보듯이 평상시 닫힌 상태를 유지하다 침입행위에 의해 스위치가 열린 상태로 변화되면 경보기를 작동시킨다. 만약 침입자가 연결선을 끊으면 통제회로에서 회로가 열린 상태로 인식하게 되므로 센서가 작동한 것과 동일하게 침입상황으로 인식하여 경보기를 작동시킨다.

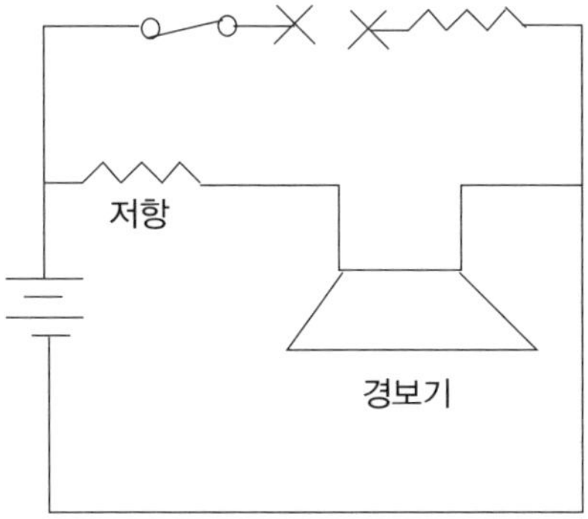

[그림 3-2] NC 회로의 작동형태

이 예는 아주 간단한 것으로 범인이 연결회로의 절단을 고려하지 않는다면 NC스위치나 NO스위치 중 어느 것을 선택하든 차이가 없을 것이다. 가능하면 범인이 시스템 회로를 절단하지 못하도록 물리적인 보호장치 설치가 바람직하지만, 경보시스템을 방해하려는 가능성을 고려하여 시스템 설계시 이러한 사항을 고려할 수 있어야 한다.

일반적으로 경보회로를 구성할 때 이 두 형태의 스위치를 같이 사용하는 경향이 있으며, 센서에 따라 자연적으로 NC로 또는 NO형태로 작동하게 된다.

4. 센서의 단계적 감지

침입자가 목표달성을 위해 이동하게 될 공간을 단계적으로 감지할 수 있으면 침입행위를 효과적으로 감지할 수 있다. 침입자가 외부에 설치된 센서를 피했다 하더라도 내부로 침입하는 과정에서 감지할 수 있으면 효과적이다.

감지단계는 많을수록 좋으며, 가령 2단계보다 3단계가 더 효과적이다. 감지단계를 설정함에 있어 어느 곳을 기준으로 1단계를 적용하느냐에 따라 나머지 2단계와 3단계를 적용할 수 있다. 울타리가 있는 단독 건물의 경우, 울타리를 1단계로 선정할 수 있지만, 울타리가 없는 건물의 경우 건물의 내부로 통하는 출입구나 창문을 1단계로 선정할 수 있다.

예를 들어, 울타리가 있는 건물을 기준으로 할 때 3단계 감지형태를 다음과 같이 적용할 수 있다.

가. 1단계 감지

외부의 벽이나 울타리 등의 물리적 보호장치를 통하여 외부로부터의 침입하려는 1단계 감지를 위하여 ① 적외선센서, ② 마이크로웨이브센서, ③ 진동센서, ④ 전기장센서, ⑤ 광케이블센서 등을 사용할 수 있다.

나. 2단계 감지

건물이나 보호되는 시설의 내부로 침입하려는 2단계 감지를 위하여 ① 마그네틱센서, ② 적외선센서, ③ 압력매트, ④ 유리파손센서 ⑤ 진동센서 등을 사용할 수 있다.

다. 3단계 감지

건물 내의 공간에서 움직이는 3단계 감지를 위하여 ① 열선센서, ② 초음파센서, ③ 음향감지센서 등을 사용할 수 있다.

센서를 효과적으로 사용하기 위하여 보호되는 지역을 외부지역과 내부지역 또는 취약지역 등과 같이 구분하고, 가능한 침입방법을 감안하여 센서를 선정할 수 있다.

5. 외부침입 감지

가. 외부침입 감지의 특성

경비대상시설이 어느 곳이든 침입행위를 외부에서 빨리 감지할 수 있으면 그 만큼 위험을 제거할 수 있는 가능성은 증가한다. 외부에 사용되는 침입감지센서는 외부의 환경적 요인에 의해 영향을 받을 수 있으므로 환경적 요인으로 인해 발생할 수 있는 오경보를 피할 수 있는 센서를 선정하여야 한다. 외부의 환경이나 기상변화는 외부감지센서에 적대적이지만 외부감지센서는 비가 오나 눈이 오거나, 안개가 끼거나, 천둥 · 번개가 치거나, 더우나 추우나 작동해야 한다. 물론 이러한 상황은 침입자에게도 악조건으로 작용할 수 있지만 범인은 그의 목표를 실행하기 전 감지센서를 피하거나 시스템의 작동을 방해하기 위한 조치를 하려 할 것이다.

외부에서 침입감지센서를 사용하기 위하여 빈번한 오작동에 의해 시스템의 신뢰가 저하된다면, 실제 상황에서 경보신호가 울렸을 때 오경보로 생각하여 경보신호를 무시할 수 있다.

충분하고 적절한 보호조치가 되어 있어도 확고한 범인은 이를 피하는 방법을 찾으려 할 것이다. 전통적으로 많이 사용되었던 땅굴을 파는 방법이나 크레인을 이용하는 방법 등은 과거에는 성공적으로 사용되었던 방법으로, 아직까지 외부감지센서를 피하기 위해 적용할 수 있는 방법일 것이다.

나. 침입자의 특성

외부에 사용할 수 있는 가장 적합한 센서를 선정하기 위하여 환경적 요소 외에 침입자의 신체 및 행동적 특징을 이해할 필요가 있다.

사람은 특수한 형체를 가지고 있고 호흡을 하면서 이산화탄소를 배출하며, 유연하게 두 발로 걷거나 때로는 뛰거나 기기도 한다. 그리고 볼 수도 말할 수도 있고, 높은 곳을 오를 수도 있을 뿐 아니라 연장을 사용하여 파거나 자를 수 있으며, 좋든 싫든 몸에서 열을 방출한다. 인체는 대부분 물로 구성되어 있으며, 사람은 신경과 두려움이 있다.

이러한 특성을 침입상황에 맞게 감지하기 위하여 어떤 센서를 선택해야 하는지와 센서가 어떻게 작용하는지를 이러한 특성을 어떻게 감지할 것인가를 살펴볼 필요가 있다. 센서가 오경보를 피하거나 오경보를 최소화할 수 있기 위해 침입자와 다른 것을 구분할 수 있어야 하는데, 우선 사람과 동물을 구분하고, 주변의 움직이는 물체를 구분할 수 있어야 한다.

다. 외부감지센서의 선정

외부감지를 위해 여러 가지의 센서를 선택할 수 있으나 외부의 환경적 요인을 고려할 수 있어야 한다.

첫째, 적외선센서는 송신기에서 수신기로 전송되는 적외선 빔이 침입자에 의해 차단되는 것을 감지하며, 외부에서 뿐 아니라 내부에서도 사용할 수 있다. 적외선센서는 송신기와 수신기가 서로 직선상으로 볼 수 있게 유리창 주변, 담장 위, 울타리가 설치된 지역 내부에 적용할 수 있으며, 다른 센서에 비해 좁은 지역에서 비교적 문제없이 사용할 수 있다. 그러나 오경보를 유발할 수 있는 비, 눈, 안개, 날리는 물체 등을 고려하여 설치해야 한다.

둘째, 마이크로웨이브센서는 적외선센서처럼 송신기와 수신기 사이에 형성된 마이크로웨이브 빔이 침입자에 의해 차단되는 것을 감지한다. 마이크로웨이브센서는 적외선센서와 달리 입체적인 빔을 사용하여 전천후로 사용할 수 있지만 감지지역 밖에서 사람, 동물, 차량의 정상적인 움직임에 의해 작동하지 않도록 해야 한다.

마이크로웨이브센서는 일반적으로 송신기와 수신기가 서로 직선상으로 볼 수 있게 울타리가 설치된 지역 내부에 적용하지만 울타리가 설치된 곳의 지면의 높이가 가파르게 변화하는 곳에서는 다른 높이에 설치되어 있는 마이크로웨이브센서로 효과적으로 침입을 감지할 수 없으므로 마이크로웨이브레이더센서를 함께 사용하여 감지의 공백을 보충할 수 있다.

셋째, 침입자에 의해 전기장의 변화를 감지하는 전기장센서를 울타리에 설치할 수 있으며, 특히 기복이 있는 지면이나 울타리의 방향이 수시로 변하고 그 간격이 비교적 짧은 곳에서 전기장센서를 효과적으로 사용할 수 있다.

달리 진동감지기를 울타리에 설치하여 침입자의 기어오르는 동작이나 울타리를 들어 올리는 행위, 절단에 의해 발생한 진동을 감지한다. 침입자의 체중이나 움직임에 발생하는 진동을 감지하기 위하여 벽이나 울타리, 바닥에 설치할 수 있다.

6. 내부침입 감지

여기서 내부란 건물의 벽, 출입문, 창문, 바닥이나 마루, 천장과 지붕 등과 같이하는 공간을 말한다. 즉 건물로 둘러싸여 있는 지역을 포함하며, 건물 밖에 있는 마당은 내부로 간주하지 않는다.

외부감지와 마찬가지로 내부감지를 위해 여러 가지의 센서를 선택할 수 있으며, 외부와 내부의 경계를 위해 외부에 설치되는 센서는 환경적 요인을 고려할 수 있어야 한다.

첫째, 마그네틱센서(자석감지기)는 출입문 및 창문을 통한 침입을 감지하기 위하여 가장 간단하고 경제적으로 사용할 수 있는 센서이다. 잠금장치의 품질이 개선되면서 범인이 문을 쉽게 열 수 있는 가능성을 감소시켜 주지만, 마그네틱센서는 사용자가 출입문을 잠그는 것을 잃어버렸을 경우라도 범인이 출입문을 열면 스위치 회로에 의해 경보신호를 발생한다.

둘째, 유리파손센서는 유리가 파손되면서 발생하는 기계적 진동을 감지하며, 유리가 깨질 때 발생하는 특정한 초음파 대역의 진동파를 감지하여 유리를 두드리거나 일반적인 소리에는 작동하지 않는다. 다만, 여러 겹으로 된 유리창의 경우 한 장의 유리가 깨어지면 깨어진 유리창을 통해 다른 유리로 감지에 필요한 초음파가 효과적으로 전달되지 못하기 때문에 각 유리에 센서를 설치해야 하는 어려움이 있다.

셋째, 진동센서를 출입문에 사용하여 출입문이 열리거나 흔들리면서 발생하는 진동을 감지할 수 있다. 그러나 진동센서를 문의 외부에 설치할 경우 바람이 심하게 불거나 아이들이 장난으로 문을 두드리거나 문을 찰 경우 경보신호를 발생할 수 있다.

넷째, 압력매트를 유리창 내부에 설치하여 유리창을 통해 침입하는 과정에서 밟으면 작동하게 할 수 있다. 유리창을 통한 침입을 감지하기 위해 유리창 외부에 적외선센서를 적용할 수 있으나 내부에 진동감지기를 설치할 경우 범인이 침입을 시도하려는 순간이 아닌 침입한 후 이 상황을 감지하는 것이다.

달리 유리창을 통한 침입을 감지하기 위하여 범인이 건물 내로 침입했을 때 범인의 움직임을 감지하여 경보신호를 발생시키는 열선감지기 등의 공간감지센서를 사용할 수 있다.

그리고 형태는 다르지만 일종의 스위치센서로 얇은 튜브형태의 철재봉 안에 쉽게 절단되는 전선을 넣고 이 철재봉으로 유리창의 보호창살을 만들어 주로 유리창의 내부에 설치하여 사용할 수 있다. 범인이 보호되지 않는 유리를 통해 침입하는 과정에서 유리를 제거하고 보이지 않게 감지용 전선이 들어있는 튜브형태의 철재봉을 제거하려 할 때 철재봉이 휘어지면서 철재봉 안에 있는 전선이 절단되면서 경보신호를 작동시키게 된다.

이러한 방법은 창문을 통한 침입을 감지하기 위하여 간단하고 효과적으로 사용할 수 있지만, 미적인 면이나 창문청소의 불편함과 짜 맞추기로 인한 비용이 많이 든다는 단점 때문에 널리 사용되고 있지 않으며, 이 방법 대신 유리파손감지기나 진동감지기와 같은 형태의 센서가 널리 사용되고 있다

또한 범인이 내부로 침입하기 위하여 사용할 수 있는 지붕의 채광창이나 환기통을 감지할 수 있어야 한다. 공간감지센서를 광범위하게 사용할 경우, 지붕과 같은 곳을 통한 침입을 감지하기 위한 별도의 센서를 사용할 필요가 없지만 위협을 감소시키기 위하여 침입가능한 장소를 빠짐없이 감시하는 것이 바람직하다.

7. 공간감지

공간이란 어떤 것이 놓여 질 수 있는 곳을 말하며, 그곳에 아무 것도 없을 경우 범인을 포함한 모든 사람이 움직일 수 있는 장소를 뜻한다.

우리가 어떤 공간에 누군가가 있는지 또는 움직이는지를 알고 싶다면 공간감지센서를 사용하여 이를 감지할 수 있다. 보통 일정한 공간을 형성하고 있는 장소는 경비대상시설 내에서 최종적으로 보호되어져야 하는 지역이며, 범인은 그의 목적달성을 위해 공간에서 움직여야 하기 때문에 내부침입 감지를 위해 공간감지센서의 사용이 아주 적합하다고 할 수 있다.

공간감지를 위하여 주로 열선센서나 초음파센서, 음향감지센서가 사용된다. 유리창으로 보호되고 있는 내부에서는 열선센서가 적합한데, 그 이유는 열선감지기에서 방출되는 에너지가 유리창을 통과할 수 없기 때문에 유리창 밖에서 일반인의 정상적인 움직임으로 인한 오경보의 발생을 피할 수 있기 때문이다.

좁은 지역이나 복도와 같이 침입자가 그의 목표지점으로 이동하기 위해 지나가야 하는 지점을 감지하기 위해 적외선센서를 사용할 수 있으며, 더 넓은 공간이나 유리창에서 떨어져 있는 지역의 공간감지를 위해 마이크로웨이브 레이더센서를 사용할 수 있다.

제2절 스위치센서

1. 스위치센서의 개념

모든 센서는 최종적으로 스위치 형태로 작용하지만, 여기서 설명하는 스위치센서는 직접적인 스위치 작용으로 경보신호를 발생시키는 형태의 센서를 의미한다.

침입감지를 위하여 가장 넓게 사용되는 스위치센서는 어떤 특정한 조건을 초월하여 외부에서 발생하는 힘의 영향을 받아 흐르는 전류를 순간적으로 변화시키는 장치이다.

스위치센서에 대한 정의는 더 세밀하게 정리될 필요가 있어 보이지만, 우리 주변에서 널리 사용하고 있는 스위치를 상기해 보면 쉽게 이해할 수 있다.

아무튼 많은 형태의 스위치센서가 침입감지를 위하여 사용되고 있으며, 침입감지를 위하여 사용되는 여러 가지 센서 중 스위치센서는 일찍부터 사용되었던 것 중 하나로 지금까지 여러 형태로 널리 사용되고 있는데, 이러한 사실은 다른 센서에 비하여 많은 장점을 가지고 있다는 것을 말해준다.

스위치센서의 형태는 다양하지만, 마그네틱센서가 많이 사용되며, 출입문에 부착하여 출입문을 통한 침입을 감지하기 위하여 간단하고 경제적으로 사용할 수 있다. 보다 튼튼한 출입문을 사용하고 잠금장치의 품질이 많이 개선되면서 범인이 대상시설로 쉽게 들어올 수 있는 가능성을 감소시켜 주지만, 마그네틱센서는 사용자가 출입문을 잠그는 것을 잃어버렸을 경우라도 범인이 출입문을 열면 스위치 회로를 변화시켜 경보신호를 발생한다.

스위치센서의 중요한 장점 중 하나는 작용이 아주 명확하다는 것이다. 즉 확실히 열리고 확실히 닫히며, 열린 상태에서 닫히는 상태로 쉽게 변화되지 않는다.

스위치센서는 원리적으로 간단하게 작용하지만 전류를 흐르게 하기 위해 서로 접촉시키고 전류를 차단하기 위해 서로 분리시키는 두 조각의 금속이 있어야 하며, 이로 인하여 다음과 같은 몇 가지 장애를 유발하기도 한다는 단점이 있다.

첫째, 사용기간이 증가하면서 스위치 접점이 더러워지거나 부식될 수 있으며, 더러워지거나 부식된 부분으로 전류가 흐를 수 있게 하기 위해 접점을 더 힘있게 눌러야 한다. 특히 기계 스위치의 경우, 기본적으로 전류의 흐름을 방해하는 전기적 저항을 줄이기 위해 일정한 접촉압력을 유지해야 한다.

둘째, 스위치가 전류를 차단하고 연결하는 과정에서 열이 발생하며, 발생한 열은 접촉되는 접점의 좁은 부분에 집중한다. 이러한 열은 다른 스위치에서도 쉽게 볼 수 있으며, 실제 발생한 열로 인해 접촉부위의 금속을 녹여 붙게 하기에 충분한 열이 발생하여 회로가 떨어지지 못하게 할 수도 있다.

스위치의 접촉면에서 많게 또는 적게 발생하는 접촉열을 피하기 어려우며, 스위치를 설계하는 사람은 접촉열과 접점이 녹아 붙는 위험을 줄이기 위하여 여러 가지 방법을 제안해야 한다. 그 방법 중 하나로 열을 줄일 수 있는 접촉재질을 선택할 수 있으며, 이러한 접촉재질 중 많이 사용되는 것 중 하나가 은이다. 은은 산화나 변색이 되지만 철에 발생하는 녹과 다르며, 전도성이 양호하여 과도한 열을 발생하지 않는 경향이 있으며, 적절한 접촉압력을 제공해 준다.

2. 스위치센서의 종류

가. 기계스위치

기계스위치는 침입감지를 위한 가장 먼저 사용되었던 센서라 할 수 있다. 기계스위치는 문과 문틀 사이에 끼워 사용하며, 문이 열리고 닫히는 것을 스위치 작용에 의해 감지하여 필요한 사람에게 그 사실을 알려 준다. 이렇게 사용된 기계스위치는 문접점스위치란 이름으로 일반인에게 알려져 있다.

기계스위치를 문에 사용할 때 접점스위치가 내장된 작은 스위치박스를 고정된 문틀의 우묵한 곳에 설치하여 문이 닫히거나 열릴 때 플랜저가 들어가고 나오는 형태로 스위치가 작동한다.

이러한 형태의 스위치는 비교적 약하지만 튼튼하게 제작되어 비교적 높은 전류를 전달하는 접촉스위치로 전자식 감지장치보다 전기식 감지장치에 자주 사용된다. 그러나 기계스위치는 보이지 않게 감추기 어렵고 플랜저의 구멍에 껌과 같은 이물질로 막아 쓸모없게 만들 수 있다는 단점이 있으나, 보이지 않는 문틀에 설치하여 사용하므로 이러한 단점을 크게 염려할 필요는 없다.

나. 마그네틱센서

마그네틱센서는 침입감지시스템에 아주 많이 사용되는 스위치센서로 자성에 의해 작동하는 스위치 접점을 이용한 센서의 일종으로, 주로 문이나 창문의 윗부분에 설치하여 문이나 창문의 열림을 감지한다.

마그네틱센서는 '리드스위치'와 같이 사용되어 마그네틱 리드스위치를 구성하며, 마그네틱 리드스위치는 스위치 회로를 구성하는 부분과 자석부분으로 구성되어 자석에 의해 스위치 접점을 단속하게 된다.

그리고 리드스위치는 스위치의 접촉성을 얻기 위하여 접촉지점을 백금이나 합금으로 씌운 좁은 금속조각으로 만들어 유리 튜브에 봉인하여 사용하며, 자석이 리드에 접근할 때 스위치가 작동한다.

마그네틱센서는 NO형태의 리드스위치와 NC형태의 리드스위치로 적용할 수 있는데, NO형 리드스위치는 리드가 정상적일 경우 열린 상태를 유지하다가 자성이 작용하면 리드스위치는 닫힌 상태로 전환되고, 자성이 제거되면 원래의 상태인 열린 상태로 돌아간다. 그리고 NC형 리드스위치는 NO형 스위치와 반대로 작용한다.

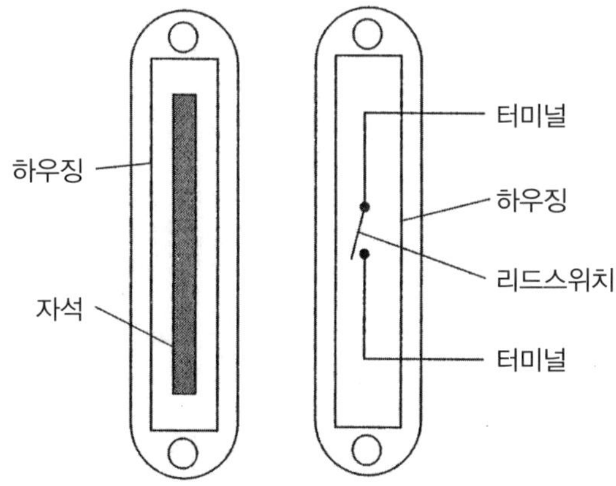

[그림 3-3] 리드 스위치의 형태

마그네틱 리드스위치를 작용시키기 위하여 스위치 회로가 있는 부분은 고정된 문틀에 설치해야 하고, 자석부분은 감지를 필요로 하는 문에 설치하여 문이 열리면 자성이 제거되어 문의 열림을 감지한다.

마그네틱센서를 설치할 때 주의해야 할 점은 범인이 마그네틱센서를 제거하지 못하도록 문의 내부에 설치하며, 리드스위치와 자석은 수직수평이 일치하도록 하여 제작사가 권하는 거리 이내에 설치하는데, 보통 15mm 이내 정도가 되도록 한다. 설치 중 리드스위치에 충격을 가하거나 떨어뜨리면 리드스위치의 유리관이 깨져 수명에 영향을 주게 된다.

그리고 마그네틱센서를 철문에 설치할 경우, 철문의 영향으로부터 자성을 보호하기 위하여 자석이 부착되는 철문의 표면에 플라스틱이나 알루미늄과 같은 비자성 물질을 사용하여 자석을 지지해 준다.

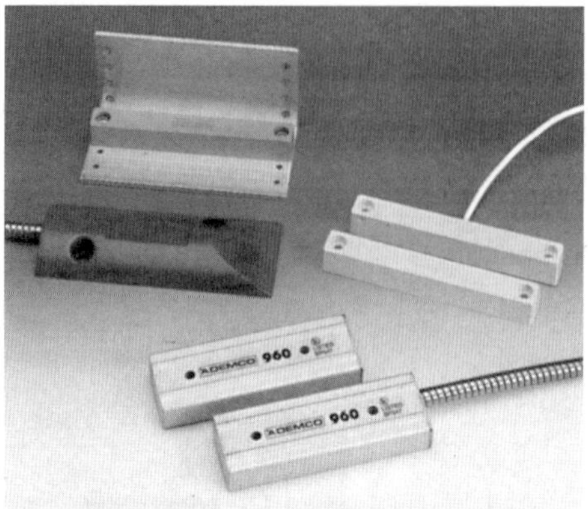

[그림 3-4] 여러 형태의 마그네틱센서

기계스위치가 껌과 같은 이물질에 의해 방해받을 수 있는 것처럼 마그네틱센서는 강한 자석을 사용하려는 범인에 의해 방해받을 수 있는 가능성이 있다. 리드스위치 자체의 신뢰도에 관한 문제를 해소하기 위해 문틀에 설치되어 있는 것이 아닌 다른 자석의 방해로부터 스위치를 보호하기 위해 자석보호장치를 설치하거나 불필요한 자석이 접근할 때 경보를 발생하는 보조스위치를 갖춘 마그네틱센서를 사용할 수 있다.

다. 전선센서

범인이 문에 설치된 마그네틱센서를 피하기 위해 문에 자신이 통과할 만한 구멍을 만드는 방법을 선택할 수 있을 것이다. 이러한 침입행위를 감지하기 위하여 외부조작에 의해 쉽게 절단될 수 있는 가늘고 약한 선을 여러 겹으로 취약한 문 내부에 설치하고 그 감지선 위를 얇은 합판과 같은 것으로 덮어 보호하고 단정하게 보이게 하여 전선센서를 구성할 수 있다. 범인이 침입을 위해 문에 구멍을 내면 문에 감추어진 감지선이 절단되면서 경보신호를 발생하게 된다.

이와는 달리 창문을 통한 침입을 감지하기 위하여 오래 전 사용되었던 방법 중 하나가 튜브와 튜브에 내장된 감지선을 센서로 사용하는 방법이다. 10cm

정도 떨어져 설치된 여러 열의 수직 튜브는 가는 철재봉으로 만든 물리적 보호장치처럼 보이지만, 이 튜브 안에는 한 줄의 약한 전선이 꿰어져 각 튜브 끝에 고정되어 있어 철재봉에 물리적인 힘을 가하게 되면 철재봉 안에 있는 약한 전선이 파손되면서 경보장치에 연결된 전기회로를 작동시킨다. 이 방법은 일종의 스위치센서로 작용하여 창문의 안과 밖에서 창문을 통한 침입을 감지하기 위해 사용할 수 있다.

범인이 창문으로 침입하기 위하여 철재봉을 당겨 분리하려 하면 철재봉이 약한 것을 알고 의아해 할지 모르지만, 자신의 행동이 경보신호를 발생시켰다는 것을 알고 더욱 놀랄 것이다.

많이 사용되지는 않지만 호일형태의 감지선을 유리창에 부착하여 사용할 수 있는데, 이를 호일테이프라 부른다. 호일테이프는 유리가 파손될 때 호일에 부착된 감지회로가 파손되면서 경보신호를 작동시킨다.

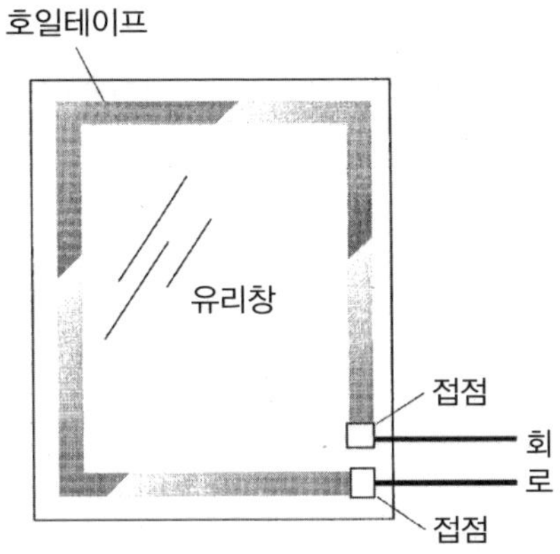

[그림 3-5] 호일 테이프의 형태

라. 압력센서

압력센서는 종종 '압력매트'로 불리며, 다른 형태의 스위치센서에 비해 크기가 크다. 압력매트는 침입감지가 요구되는 지역 내에서 범인이 목적달성을 위해 이동하는 동안 밟을 수 있는 곳에 설치하여 사용하며, 범인이 밟으면서 압력매트 내에 설치된 스위치회로를 작동시켜 경보신호를 발생한다. 이 방법은 외부에서 보다 감지센서를 피해 내부로 침입했을 때 이를 감지하거나 보호가 요구되는 주요 물품 가까이에 설치하여 사용한다.

압력매트를 효과적으로 사용하기 위해 사람에게 보이지 않게 감추어져야 하며, 이를 위해 주로 기존에 놓여 있는 카페트나 문매트, 계단매트의 아래에 설치하여 사용한다.

일반적으로 압력매트는 평상시 개방되어 있는 열린회로를 유지하다가 스위치가 닫힐 때 경보신호를 발생한다. 따라서 매트로 연결된 전선이 우연히 또는 고의로 끊어졌을 때 이를 알리는 어떤 경보가 주어지지 않으면 매트는 무용한 것이 된다. 이러한 위험을 최소화하기 위하여 템프회로를 적용할 수 있다.

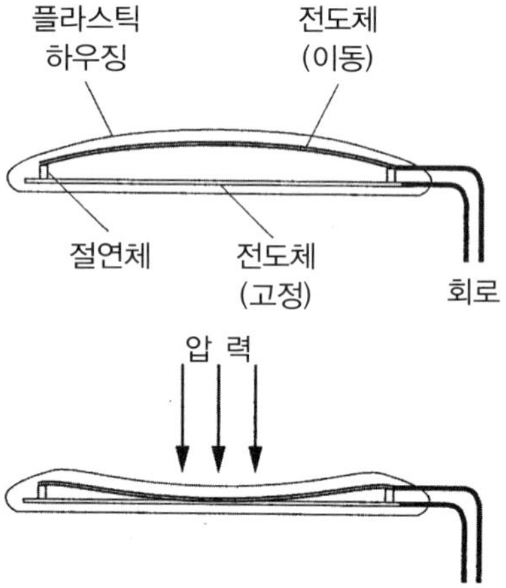

[그림 3-6] 압력센서의 형태

마. 압전매트

압력매트보다 향상된 기술을 이용하여 간단히 사용할 수 있는 형태가 압전판을 사용한 압전매트이다. 압전매트에 사용되는 압전물질은 압력을 받거나 해제되는 동안 전압이 발생하며, 이 전압으로 경보장치를 작동시킨다.

바. 관성스위치

관성스위치는 물리적 현상 중 하나인 관성의 원리에 의해 작용하는 스위치이다. 예를 들어, 의자를 잡고 걸어가는 동안 그 의자 위에 공을 올려놓고 천천히 이동할 동안은 관성이 작용하여 그 공이 의자 위에서 안전하게 유지되지만 갑자기 빨리 움직이거나 외부에서 힘을 가할 때 공이 움직이게 된다. 여기서 공을 금속으로 제조된 10mm 정도의 아주 작은 볼이라 생각하고 의자를 그 금속 볼의 움직임으로 접촉될 수 있는 금속성 물체라 가정해 보면 의자와 공은 일종의 관성스위치를 형성하게 되는데, 이 관성스위치를 경보회로에 연결하여 볼이 의자와의 접촉을 상실하게 되면 회로가 분리되어 경보기가 작동하게 된다.

관성스위치는 중력이나 가속에 민감한 금속 볼이나 로울러 등을 이용하여 스위치의 접촉을 유지시켜 주며, 금이나 다른 합금을 사용하여 스위치의 접촉저항을 최소화할 수 있다.

관성스위치는 움직임이나 진동을 유발할 수 있는 상황에 넓게 적용할 수 있다. 창문이나 출입문 등의 열림을 감지하기 위한 것부터 울타리를 통한 침입을 감지하는 분야까지 적용할 수 있으나, 예민하게 작용하여 오작동을 유발할 수 있으므로 설치시 주의가 요구된다.

스위치의 접촉을 유지시키는 물질은 금속물질 대신 수은을 사용할 수 있는데, 수은을 사용한 관성스위치를 수은스위치라 부른다. 수은스위치는 밀폐된 유리관 안에 두 개의 전기접점과 수은볼로 구성되어 있으며, 유리관이 기울어지면서 수은볼이 두 전기접점을 접촉시켜 경보신호를 발생한다. 수은스위치는 금속물질을 사용하는 관성스위치의 압력문제와 접촉부분의 부식문제를 개선할 수 있다는 장점이 있으나, 비교적 크기가 크고 깨지기 쉽다.

수은스위치는 보호가 특별히 요구되는 비교적 작은 물체의 움직임을 감지하기 위하여 사용할 수 있다. 수은스위치를 창문에 설치할 경우, 창문이 열리면서 스위치가 비스듬히 기울어질 수 있어야 하며, 이렇게 하여 범인이 수은

스위치가 설치된 창문을 통해 침입하게 되면 수은스위치에 의해 경보신호가 발생하게 된다.

신중한 범인은 조심스러운 행동으로 수은스위치가 작용하지 않게 물체를 이동하거나 창문을 열 수 있을 것이다. 이를 방지하기 위하여 2개 이상의 수은스위치를 다른 각도로 기울어질 때 작용할 수 있게 설치한다.

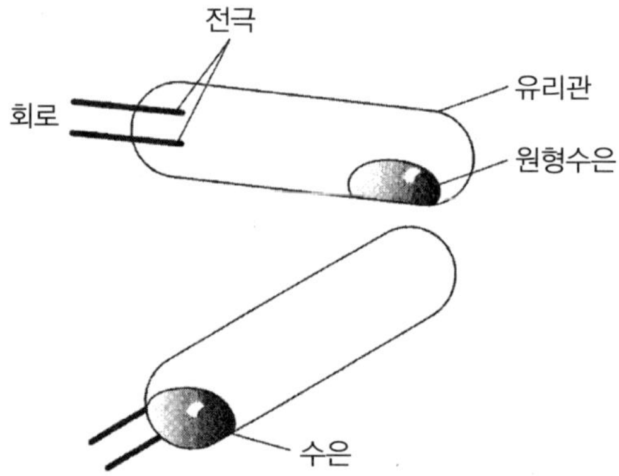

[그림 3-7] 수은 스위치의 형태

관성스위치를 외부감지를 위해 사용할 경우, 동물이나 다른 물체를 구별하기 어려워 오경보를 유발할 가능성이 존재한다. 그러나 외부 벽이나 울타리에 관성스위치를 사용할 경우, 침입을 알려 주는 완전한 장치가 아니라 근무자의 주의를 증가시켜 주는 조기경보 역할을 하게 된다.

사. 비상버튼

비상버튼은 긴박한 상황에서 사용자가 직접 작동시켜 경보신호를 발생시키는 버튼누름식 스위치로, '패닉버튼'이라는 이름으로 사용된다. 비상버튼 사용시 발생하는 오경보를 방지하기 위하여 아주 짧은 신호에 대해 경보신호를 발생하지 않게 설계할 수 있지만 비상버튼으로부터 짧게 발생한 신호를 어떻게 처리할 것인지에 대해 깊이 판단해야 한다.

비상버튼을 순간적으로 눌렀을 때 경보신호가 충분히 작동할 수 있어야 하며, 비상버튼의 지속성을 얻기 위하여 잠시 후 해제되는 잠김형 버튼이나 공기작용식 또는 전자작용식 지연해제버튼을 사용할 수 있다.

긴급상황에서 비상버튼은 오작동을 피하는 것보다 사람의 안전적인 관점에서 고려되어야 한다. 긴급상황에서 일정시간 동안 비상버튼을 누를 수 있는지, 잠시라도 누를 수 있는 시간적 여유를 가질 수 있는 지에 따라 비상버튼의 효과가 예측될 수 있다.

제3절 적외선센서

1. 적외선센서의 개념

적외선센서는 적외선 에너지가 능동형으로 작용하는 센서를 말하며, 침입자의 적외선 에너지에 의해 수동형으로 작용하는 열선센서와 구분된다. 적외선센서는 적외선 빔을 발생하는 송신기와 이를 받아들이는 수신기로 구성되며, 침입자에 의해 송신기와 수신기 사이의 빔이 차단될 때 경보신호를 발생시킨다.

적외선센서는 가시광선보다 파장이 긴 적외선 영역 중 가시광선 가까이 있는 근적외선 대역(0.72~1.5㎛)의 에너지를 사용한다. 적외선 송신(투광)을 위해 적외선 발광다이오드(LED)를 사용하며, 적외선 발광다이오드에서 송신된 근적외선을 수신(수광)하기 위해 포토다이오드(Photo Diode)나 포토트랜지스터(Photo Transistor)을 사용하는데, 이것은 빛에너지를 받아 기전력을 발생하는 광기전력 효과를 이용한 방식이다.

침입감지를 위해 주로 송신기와 수신기가 일직선으로 마주보는 형태(대향형)로 사용되며, 드물게 송신기와 수신기가 같은 방향을 보는 형태(반사형)로 사용되기도 한다. 여기서는 일직선으로 마주보는 형태의 적외선센서에 대해 설명하고자 한다.

스위치센서는 그 기능을 효과적으로 수행하지만, 상황에 따라 사용하기 불충분하거나 실용적이지 못할 수 있으므로 스위치센서를 대신하여 적외선센서를 사용하거나 적외선센서를 추가하여 설치할 수 있다.

적외선센서는 빔을 이용하여 감지기능을 잘 수행한다는 장점이 있으므로 내부와 외부에 적용되어 침입감지기능을 효과적으로 수행한다. 내부와 외부에 공통적으로 사용되는 센서는 내부 상황과 외부 상황이 센서에의 작용에 미치는 영향이 다르기 때문에 따로 분리해서 사용하는 것이 바람직하다.

2. 오동작 요인

적외선센서는 외부에서 많이 사용되고 있는데, 외부에는 적외선센서의 작동에 영향을 주는 많은 방해물이 있다. 적외선센서의 작동에 영향을 주는 외부 요인으로는 외란광, 비 · 눈 · 안개 등의 기상변화, 먼지나 배기가스에 의한 대기환경 변화, 진동에 의한 광축 틀어짐, 서리, 낙엽, 소동물 등으로 많다.

외란광은 햇빛이나 달빛, 번개 등의 자연 외란광과 자동차 헤드라이트, 수은등 등의 인공 외란광이 있으며, 이러한 외란광에는 근적외선을 포함하고 있다. 그러나 현재 사용 중인 대부분의 적외선센서는 이러한 외부요인을 어느 정도 극복할 수 있어 외부에 많이 사용된다.

대기환경 변화나 기상 변화로 발생한 부유물에 의해 근적외선이 산란되거나 흡수되며, 그 크기나 빛의 파장에 의해 다르게 작용한다. 봄안개 정도는 영향을 받지 않으나 안개나 비가 심할 경우 영향을 받는다. 특히 송 · 수신기의 빔축이 틀어지면 감지감도가 떨어져 안개 상황에서 오동작을 유발할 수 있으므로 빔축을 조정할 수 있어야 한다.

적외선 송신기(투광기)와 수신기(수광기) 사이의 적외선 빔을 차단하는 것을 감지하는 적외선센서는 적외선 차단이 침입자에 의한 것인지 다른 요인에 의한 것인지 판단할 수 없다. 이러한 문제는 감지물체의 크기와 감지속도를 판단하여 구별할 수 있는데, 감지물체의 크기는 복수 빔을 적용하여 복수의 빔을 동시에 차단하는 경우에만 경보신호를 발생하게 함으로써 구별할 수 있다. 예를 들어, 낙엽이나 소동물은 복수의 빔을 동시에 차단할 수 있는 가능성이 낮다.

감지속도는 송·수신기 사이의 적외선 빔을 차단하여 감지할 수 있는 시간으로 침입자의 움직이는 시간과 감지시간의 관계를 설정하여 오동작을 예방할 수 있다. 예를 들어, 담장 위에서 사람은 뛸 수 없으므로 감지속도를 느리게 하여도 침입자를 감지할 수 있고, 새나 고양이 등에 의한 오동작을 막을 수 있으며, 달릴 수 있는 장소에서 감지속도를 느리게 하면 침입자를 감지 못할 수 있다.

감지속도는 적외선센서 제작사가 설정한 기준에 맞게 적용하지만 센서 설치 후 현장여건에 맞게 센서의 감지속도를 조정하고 시험하는 것이 좋다.

3. 적외선센서의 적용

가. 내부용 적외선센서

내부는 외부에 비해 적외선 빔의 작용을 방해할 수 있는 요인이 훨씬 적으므로 적외선센서를 효과적으로 사용할 수 있다.

범인이 설치된 적외선 빔의 특성을 파악하여 별도의 송신기를 이용하여 설치된 수신기로 적외선 빔을 송신하여 침입자에 의해 적외선 빔이 차단되는 것을 알아차리지 못하도록 방해할 수 있는 가능성에 대해 생각해 볼 수 있다. 그러나 이러한 방법은 기술적으로 가능하지만, 실제 적외선센서를 방해하기 위하여 사용하기 어려울 것이다.

범인이 이러한 방법을 사용하여 적외선센서를 방해할 가능성에 대비하기 위하여 수신기의 렌즈를 원래보다 더 좁은 각도로 적외선 빔을 받아들이도록 할 수 있다.

달리 범인이 사용된 적외선의 주파수를 알아내어 송신기를 모방한 장비를 사용하여 센서를 피하려는 위험을 고려해야 한다면, 다른 센서를 추가적으로 사용하든지 다른 센서를 선택하는 것이 나을 것이며, 위에서 언급한 것과 같은 형태의 발생 가능한 리스크는 무시되는 경우가 많다.

나. 외부용 적외선센서

외부는 내부와 달리 적외선센서의 작용을 방해할 수 있는 요소가 존재하며, 송신기와 수신기가 멀리 떨어져 있으면 환경변화에 영향을 받게 된다.

적외선 빔의 제한사항 중 하나는 사용되는 파장이 아주 짧다는 것이며, 우천시나 안개가 낀 상황에서 적외선 에너지의 파장이 안개나 비의 작은 물방울의 크기와 가까워 에너지를 흡수하거나 소산시켜 빔의 에너지가 과도하게 손실되어 오경보를 유발하기 쉽다. 비나 안개 속에서 발생할 수 있는 과도한 에너지 손실을 막기 위해 더 긴 파장으로 적외선 빔을 송·수신할 수 있는 장치를 만들어 송·수신과정에서 에너지가 손실되지 않게 할 수 있다. 그러나 빔의 형상을 유지하기 위해 파장은 너무 길면 안 된다.

적외선센서는 유리창 주변에 설치하거나 담장 위나 경계를 나타내는 울타리와 내부에 추가로 설치된 경비용 울타리 사이에 있는 지역을 감지하기 위하여 사용할 수 있다. 특히 튼튼하지 않는 울타리로 보호되는 지역이나 철망형의 경비용 울타리가 설치된 지역 내부에 유용하게 사용할 수 있다.

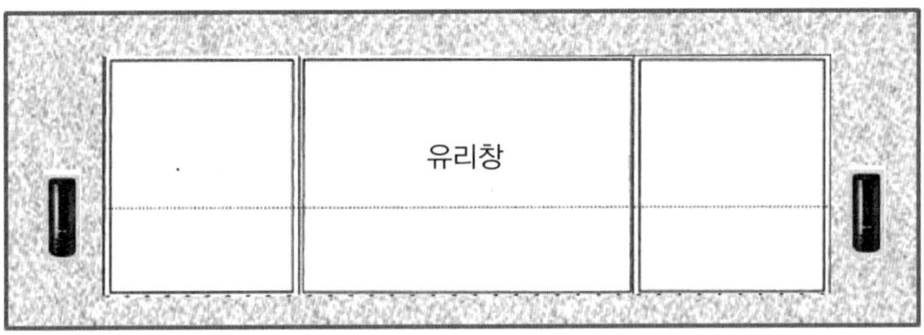

[그림 3-8] 유리창 주변에 설치한 형태

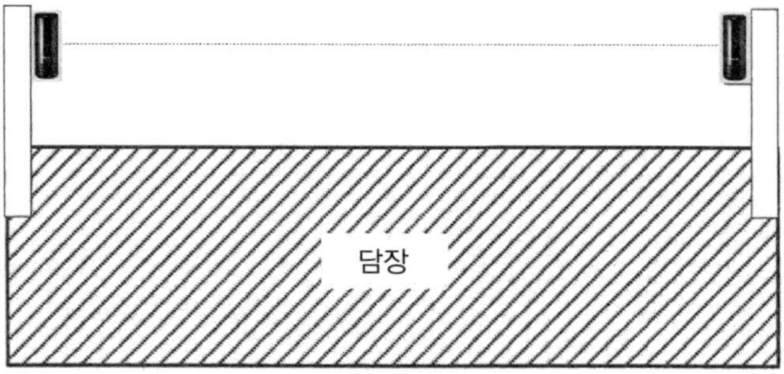

[그림 3-9] 담장 위에 설치한 형태

적외선센서는 송신기와 수신기가 서로 직선상으로 볼 수 있게 설치해야 하므로 기복이 있는 지면이나 울타리의 방향이 변하는 장소에서는 사용하기 어렵다. 그러나 다른센서에 비해 좁은 지역에서는 비교적 문제없이 사용할 수 있다.

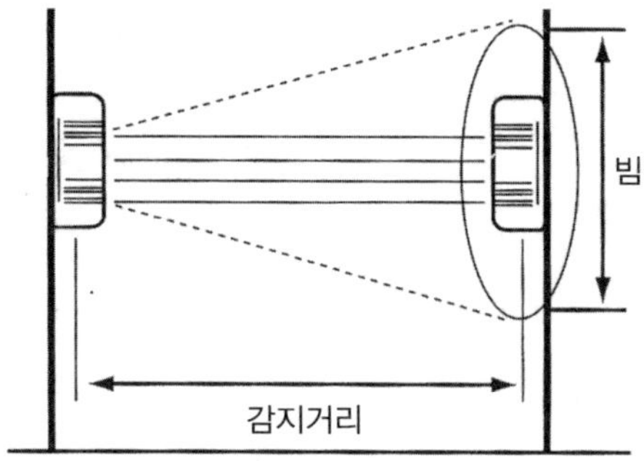

[그림 3-10] 단수 빔의 감지형태

한 개의 빔을 이용하여 사람이나 차량의 이동을 감지할 수 있지만 한 개의 빔을 피하는 리스크를 최소화하기 위하여 아래위로 여러 겹의 적외선 빔을 사용할 수 있다. 또한 통로상에 일정한 거리를 두고 빔을 중첩되게 사용하면 여러 빔의 조합에 따른 일정한 감지범위를 형성하므로 그 빔이 계속해서 방해받거나 차단될 경우, 사람이 그 빔 사이를 통과하는데 일정한 시간이 소요되므로 그 시간보다 짧을 경우 이를 사람이 아닌 것으로 판정할 수 있다.

[그림 3-11]은 다수의 빔을 사용한 감지형태를 보여 주는 것으로 A는 4개의 적외선 송신기와 그 옆에 일직선으로 정열된 4개의 수신기를 사용하는 형태이며, B는 한 개의 송신기로부터 각각의 기둥에 설치된 5개의 수신기로 빔을 방사하는 형태를 보여 준다.

복수 빔의 감지효과를 평가하는데 있어 각 빔의 감지부분은 연필모양이며, 한 쌍의 송신기와 수신기 사이는 평형이다. 필요한 빔 각을 자유롭게 조정할 수 있으나 빔 각을 분리하는 것은 감지적 관점에서 보면 비효율적이다. 빔을 과도하게 분리할 경우 옆에 있는 벽이나 창문으로부터 반사되는 빛이 수신기의 작동을 유지시킬 정도로 충분하게 되면 범인이 차단하더라도 경보기를 작동시키지 않는 문제를 유발할 수 있다. 적외선 빔의 유용한 부분은 빔의 전체 길이에 걸쳐 직경 50mm 정도라는 것을 알아둘 필요가 있다.

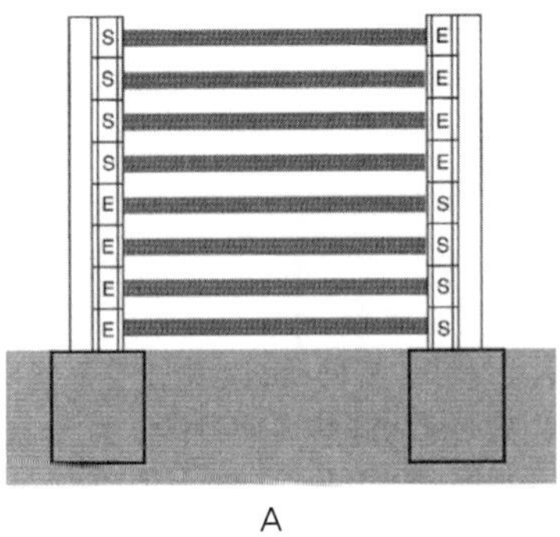

A : 8개의 송신기와 8개의 수신기
B : 2개의 송신기와 10개의 수신기

[그림 3-11] 복수 빔의 감지형태

제4절 열선센서

1. 열선센서의 개념

열선센서는 침입자가 방사하는 적외선 에너지에 의해 수동적으로 작용하며, 이는 별도의 송신기와 수신기를 사용하여 능동적으로 작용하는 일반 적외선센서와 구분되어 수동 적외선센서(Passive Infrared Sensor)라 불린다.

열선센서는 환경의 온도가 인체의 온도와 거의 같을 수 없다는 사실에서 그 온도 차이를 측정하거나 감지하여 경보신호를 발생시킨다.

적외선을 실험하던 과정에서 사람이 적외선 수신기 옆을 지나갈 때 수신기에서 반응하는 짧은 신호를 감지하였다. 이러한 사실은 인간이 열의 형태로 적외선 에너지를 효과적으로 송신할 수 있다는 사실을 말해주는 것으로 열선센서를 발명하게 한 근원이 되었다. 적외선 감지를 위해 사람을 송신기로 활용하는 것이 아주 이상적인 방법이라 생각했을지라도 침입행위가 발생하는 곳의 환경이 인간의 신체온도와 동일하다면 열선센서가 도입되기 어려웠을 것이다.

열선센서는 주위 환경변화에 민감하지만 침입자를 거의 빈틈없이 감지할 수 있으므로 벽이나 천장에 부착하여 내부 공간감지를 위해 가장 많이 사용되고 있다.

2. 감지방법

열선센서는 초전원리를 이용하는 것으로 감지지역의 주변 온도와 침입자의 체온 차이에 의한 적외선 에너지 변화를 전기적인 에너지로 변환하여 경보신호를 발생한다.

열선센서는 평상시 감지지역 내에 있는 여러 물체에서 나오는 적외선 에너지를 받고 있다가 침입자가 들어오면 침입자가 방사하는 적외선 에너지를 받게 된다. 그리고 침입자에 의해 발생한 온도 차이가 적외선 에너지를 변화시키고 그 변화에 의해 초전현상이 발생하고 미리 설정한 감도 이상이 되면 경보신호를 발생한다.

열선센서가 온도차이를 감지하여 경보신호를 발생하기 위해 다음과 같은 몇 가지의 요소가 필요하다.

가. 감지물질

초전효과를 유발하기 위해 사용되는 초전물질에는 몇 가지가 있으나, 침입감지용으로 많이 사용되는 초전물질은 티탄산 지르코늄납 세라믹과 티탄산 리튬이며, 비교적 새로운 것이 미국의 펜월트(Pennwalt)사에 의해 개발된 압전필름이다.

적절한 감지감도를 얻기 위해 열에너지는 센서를 기준으로 정지해 있는 것보다 움직일 필요가 있으며, 다행하게도 이를 침입감지를 위해 적용할 경우 범인의 움직임은 이러한 요구사항을 충족시켜 준다.

나. 에너지 집중

감지를 위해 적외선 에너지는 어느 정도 센서에 집중될 필요가 있다. 적외선 에너지를 집중시키기 위해 크게 2가지 방법을 사용할 수 있다.

첫째, 적외선 에너지는 유리를 쉽게 통과할 수 없으므로 적외선 에너지를 집중하기 위해 보통의 렌즈가 아닌 특수한 렌즈를 사용한다.

적외선 에너지를 집중시키기 위해 사용할 수 있는 일반 렌즈의 한계를 극복하기 위해 등대나 탐조등에 사용되는 방법으로 폴리에틸렌수지로 만든 프레넬렌즈를 사용한다. 이 방법은 열선센서에 주로 사용되고 있으며, [그림 3-12]는 프레넬 렌즈를 사용하여 적외선 에너지를 집중시키는 형태를 보여 준다.

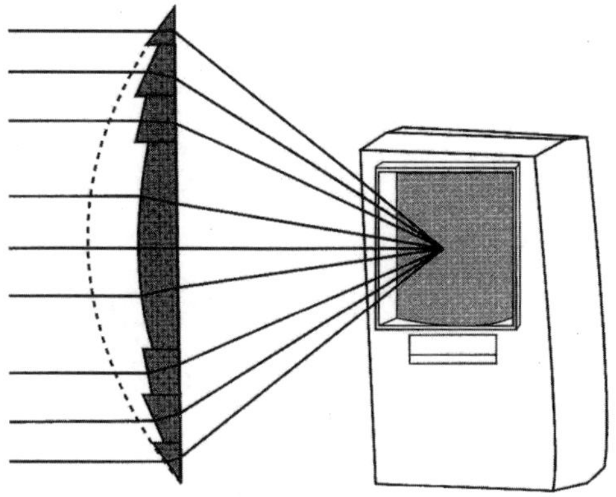

[그림 3-12] 프레넬 렌즈에 의한 에너지 집중

어떤 형태의 렌즈를 사용하든 렌즈를 통과하면서 에너지가 손실되어 감지 감도의 손실을 유발한다. 여기서 점선으로 연결되어 있는 부분은 볼록렌즈의 두께가 어느 정도 되어야 하는지를 보여 주며, 계단형 프레넬 렌즈를 이용하여 효과적인 두께를 얻어 에너지 손실을 감소시켜 준다.

둘째, 반사경을 사용하는 방법으로 [그림 3-13]과 같이 상을 축소시켜 보여 주는 반사경을 사용할 수 있다. 그러나 이 방법은 에너지를 집중시키는 효과는 있으나, 구조적으로 감지센서에 사용하기에는 충분하지 못하다.

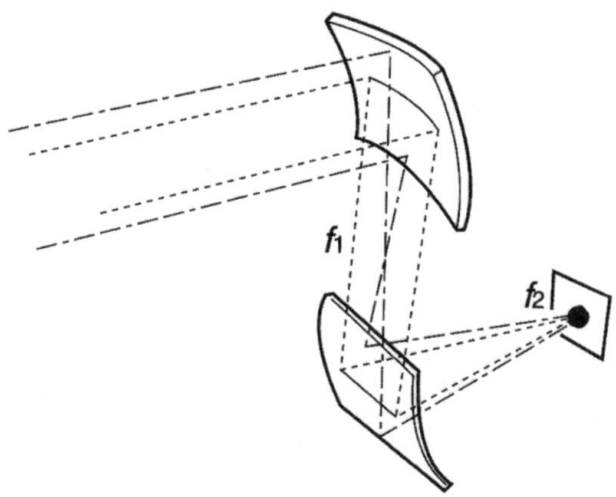

[그림 3-13] 반사경에 의한 에너지 집중

다. 감지요소

열선센서가 도입된 초기에는 센서에 초전물질을 사용한 하나의 감지요소를 사용하는 경향이 있었다. 하나의 감지요소를 사용하면 감지장치로서는 무난하나, 오작동을 유발할 수 있다는 사실로부터 이 문제를 해결하기 위해 센서를 제작하는 기술자들은 2개의 감지요소를 사용하는 방법을 적용하였다.

이 방법은 감지요소에 열에너지가 수신될 때, 한 개의 요소는 수신된 열에 의해 + 전압을 발생하고, 다른 한 요소는 - 전압을 발생하게 설계하여 2개의 요소를 평형으로 연결하여 하나의 감지요소가 작용하는 경우 나머지 하나는 변화하지 않지만, 두 요소가 동시에 열을 수신할 경우 전압이 상쇄되어 경보신호가 발생하지 않는다.

경보신호를 발생하기 위한 경보전압을 발생하기 위해 침입자로부터 수신한 열은 오직 한 개의 감지요소에 영향을 주어야 하며, 주위의 과도한 온도변화나 태양광선은 두 개의 감지요소에 동시에 영향을 주게 되어 전압이 상쇄되어 경보신호를 발생하지 않는다.

[그림 3-14]는 한 개의 감지요소와 두 개, 그리고 4개의 감지요소를 사용한 예를 보여 준다.

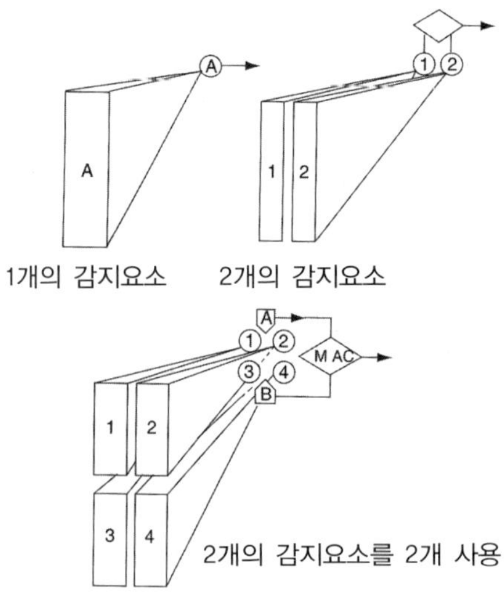

[그림 3-14] 감지요소의 형태

한편, 2개의 감지요소를 사용하는 것보다 개선된 형태로 2개의 초전물질을 사용한 감지요소를 2개 설치하여 모두 4개의 감지요소를 가진 형태를 사용하여 2개의 감지요소에서 발생한 신호가 사전에 정해진 수준을 초과할 경우에만 경보기가 작동하게 함으로써 오경보 가능성을 줄일 수 있다.

3. 인체감지

건강한 사람의 체온은 섭씨 37도 정도이며, 사람은 그의 신체로부터 넓은 범위의 열에너지를 방출한다. 인간의 신체에서 방출되는 적외선 파장은 7~10 미크론(㎛)에서 감지감도가 아주 높으며, 보통 주위의 온도에 따라 차이가 있지만, 섭씨 32도 정도의 9.3미크론에서 최고이다. 따라서 열선센서는 필터에서 여러 종류의 파장 중에서 감지를 위해 필요한 파장을 걸러서 적외선 에너지의 변화를 감지한다.

인체에서 방출되는 파장은 사람에 따라 차이가 있고 옷 위로 방출될 때 신체부위에 따라 온도가 다르다. 그리고 여자는 남자보다 약간 높은 경향이 있으며, 마른 사람은 뚱뚱한 사람보다 온도가 높다. 또한 동물은 사람보다 파장이 더 짧을 때 더 많은 적외선을 방출한다. 한편, 광택이 나거나 밝은 색의 물체는 에너지를 반사하기 때문에 직물이나 어두운 색의 물체보다 온도가 낮다.

열에너지가 옷을 통해 방출되더라도 열선센서에 감지되며, 인체와 주변온도의 차이는 경보기를 작동하기에 충분하다. 비록 특수하게 제조된 옷으로 센서를 피할 수 있을지 모르지만 사람으로 인하여 온도 차이는 발생하므로 제대로 작동하는 열선센서를 피하기가 쉽지 않다.

만약 범인이 열선센서에 의해 감지되고 있는 방의 온도를 섭씨 34도 정도로 올리고 자신의 몸의 온도를 34도 정도로 낮추어 열선센서를 피하려 하더라도 정밀하게 제조된 열선센서를 피하기는 힘들다. 그 이유는 모든 신체부위의 온도를 섭씨 34도로 유지하기가 힘들기 때문이다.

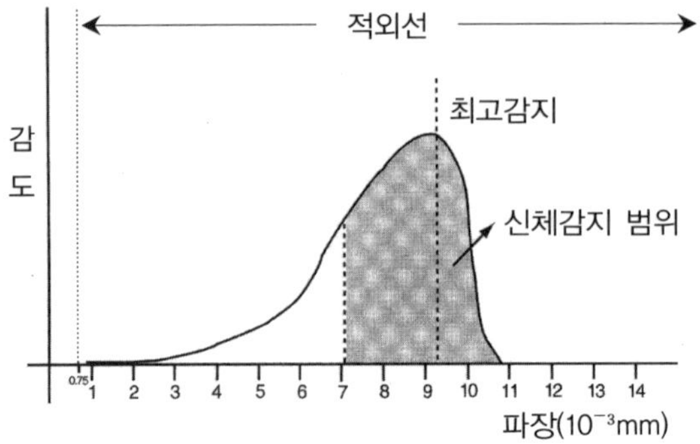

[그림 3-15] 적외선 파장의 감지 특성

4. 열선센서의 감지형태

열선센서는 프레넬 렌즈의 형태에 따라 감지범위를 다양하게 할 수 있다. [그림 3-16] (A)는 전형적인 90도 수평 감지형태를 보여주는 것으로 마치 손을 수평으로 편 모양과 유사하며, 벽에 설치하여 작은 각에서 180도까지 감지할 수 있다. [그림 3-17] (B)는 수직방향의 감지형태를 보여주는데, 손을 수직방향으로 편 모양을 보여 주면 천장에 설치하여 360도까지 감지할 수 있다. 감지범위는 제품에 따라 차이가 있으며, 그림에서 보여주는 거리는 침입감지용으로 사용되는 센서의 한 형태를 보여주는 것이다.

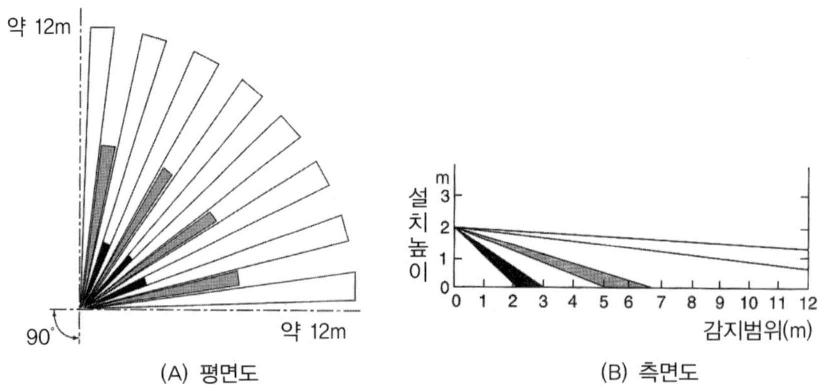

[그림 3-16] 벽 고정형 열선센서의 90도 감지형태

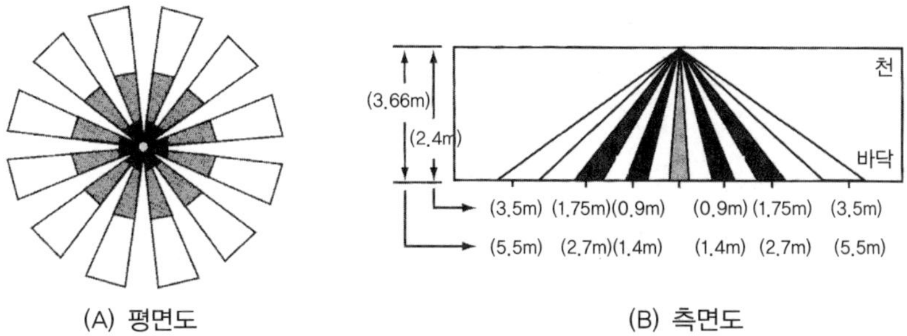

[그림 3-17] 천장형 열선센서의 360도 감지형태

열선센서의 특이한 감지형태는 소위 커튼형 감지형태로 얇은 판 모양의 감지형태이다. [그림 3-18] (A)에서 보듯이 수평감지 구역은 한 개의 손가락을 보는 것처럼 얇지만 [그림 3-18] (B)는 넓은 수직 감지구역을 형성하여 감지지역을 출입하는 것을 감지할 수 있으므로 미술관이나 사무실, 가게 진열장 등을 보호하기 위해 사용될 수 있다.

그리고 커튼형 감지센서를 돌려 얇은 면을 수평이 되게 하여 건물의 채광창이나 같은 부분을 보호할 수 있다. 센서를 아래위로 뒤집어 커튼형이 바닥에 낮게 내려 사용하면 필요한 만큼 마루바닥을 제외시켜 동물이 움직이는 것을 허용하여 동물로 인한 오작동을 줄일 수 있다.

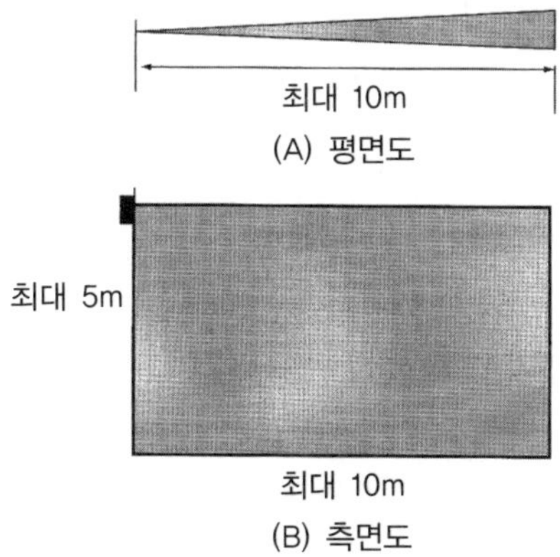

[그림 3-18] 커튼형 감지형태

5. 열선센서의 적용

앞에서 설명했듯이 열선센서는 주변의 온도변화에 민감하기 때문에 주로 실내에서 사용되는 경향이 있다. 열선센서는 공간을 효과적으로 감지하며, 경비지역의 외부에 설치된 센서를 통과한 침입자를 2차적으로 감지하기 위해 사용된다.

그리고 열선센서는 침입자에 의해 세밀하게 작용하므로 침입자를 거의 완전하게 감지할 수 있으며, 소형이고 세련된 외형으로 미관을 해치지 않고 사용할 수 있다. 그러나 적외선 에너지는 특별한 제질 외에는 통과하지 못하므로 방해물을 사용하여 센서를 피할 수 있는 가능성이 있으므로 높은 수준의 안전이 요구되는 장소에서는 다른 센서와 복합적으로 사용하는 것이 좋다.

한편, 센서가 다른 유용한 기능을 할 수 있다면 항상 도움이 될 것이다. 가령 조명스위치를 열선센서와 연결하여 센서가 작동할 때 조명등이 작동하게 하면 출입이 허용된 사람에게는 필요한 조명이 되고 침입자에게는 장애물이 될 것이다.

이러한 이유로 열선센서는 생활 주변에 널리 사용되고 있는데, 열선센서를 조명장치와 함께 효과적으로 사용하기 위해 경보기가 작동함과 동시에 조명등이 자동적으로 작동하여 정해진 시간 지속되게 할 수 있으며, 조도센서를 부착하여 주간에는 조명등이 작동되지 않게 조절할 수 있다. 또한 범인의 이동을 감지하여 센서가 작동할 때 범인의 접근을 경고할 수 있는 방송장치와 연결하여 사용할 수 있다.

달리 지면의 높이가 변하는 곳에 설치된 울타리 사이의 틈을 보충하기 위하여 마이크로웨이브 레이더센서 대신 주변의 온도변화를 감지하는 외부용 열선센서를 사용할 수 있다.

6. 오동작 요인

열선센서는 초음파센서나 마이크로웨이브 레이더센서와 마찬가지로 전자파의 간섭이나 진동, 중앙공급식 라디에이터의 작동에 영향을 받을 수 있으며, 과도한 감지 감도는 열선센서에도 오작동을 유발할 수 있는 원인으로 작용할 수 있다.

특히 열선센서는 온도 변화에 민감한데, 자연발생적이든 인공 발생적이든 주변 온도를 변화시킬 수 있는 많은 요인들이 있기 마련이다. 이러한 이유로 열선센서는 비교적 온도변화 요인이 적은 실내에서 많이 사용된다. 실내에서 사용시 문틈으로 들어오는 바람이나 냉 · 난방기에 의한 공기대류, 소동물에 의해 온도변화, 여름철에 자연적으로 상승하는 주변 온도변화에 주의하여야 한다.

그리고 열선센서는 태양빛이나 자동차의 전조등, 가청 또는 비가청 음향에 의해 방해받을 수 있으며, 특히 창문을 통과한 적외선이 풍부한 태양광선은 열선센서의 작동을 방해할 수 있다.

여러 형태의 요인으로부터 발생 가능한 오작동을 줄이기 위해 몇 가지 방법을 사용할 수 있다.

첫째, 감지요소를 2개 또는 4개를 사용하여 환경요인에 의한 단순한 온도변화에 의한 감지가능성을 줄일 수 있다.

둘째, 일정한 시간 동안 설정한 횟수만큼 연속적으로 감지된 신호에 의해서만 경보신호가 발생할 수 있도록 하여 단순한 온도변화에 의한 신호와 구분할 수 있다. 침입자는 목적달성을 위해 이동하는 동안 연속적으로 센서에 노출되므로 일정 이상의 신호를 발생하게 된다.

셋째, 감지감도를 조정하여 주변의 온도변화에 대응할 수 있다.

7. 센서 설치

열선센서는 [그림 3-19]와 같이 침입자가 센서의 감지구역을 가로질러 이동할 수 있게 설치하는 것이 효과적이다. 그리고 여러 형태의 오작동요인을 극복할 수 있도록 주의하여야 하며, 센서를 설치하기 위해 다음과 같은 사항을 고려하여야 한다.

① 직사광선이나 자동차의 전조등이 센서에 직접 닿지 않게 한다.
② 환풍기나 라디에이터, 히터가 가동되는 장소나 공기의 이동이 많은 지역은 피한다.
③ 전자파의 영향지역에서 멀리 설치한다.
④ 감지지역 내에 적외선 에너지의 진행을 방해하는 장애물을 제거하고 센서의 감지구역이 창문에 닿지 않게 한다.
⑤ 적외선 에너지 감쇠효과와 감지범위를 고려하여 적당한 높이에 설치한다.
⑥ 감지구역 안에 흔들리는 물체를 제거한다.

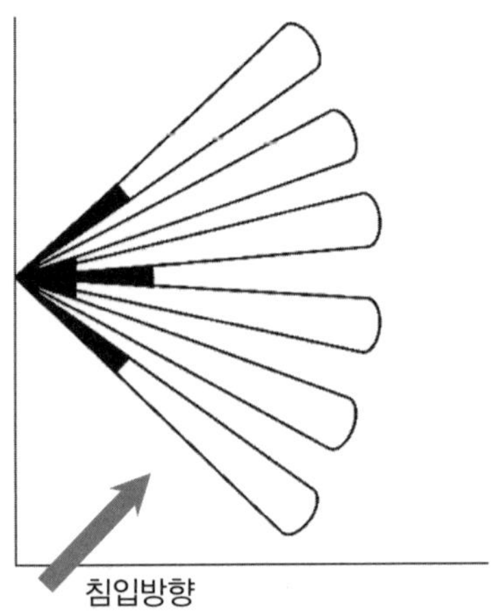

[그림 3-19] 열선센서의 설치방향

제5절 초음파센서

1. 초음파센서의 개념

초음파센서는 인간이 들을 수 있는 한계 이상의 주파수를 가진 초음파를 침입감지를 위해 이용하는 것으로, 건물 내부에서의 움직임을 입체적으로 감지할 수 있다.

초음파센서는 초음파를 송출하는 송신기와 초음파를 수신하는 수신기를 주요 구성품으로 하며, 송신기와 수신기 일체형으로 또는 송신기와 수신기 분리형으로 적용되며, 침입감지를 위해 일체형이 많이 사용된다.

초음파는 인간에게는 들리지 않아 문제가 되지 않으나 개나 고양이와 같은 애완동물은 초음파를 들을 수 있으므로 초음파로 인해 고통을 받을 수 있다.

스위치센서나 적외선센서는 건물 내로 침입하려는 범인을 감지하기 위하여 널리 사용되고 있다. 침입감지센서가 잘 설치된 건물이라도 범인이 센서를 피하거나 건물의 지붕과 같은 취약한 곳을 찾아내어 침입을 시도할 수 있으므로 보다 효과적인 감지를 위해 건물 내에서 범인이 이동하는 것을 감지할 필요가 있는데, 초음파센서는 이러한 기능을 잘 수행한다.

2. 초음파센서의 감지형태

초음파센서는 정상파 시스템과 레이더 시스템이라는 아주 다른 2가지 방법으로 사용되며, 레이더 시스템이 정상파 시스템에 비해 더 많이 사용된다. 레이더 시스템은 송신기와 수신기가 일체형으로 작용하는 형태이며, 정상파 시스템은 송신기와 수신기가 분리형으로 작용하는 형태이다.

가. 레이더 시스템

레이더 시스템은 송신기와 수신기가 일체형으로 구성되어 같은 방향을 보는 형태로 작용한다.

레이더 시스템의 작용형태는 도플러 효과를 인용하여 설명할 수 있는데, 초음파송신기에 송출된 초음파가 이동하는 침입자에 반사되어 되돌아올 때 송출시의 초음파 주파수가 침입자에 이동속도에 의해 변화해서 수신기로 돌아오는 것을 감지하여 경보신호를 발생한다. 즉, 건물의 내부에 설치된 센서의 송신기에서 송출된 초음파에너지는 맞은 편 벽에 반사되어 송신기 옆에 있는 수신기로 다시 돌아오는데, 침입자가 수신기로 다시 돌아오는 초음파에너지를 방해하면 다른 초음파에너지가 수신기로 돌아오게 되는데, 센서는 이러한 변화를 감지하게 된다.

만약 바람이 송신기에서 벽 쪽으로 분다면 송신기에서 송출된 초음파에너지는 바람과 함께 더욱 빨리 이동하지만, 반사되어 돌아올 때에는 바람을 마주보고 이동하므로 더 늦게 이동하게 된다. 그러므로 벽 쪽으로 갔다가 반사되어 수신기로 다시 돌아오는데 걸리는 전체 시간은 공기가 정지해 있을 때와 동일하여 일정한 한도 내에서 수신기는 공기의 이동이 없는 상태와 공기의 이동상태를 구분하지 못하게 된다. 따라서 바람이 있는 경우에도 레이더 원리로 작용하는 초음파 레이더시스템은 상쇄효과로 인하여 귀찮은 오작동 경보를 발생하지 않는다.

나. 정상파시스템

정상파시스템은 송신기와 수신기가 같은 방향으로 나란히 설치되는 레이더시스템과 달리 송신기와 수신기가 분리되어 벽의 반대편에서 서로 마주보게 설치된다.

건물 내에서 공기와 다른 모든 것이 정지해 있을 경우 초음파 에너지는 안정되어 있거나 정상파의 형태로 있게 된다. 그러나 침입자가 문을 통해 방으로 들어오면 닫혀있던 문에서 반사되는 초음파 에너지의 일부가 움직이는 침입자로부터 반사되어 정상파의 형태가 자극받아 수신변조기가 불안정하게 되고 그 변화는 경보장치를 작동시키기 위해 사용될 수 있는 전기에너지로 바뀌게 된다.

정상파시스템은 초음파 송신기를 실내의 벽에 비교적 높이 설치하고 수신기를 맞은편 벽의 비슷한 높이에 설치하여 사용한다. 초음파 에너지를 송신하기 위해 사용되는 변조기의 형태는 균등한 에너지를 가능한 한 멀리 모든 방향으로, 보통 180도 수평으로 45도 이상 수직으로 내 보낼 수 있는 것이 선택되며, 수신변조기는 유사한 범위를 감당할 수 있게 선택된다. 이 장치를 마룻바닥보다 높은 곳에서 사용하면 범인이 낮은 자세로 센서를 피하려는 리스크를 줄일 수 있다.

수신기는 송신기로부터 직접 송신되는 에너지뿐 아니라 벽이나 마루, 천장과 실내에 있는 모든 물건으로부터 반사되는 에너지를 수용하게 되며, 경보신호 발생을 위해 소리에너지를 전기에너지로 바꾸어 준다.

정상파시스템에 사용되는 송신기와 수신기는 전방향성으로 침입자를 입체적으로 감지하므로 침입자가 건물 경계구역에 설치된 센서를 성공적으로 피하더라도 그의 움직임은 초음파를 이용한 입체적인 감지를 피하기 어렵다.

정상파시스템은 주변의 환경적 요인에 의해 오경보를 유발할 수 있는데, 예를 들어, 방에 바람이 들어가거나 중앙공급식 히터 또는 부분적으로 설치된 히터가 작용할 때 경보상태로 변하기 쉽다.

이러한 오경보 현상이 어떻게 발생하는지를 이해하기 위해 공기이동의 효과를 알아볼 필요가 있다. 건물 내에 설치된 초음파송신기에서 발사된 초음파 에너지는 공기의 흐름이 없는 경우에는 건물 내에서 반사되는 에너지와 동일한 속도로 이동할 것이다. 그러나 바람이 건물 내로 불어 송신기에서 수신기 쪽으로 이동하면 초음파에너지는 반사되는 일부의 에너지보다 더 빨리 이동하게 되고, 정상파의 형태는 동요하게 되어 경보상태가 될 수 있다.

3. 초음파 레이더센서의 특성

레이더시스템을 이용한 초음파센서는 '초음파 레이더센서'라는 이름으로 적용되고 있으며, 초음파 레이더센서는 공기흐름으로 인한 오작동경보를 줄여 준다는 장점 외에 다음과 같은 특징이 있다.

① 초음파 레이더센서는 방안에 정지해 있는 벽이나 다른 물체로부터 반사되는 초음파에너지에 의존하지 않고, 방에서 침입자의 움직임에 의해 유발되는 초음파 에너지의 변화에 의존한다.

② 송신기와 수신기가 움직이는 침입자를 볼 수 있게 설치되므로 침입자로부터 반사된 에너지가 도중에 방해 없이 다시 전달될 수 있다.

③ 초음파 에너지를 빛처럼 집중시킬 수 있기 때문에 변조기를 적절히 선택하여 초음파 에너지 빔을 넓게 또는 좁게 조정하여 감지가 필요한 지역으로 방사할 수 있으며, 이와 같이 감지지역을 조정하여 불필요한 경보가 발생하지 않게 할 수 있다. 이러한 특성으로 인해 레이더센서는 '통제된 공간감지기'라 불리고 있으며, 비교적 통제되지 않은 공간적 감지기인 정상파 센서와 구별된다.

④ 형성된 에너지 빔의 범위만큼 감지범위를 더 멀리 또는 더 넓게 확대할 수 있다. 빔의 효과는 수신기에서 감지되는 반사신호나 반향되는 에너지에 달려 있으며, 공기 중에서 계속 전달될 수 있는지에 달려 있다.

⑤ 초음파 에너지 빔은 벽이나 문, 유리창, 마루, 천장과 같은 딱딱한 면에 도착하면 효과가 중지된다. 많은 초음파에너지는 이러한 장애물을 통과하지 못하며, 이러한 표면에서 약간의 에너지는 흡수되며, 약간은 흩어지고 일부는 수신기로 다시 반사된다. 이러한 표면들과 초음파센서 사이에 상대적 움직임이 없는 한 도플러 신호가 발생하지 않으며, 이 표면의 뒤에서 움직이면 경보신호를 발생하지 못한다.

⑥ 초음파센서를 사용하기 위해 정부가 규제하는 전파사용에 대한 규정을 적용받을 필요가 없다.

4. 초음파 레이더센서의 적용

가. 침입특성과 감지

초음파 레이더센서를 효과적으로 적용하기 위하여 침입행동과 감지와의 관계를 몇 가지 살펴볼 필요가 있다.

첫째, 초음파 레이더센서가 침입자가 아닌 다른 근원으로부터 나오는 신호를 잘못 감지하는 것을 방지하기 위해 보통 최하 한계의 움직임을 감지할 수 있는 가장 낮은 도플러 주파수에 조정되어 있다. 따라서 센서가 아주 천천히 움직이는 것을 감지하기가 기술적으로 어렵다. 센서가 범인이 천천히 움직이는 것을 감지하기 어렵다는 한계가 있지만 침입자 역시 나름대로의 한계에 직면할 수 있다. 예를 들어, 센서가 1m를 3분 내에 이동하는 침입자를 감지해야 할 경우, 침입자는 그러한 이동속도로 필요한 거리를 이동하여 목적을 달성할 수 있는지에 대한 의문이 있을 수 있다.

한편 침입자가 이동과정에서 머리나 팔 또는 다리를 움직일 기회가 많아지게 되며, 이러한 움직임이 아주 천천히 움직이는 신체의 움직임으로부터 나오는 것보다 더 높은 도플러 주파수를 발생하게 되므로 침입자가 감지될 수 있는 가능성은 상당히 높아진다.

노련하지 않은 침입자나 시스템이 설치된 줄 모르는 침입자는 빠른 동작으로 들어가고 나올지 모르나 보통 실내에서는 아주 빠르게 움직이지 않으므로 기는 정도의 동작을 감지할 수 있는 상한주파수 한계를 조정하여 발생 가능한 오경보 요인을 제거할 수 있다.

둘째, 침입을 감지하기 위해 근본적으로 센서를 기준으로 가까이 또는 멀리 움직이는 것이 필요하다.

만약 범인이 센서를 중심으로 직각으로 움직이면 어떤 일이 일어날까? 이

것이 가능하기 위해 신체가 센서로부터 동일한 거리로 원을 그리면서 움직여야 하는데, 이러한 움직임은 거의 불가능하다. 그러나 다리와 팔이 정확한 반경을 유지한 원의 형태로 움직일 수 있다면 감지되지 않을 가능성이 있다. 만약 침입자가 이러한 움직임으로 센서에 감지되지 않고 어느 지점에 도착하였다 하더라도 범인이 원을 그리는 제한적인 움직임으로는 목표물에 도달하기 어렵다.

셋째, 범인이 빠른 동작으로 조금 움직인 후 다시 움직이기 전 잠시 동안 꼼짝하지 않고 멈추어 있다가 다시 이동하는 식의 움직임으로 침입을 시도할 경우, 센서를 피할 수 있는 문제가 발생할 수 있다. 물론 침입자는 이러한 움직임으로 정신적 · 육체적 긴장을 느끼게 되고 이로 인하여 행동의 세약을 받게 될 것이다.

범인이 이러한 침입 동작으로 센서를 피할 수 있는 문제를 적절히 해결하기 위해 표준시간을 정확하게 설정하는 방법을 사용할 수 있다.

다양한 사람을 대상으로 실시한 실험에서 사람은 어떤 일정한 시간 이하로 움직일 수 없다는 사실을 보여 주었다. 따라서 센서에서 감지될 때, '달칵' 하는 것처럼 일정하게 설정된 표준시간보다 더 짧게 지속되는 모든 신호는 침입자에 의해 발생한 것이 아니라고 판단하여 전자적으로 거절되어 불필요한 오경보를 피할 수 있으며, 신호가 이 시간보다 더 오래 지속된다면 침입자로 간주하여 경보신호를 발생하게 한다.

이 방법은 '표준시간 거절기술'로 알려져 있으며, 단순히 경보기의 작동을 지연시키는 방법과는 다르다. 실험에 의하면 그 효과는 최소 1/10초 정도에서의 첫 이동이나 1초 정도에서의 한두 걸음 이동 후에 경보장치가 작동할 수 있다는 것을 나타낸다.

나. 적용 범위

(1) 건물 내부 감지

침입감지를 위해 센서를 단계적으로 사용할 경우, 초음파 레이더센서는 일반적으로 외부에 설치된 물리적인 보호장치나 침입감지센서를 성공적으로 통과한 침입자가 건물 내에서 이동하는 것을 감지하기 위하여 사용되며, 특히 건물 내에 있는 제한된 지역이나 중요한 물품으로 접근하는 것을 감지하기 위해 사용할 수 있다.

(2) 유리로 보호되는 지역 감지

초음파에너지는 유리를 관통하지 못하고 건물의 유리창 밖에는 유리를 관통하여 건물 내에 설치되어 있는 초음파센서에 영향을 줄 수 있는 것이 많지 않으므로 유리로 보호되고 있는 지역에서 효과적으로 사용할 수 있다. 이렇게 하여 유리창 내에서 초음파 레이더센서에 의해 보호되고 있는 지역 밖에서 움직이는 사람으로 인하여 불필요한 오경보의 발생을 방지할 수 있다.

(3) 넓은 지역 감지

초음파센서를 사용하기 위하여 정부로부터 통제받지 않는 범위의 송신주파수를 자유롭게 선택할 수 있으므로 여러 개의 다른 주파수로 몇 개의 센서를 사용하여 상당히 넓은 지역을 상호 간섭 없이 사용할 수 있다. 사용할 수 있는 센서의 개수는 침입자가 목적달성을 위해 이동할 만한 지역을 선정하여 합리적으로 조정할 수 있다.

5. 변조기

초음파센서를 사용하기 위하여 전기에너지를 음향에너지로 바꾸어 주는 송신변조기가 필요하다. 하이파이 스피커는 이러한 원리를 설명하기 위해 적용할 수 있는 좋은 예이다.

빔의 형태는 변조기의 형태와 크기에 의해 조정된다. 하이파이 스피커의 경우, 빔의 폭이 스테레오를 유지하기에 충분한 넓이로 지속된다면 스피커가 만족스럽게 소리를 발산할 수 있도록 스피커 진동판의 직경은 더 작아야 하고 주파수는 더 높아야 한다. 초음파센서는 아직까지 높은 주파수를 필요로 하며, 빔의 폭을 충분히 크게 유지할 수 있도록 진동판의 직경은 더 작아야 한다.

가. 원판형

초음파센서 변조기의 전형적인 형태는 원추형 빔을 형성하는 원판형이다. [그림 3-20]은 티탄산바륨 물질로 만든 직경 10mm 정도의 납작한 원판을 사용한 변조기를 보여 준다. 이 물질은 일부 고음용 하이파이 스피커에도 사용된다. 스피커에 사용시 넓은 범위의 높은 주파수의 반응이 있어야 하지만, 초음파센서에 적용하기 위하여 오직 한 주파수에서 감지가 필요하며, 이를 위해 압전 물질을 이용하여 필요한 주파수에서 공명하도록 설계할 수 있다.

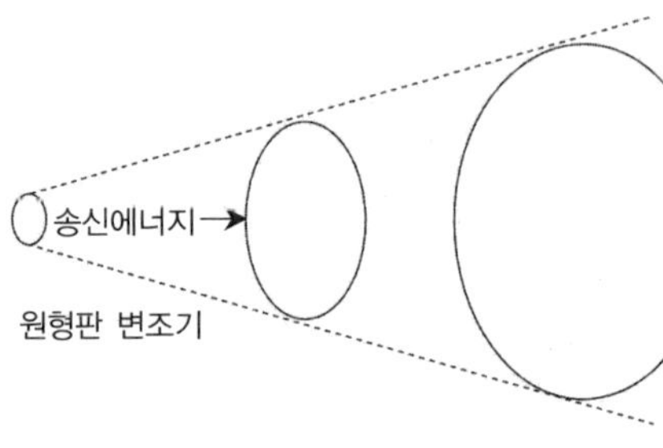

[그림 3-20] 원판형 변조기와 원추형 빔의 형태

한편, 감지를 위해 송신변조기와 동일한 감지형태를 가진 수신변조기가 필요하며, 송신기와 수신기를 같은 방향을 보게 나란히 위치시켜 중복된 형태의 감시범위를 형성할 수 있다. [그림 3-21] 원판변조기로부터 방사되는 빔의 형태는 예각으로 전형적으로 40도 정도이며, 이러한 특성으로 귀찮은 오작동

경보의 유발을 피할 수 있다는 유리한 점이 있는 반면, 침입자가 센서를 피할 수 있는 가능성이 높다는 단점이 있다.

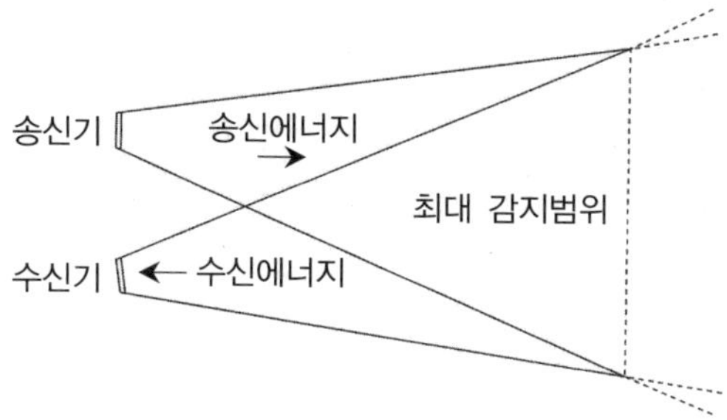

[그림 3-21] 원추형 빔의 감지형태

나. 링형

변조기의 두 번째 형태는 [그림 3-22]에서 보여주는 것과 같이 비교적 두꺼운 링의 형태이다. 링의 축은 보통 수직이며, 송신링은 수신링보다 300mm 정도 또는 이보다 높게 설치한다. 링으로부터 방사되는 초음파에너지에 의해 360도의 모든 수평방향을 감시하지만, 일반적으로 벽에서 180도 코너에서 90도로 제한된다. 수직방향의 감시는 링의 두께에 의해 조정되지만, 60도 정도를 감시하여 대부분의 상황에서 문제없이 사용할 수 있다.

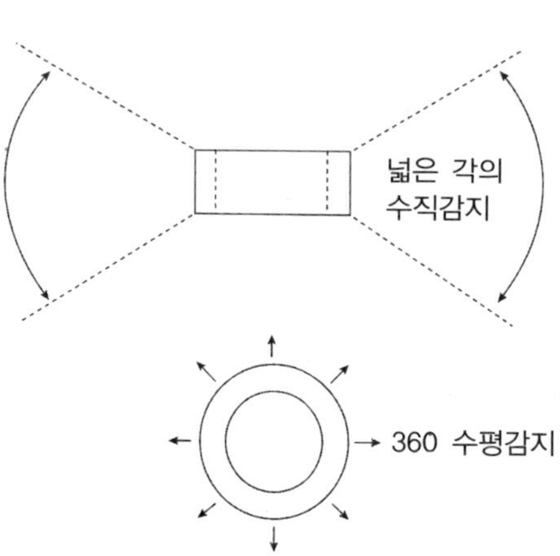

[그림 3-22] 링형 변조기와 감지형태

다. 튜브형

변조기의 세 번째 형태가 튜브형이다. 초음파 주파수가 증가한다면 수직면에서 좁은 감시형태는 여전히 더 좁아진다. 40kHz와 80kHz 사이의 주파수로 이러한 형태의 변조기를 사용하면, 한 면에서는 90도에서 360도 사이를, 다른 면에서는 오직 10도에서 20도 사이를 감지할 수 있다.

전체적인 감지범위를 증가시키기 위하여 센서를 천장이나 지붕 트라스에 설치하여 아래로 비추는 방법을 선택할 수 있다.

6. 초음파 레이더센서의 오동작 요인

다른 센서와 마찬가지로 초음파 레이더센서도 오동작을 유발하는 요인으로부터 독립적일 수 없으며, 초음파 레이더센서를 효과적으로 사용하기 위하여 주변의 환경문제를 고려해야 한다.

초음파가 감지하지 못하는 범인의 이동방법은 거의 없으며, 따라서 침입자가 센서를 피할 수 있는 가능성을 제거하기 위해 초음파센서를 어떻게 적용해야 하는지와 오경보를 발생시킬 수 있는 요인에 관심을 기울일 필요가 있다.

가. 외부 환경요인

초음파레이더센서는 외부에서도 실내에서만큼 효과적으로 사용할 수 있으나, 자연환경적인 요소에 의한 오경보 가능성이 한층 증가하여 외부에서 잘 사용하지 않는 경향이 있다.

외부에서는 비나 바람에 날리는 물체, 아주 빠른 바람, 새와 동물이 주요 방해요소이며, 이러한 요소로 인한 오동작을 방지할 수 있는 방법을 적용할 수 있다면 초음파 레이더센서를 외부에서 널리 사용할 수 있다.

나. 회전 팬

초음파 레이더센서는 원래 정상적인 공기의 흐름으로 인해 발생하는 오경보에는 저항력이 있으나, 환풍기 팬 등의 회전에는 민감하다. 센서의 초음파 주파수 또는 파장과 회전 팬의 회전속도 사이에는 관계가 있으며, 회전 팬에서 침입자에 의해 발생될 수 있는 것과 비슷한 도플러 주파수를 발생할 수 있기 때문에 초음파센서는 다른 공간감지센서보다 전동기에 의해 일정한 속도로 가동되는 회전 팬에 더 많은 영향을 받는다.

다. 물체의 흔들림

레이더센서 쪽으로 움직이는 흔들리는 물체는 범인의 움직임에 의해 발생되는 신호보다 더 높은 주파수의 반사신호를 발생하며, 레이더센서로부터 멀어지는 움직임은 더 낮은 도플러 주파수를 발생한다. 커튼이나 블라인드는 바람에 의해 앞뒤로 흔들리면서 송신 주파수보다 높거나 낮은 도플러 주파수를 연속적으로 발생시켜 오경보를 유발할 수 있다.

라. 진동

건물이 울리면서 발생하는 주파수는 초음파 레이더센서가 정상적으로 수용할 수 있는 주파수 범위보다 낮은 경향이 있으나, 외부의 자동차 엔진의 진동이나 창문의 덜컹거림은 그렇지 않을 수 있다.

그리고 지하철에 의해 발생하는 진동이 도플러 주파수의 범위를 들어올 가능성을 배제할 수 없다. 건물을 철재나 콘크리트로 보강하여 견고하다 할지라도 실제 전철이 지나가면서 예를 들어, 70kHz 정도의 진동을 유발하여 센서가 수용하게 되는 도플러 주파수 범위 내에 있을 경우가 있을 수 있다.

따라서 이러한 장소에서 초음파센서를 사용하기 위해 센서는 진동을 방지할 수 있게 특별히 설계된 고정기구에 설치되어야 하며, 이러한 영향을 받을 가능성을 제거하기 위해 진동에 의한 주파수를 수용하지 않는 다른 감지방법을 사용하는 것이 바람직하다.

다시 말해, 진동에 의한 오작동 가능성을 피할 수 없는 상황에서는 초음파 센서를 사용하지 않는 것이 바람직하다.

마. 전화 벨소리

어떤 전화기의 강한 벨소리의 상음이 초음파의 범위로 확장되어 초음파센서에 상당한 문제를 유발할 수 있다. 그러나 현재의 많은 전화기에서 나는 벨소리는 상음 이하이므로 걱정할 정도의 문제를 유발하지 않는다.

바. 스팀증기와 압축공기

관악기를 불면 사람이 들을 수 있는 음조를 발생하듯이 압축된 공기나 스팀파이프에서 압축된 증기가 새어 나올 때 들리지 않는 초음파 음조가 발생될 수 있으며, 그 음조의 주파수가 초음파센서를 방해할 수 있다.

이러한 종류의 방해요소의 작용을 막을 수 없다면 스팀파이프나 압축공기가 새어나오는 부근에서는 초음파센서의 사용을 피해야 한다.

사. 공기대류

초음파센서의 레이더원리를 고려해 볼 때, 송신신호의 이동시간과 반사되는 수신신호의 이동시간의 합은 정지해 있는 공기와 거의 동일하므로 레이더 센서는 가능한 한도 내에서 바람이 있는 상태에서 만족스럽게 작동할 수 있다.

가열된 라디에이터에서 나오는 공기대류에 의해 초음파센서가 수용할 수 있는 한계를 넘어 공기의 흐름이 제한받을 경우, 오동작 가능성은 증가하게 된다. 따라서 센서를 설치할 때 라디에이터 바로 위를 피하여 설치하는 것이 중요하다.

7. 설계 및 센서의 설치

시스템설계를 위하여 위에서 설명한 바와 같이 오경보를 유발할 수 있는 요인들을 피할 수 있어야 하며, 다음과 같은 여러 가지의 요소들을 고려할 수 있어야 한다.

가. 주파수 선택

한 방에 하나의 센서를 설치하는 것이 좋으나 한 방에 여러 개의 센서를 설치할 때, 여러 개의 센서 사이의 상호 간섭에 의해 오동작될 수 있으므로 서로 융화되지 않는 몇 개의 고정된 주파수를 사용할 수 있다.

초음파 레이더센서를 사용하기 위해 선택된 작용주파수가 높을수록 자연 또는 인간이 내는 소리나 상음에 의한 오경보를 피할 수 있는 가능성이 높다. 보통 20kHz와 40kHz가 사용 가능한 가장 낮은 주파수이다. 그렇다면 80kHz는 얼마나 실용적인가를 생각해 볼 수 있으며, 이를 설명하기 위해 설계시 주파수 선택에 영향을 주는 다음과 같은 요소들을 살펴볼 필요가 있다.

(1) 감쇠

이미 알고 있듯이 공기 중에서의 감쇠는 주파수 제곱에 역비례한다. 가령 20kHz에서 빔각과 거리를 일정하게 유지하고 주파수를 2배로 증가시켜 40kHz로 하면 에너지는 1/4로 감소한다. 만약 주파수를 80kHz로 증가시키면 에너지는 1/16배로 감소한다. 따라서 이 주파수 이상으로 증가시키면 송신에너지의 발생과 적절한 수신감도를 얻는데 문제를 유발할 수 있다.

(2) 빔의 모양

[그림 3-26]에서 빔각과 틈의 관계를 설명한 '틈의 법칙'은 빛이나 마이크로웨이브 에너지에 적용될 뿐 아니라 초음파 에너지에도 적용된다. 그러나 주파수를 너무 많이 증가시키면 빔이 지나치게 좁아지거나 연필모양이 일정한

공간을 감지하기에 부적절하다.

(3) 상호 간섭

초음파 레이더센서를 사용하려는 공간이 꽤 클 경우 하나의 센서로 전체를 효과적으로 감지하지 못할 수 있다. 만약 주파수를 잘 선택하여 동일한 주파수로 작용하는 2개의 센서를 사용한다면 주파수가 좀 표류하여 그 차이로 인하여 1개 또는 2개의 센서에 도플러 주파수로 나타나 오동작을 유발할 가능성이 있다. 이 경우 각 초음파센서가 가장 안전하게 작용할 수 있는 방법은 한 방에 사용되는 각각의 센서가 다른 주파수로 작용할 수 있게 하는 것이며, 각각의 주파수는 센서가 수용할 수 있는 최대 도플러 주파수보다 실질적으로 분리되어야 한다.

나. 변조기의 분리

물체의 크기에 관계없이 움직이는 물체가 변조기에 가까울수록 감지할 수 있는 가능성은 크다.

모기나 파리와 같은 작은 물체에 의해 발생할 수 있는 문제는 송신변조기와 수신변조기 사이의 간격을 분리하여 해결할 수 있다. 다시 말해, 모기나 파리와 같은 곤충이 송신변조기에서 방사하는 에너지에 노출되지 않으면 이들로부터 반사되는 에너지는 발생하지 않는다. 변조기의 간격은 필요한 감지형태를 조정하는 변조기의 빔 모양에 의해 결정된다.

한편, 초음파는 광학적인 '틈의 법칙'을 적용받으므로 설계시 변조기를 적절히 선택하거나 반사기를 사용하여 감지형태를 조정할 수 있다.

다. 표준시간 설정

노련한 침입자라 할지라도 매 움직임마다 1/10초 이상이 소요될 것이다. 이러한 침입자의 특성을 감안하여 표준시간을 설정할 필요가 있으며, 이렇게 함으로써 이 시간보다 짧게 지속되는 신호는 침입자의 동작이 아닌 것으로 간주하여 경보신호회로에서 걸러 주게 하여 발생 가능한 오경보 요인을 제거할 수 있다.

라. 감지범위 조정

초음파센서가 설치된 위치에서 필요한 거리 이상을 감지하지 않도록 감지각도를 조정하여 사용하는 것이 필요하다. 감지각도를 조정하면서 우연히 또는 실수로 감지범위를 0으로 맞추는 것을 방지하기 위하여 최대 범위 25% 이하로 조정되지 않게 제한해 두는 것이 좋다. 현장에서 감지범위를 정확하게 조정하기 위해 역네제곱법칙을 적용하면 된다.

마. 다른 센서와 연결

센서는 각각의 장점과 단점을 가지고 있으므로 그 단점을 보완해 줄 수 있도록 다른 형태로 작용하는 센서와 연결하여 사용할 수 있다. 예를 들어, 초음파 레이더센서를 마이크로웨이브 레이더센서와 같이 연결하여 사용하여 두 개의 센서가 동시에 작동할 때 경보신호를 울리게 설계함으로써 오작동 요인을 극복할 수 있다. 예를 들어, 뜨거운 공기흐름에 의해 초음파센서가 작동하더라도 마이크로웨이브 레이더센서는 작동하지 않으므로 오동작을 피할 수 있다.

바. 기타 고려사항

초음파 레이더센서를 보다 향상시키고 효율적으로 사용할 수 있게 하기 위해 무엇보다 공기의 흐름과 변조기의 기본적인 특성을 이해할 필요가 있으며, 단순한 이론적 지식만으로 문제를 인식하거나 이에 대한 해결책을 제시하기보다 실제 적용시 발생하는 문제들을 직접 경험하면서 관련된 해결책을 제시할 수 있어야 한다.

특히 초음파센서의 여러 가지 제한사항들을 정확히 검토하기 위하여 장비를 설치한 후 현장에서 직접적인 시험을 통해 장비의 작동을 확인할 수 있어야 하며, 특히 송신되는 초음파 에너지가 원하는 장소로 작용하는지 또는 불필요한 장소로 작용하여 오경보를 유발할 수 있는지를 확인할 수 있어야 한다. 만약 현장점검 절차를 규정에 의한 형식적인 것으로 처리하면 오히려 시간만 낭비하는 결과를 가져오게 된다.

또한 아무리 설계가 잘되었다 하더라도 시스템을 사용하는 사람에게 시스템 소개와 사용방법의 설명에 대한 노력이 결여되어 있을 경우, 시스템을 효율적으로 사용하기 어려울 것이다.

제6절 마이크로웨이브센서

1. 마이크로웨이브센서의 개념

마이크로웨이브센서는 마이크로웨이브 에너지를 방사하는 송신기와 이를 수신하는 수신기 사이에 형성된 빔이 침입자에 의해 차단될 때 경보신호를 발생시킨다. 마이크로웨이브센서는 '마이크로웨이브 펜스센서'라 불릴 정도로 울타리 감지를 위해 많이 사용된다.

송신기와 수신기 사이의 마이크로웨이브 빔이 차단되는 것을 감지하는 방법 외에 레이더원리를 적용할 수 있데, 이를 마이크로웨이브 레이더센서라 부른다.

마이크로웨이브센서는 외부에 우선적으로 사용하기 위해 여러 형태로 개발되었지만 내부용으로도 사용할 수 있으며, 외부에 사용하여 침입자의 침입행위를 조기에 경보하는 역할을 수행한다.

울타리 감지를 위해 여러 형태의 센서를 사용할 수 있는데, 비교적 많이 선택되는 적외선센서는 마이크로웨이브센서와 유사한 형태로 작용하며, 한

개 또는 여러 개의 적외선 빔을 사용하여 외부에서의 감지기능을 잘 수행한다. 그러나 적외선센서는 안개 등과 같은 요인에 의해 작동이 방해받을 수 있으며, 새가 적외선 빔 사이를 날면서 오작동을 유발할 수 있다.

적외선 빛이 안개 속에서 문제를 일으키게 되는 이유는 적외선 빛의 파장이 아주 짧아 거의 안개방울 크기가 되어 적외선 빔 에너지가 수신기에 도착하기 전 안개방울에 의해 흡수되어 안개가 걷힐 때까지 경보상태가 될 수 있기 때문이다. 마이크로웨이브는 진한 안개를 통과할 수 있기 때문에 적외선 센서를 대신해서 마이크로웨이브센서를 사용할 수 있다.

2. 마이크로웨이브의 특성

가. 에너지 형태

마이크로웨이브는 빛이나 열처럼 전자에너지이며, 음향에너지와 같은 다른 형태의 에너지와 구별된다. 인공적인 빛을 만들 수 있듯이 마이크로웨이브 에너지도 인공적으로 만들 수 있다.

마이크로웨이브의 광학적 특성은 빛과 유사하다. 즉 마이크로웨이브는 반사되고 굴절되며 집중될 수 있다. 그리고 마이크로웨이브는 직선으로 이동하므로 침입감지를 위해 송신기와 수신기가 일직선상으로 볼 수 있어야 한다.

전자에너지의 이동속도는 자연발생적인 것이든 사람이 만든 것이든 빛의 속도와 동일하며, 초속 300,000,000m이다. 이는 초속 340m인 소리의 속도와 비교해 보면 믿기 어려울 정도로 빠른 것이다.

나. 관통성

이름과 달리 마이크로웨이브는 적외선이나 빛보다 파장이 길고 인간의 신체나 다른 물질을 더 깊이 관통할 수 있다. 마이크로웨이브의 관통성은 오븐에 적용되어 요리를 위해 사용되기도 하는데, 마이크로웨이브 오븐은 열을 발생하여 요리하고자 하는 재료에 깊이 전달되기 때문에 요리를 빨리 할 수 있다.

요리용 오븐에 사용되는 파장은 전형적으로 2.5cm이며, 마이크로웨이브센서는 이보다 더 짧거나 더 긴 파장을 사용한다.

마이크로웨이브는 금속이 아닌 다른 물체를 통과할 수 있는데, 관통성은 비금속 물질의 밀도와 두께에 따라 다르다. 마이크로웨이브는 나무로 만든 대부분의 문이나 딱딱한 판, 유리창을 관통하므로 유리창 내부에 마이크로웨이브센서를 사용하면 유리창 밖에서 움직이는 물체에 의해 작동하게 된다. 한편, 블록은 센서에서 나오는 대부분의 마이크로웨이브 에너지를 흡수하므로 벽의 다른 편에서 이동하는 사람에 의한 오동작은 잘 발생하지 않는다.

초음파 에너지가 한 장의 종이나 플라스틱과 같이 아주 얇은 물질을 통과할 수 있지만, 아주 느린 속도로 인해 다른 것은 거의 관통하지 못하는 것과 대조를 보인다.

다. 인체의 안정성

마이크로웨이브 오븐에서 방출되는 전자파가 인체에 유해하다는 염려를 갖게 하듯이 마이크로웨이브센서에 대해서도 이러한 걱정을 할지 모른다. 그러나 마이크로웨이브 오븐에서는 kW 단위의 에너지를 사용하는 반면, 마이크로웨이브센서에 사용되는 에너지는 1~10mW 정도로 마이크로웨이브 오븐에 사용되는 에너지의 백만분의 일 정도이므로 인체에 안전하다고 할 수 있다. 대부분의 나라에서는 이를 초과하지 않도록 정부에서 규제하고 있다.

마이크로웨이브센서를 오래 동안 설계해 온 사람이나 사용한 사람의 경험에 의하면 3cm 이하의 파장을 사용하는 마이크로웨이브에너지는 안전하다고 할 수 있으며, 실내 감지용으로 1cm 이하의 파장을 사용할 것이 권장된다.

3. 마이크로웨이브센서의 감지형태

[그림 3-23] (A)는 많이 사용되는 마이크로웨이브센서의 감지형태를 보여주는 것으로 원형변조기에 의해 약 10도 정도의 원추형 빔을 형성한다. 이렇게 하여 송신기와 수신기가 설치된 공간 사이에서 중심축을 기준으로 아래와 위로 각각 5도 정도의 빔 폭을 형성하게 된다.

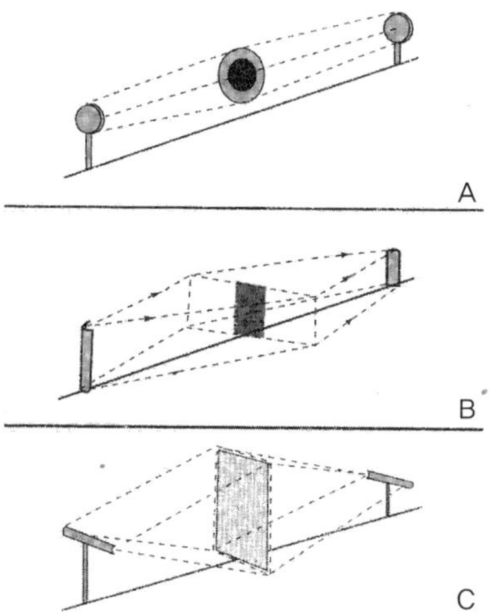

[그림 3-23] 마이크로웨이브센서의 감지형태

일반적으로 마이크로웨이브센서는 지면에서 일정한 높이에 설치하여 사용하므로 원추형 빔의 감지형태로 5도 아래를 감지하게 되어 바닥에 있는 물체를 감지하기 어렵다. 이러한 점을 보완하기 위하여 바닥감지나 수평감지 또는 정상파감지 형태를 적용할 수 있다.

가. 바닥감지

원추형 빔에 의한 감지는 침입자들이 바닥을 기어서 이동하는 동작을 감지하지 못할 가능성이 있으므로 이러한 단점을 보완하기 위하여 다른 형태의 빔을 이용할 수 있다. 그 방법 중 하나가 [그림 3-23] (B)와 같이 1m 높이와 25cm의 포물선 모양의 수직원통 변조기를 사용하여 평면형태의 넓은 빔을 방사하여 지면을 감지하여 범인이 기는 움직임을 효과적으로 감지할 수 있다. 달리 반사기의 설치 높이를 조정하여 사용할 수 있으며, 반사기를 90도로 돌려 수평이 되게 하여 1m 정도의 높이에서 사용하여 필요한 지역을 감지할 수 있다.

나. 수평감지

마이크로웨이브센서를 사용하여 울타리 주변을 감지할 경우 한정된 지면 공간을 활용하는 경우가 많다.

공간문제를 해결하기 위해 빔의 형태를 적절하게 조정할 수 있는데, [그림 3-23] C는 수평형 빔의 감지형태를 보여 주는 것으로 이 빔 폭을 수평적으로 문제없이 펜스 가까이에서 사용할 수 있다. 그러나 그림에서 보듯이 송신기와 수신기 사이에 형성된 수평형 빔의 아래를 기는 범인을 감지하지 못하는 문제가 발생할 수 있다. 이러한 문제를 해결하기 위하여 안테나의 틈을 수직면으로 좁게 만들어 빔의 폭을 넓게 하여 넓은 빔 폭이 바닥에 아주 짧게 닿게 하여 공백을 최소화할 수 있다.

4. 빔 폭의 조정

적외선센서와 마이크로웨이브센서는 침입감지를 위해 빔 차단원리를 이용하지만, 마이크로웨이브는 안테나의 크기를 조정하여 빔폭을 조정할 수 있다는 이점이 있다. 그러나 일반적으로 적외선의 감지범위는 송신기와 수신기 사이의 빔에서 직경 50mm로 제한된다.

만약 새가 이 직경의 빔을 완전히 차단할 수 있을 정도로 크다면 이 빔을 완전히 차단하는 사람과 구분할 수 없기 때문에, 이 사실만으로 실제상황과 오동작을 구별하기 어렵다. 그러나 마이크로웨이브센서의 빔 차단방식을 사용할 경우, 안테나의 직경을 300mm로 하면 새가 직경 300mm의 빔을 완전히 차단하기 어려우므로 이 빔을 완전히 차단하게 되는 사람과 구별할 수 있다. 따라서 파장을 증가시키고 빔 폭을 조정할 수 있는 범위 내에서 안테나의 크기를 증가시키면 근본적으로 오작동 요소를 구분할 수 있는 가능성을 증가시킬 수 있다.

이러한 방법으로 파장을 증가시키면 오작동 요소를 더 잘 구분하게 되며, 마이크로웨이브는 파장이 길수록 종이나 나뭇잎과 같은 비금속 물질을 관통할 수 있으므로 적외선센서에서 발생할 수 있는 오작동을 피할 수 있다.

그러나 안테나의 크기가 가용공간에 비해 너무 크면 파장을 증가시키는 데는 한계가 있다. 실질적으로 파장은 약 12cm 정도로 제한되며, 이 파장으로 송신기와 수신기를 아주 신뢰성 있게 사용할 수 있다.

더 작은 공간을 감지하기 위하여 빔의 폭을 줄이려면 파장을 감소시키거나 안테나의 틈을 증가시키면 된다.

5. 마이크로웨이브센서의 적용

마이크로웨이브센서는 적외선센서가 외부의 환경적 요인에 의해 발생할 수 있는 오작동문제를 보완해 주지만, 보호지역의 울타리 방향이 변하거나 지면에 기복이 있는 곳에서는 그렇지 못하다. 마이크로웨이브는 빛과 같이 거리를 직선으로 이동하고, 송신기와 수신기가 직선상으로 마주보아야 하는 특성 때문에 펜스의 방향이 변하는 곳이나 지면의 기복이 있는 곳에서는 송신기와 수신기가 더 필요하게 된다.

마이크로웨이브센서는 경계지역의 침입을 조기에 경보하기 위하여 우선적으로 사용되고 있으나, 경계지역 내에 있는 취약지역을 감지하는 것으로 확대 적용할 수 있다. 마이크로웨이브센서는 보호지역 주변을 지나가는 사람에 의해 오동작 되는 것을 방지하기 위하여 경계 펜스 내부에 설치하거나 내부에 추가로 설치된 펜스 사이에 설치하는 것이 좋다. 또한 마이크로웨이브센서의 영향지역으로 들어가 유발될 수 있는 오동작을 방지하기 위하여 마이크로웨이브센서 영향지역에 일반인의 접근을 통제할 수 있는 장애물을 설치하는 것이 좋다.

중요한 지역을 보호하기 위해 펜스 내에 펜스를 추가로 설치할 경우, 내부에 설치된 펜스는 물리적 방호역할을 수행할 뿐 아니라 불필요한 오작동을 줄여 줌으로써 안전근무자들이 자신을 가지고 경보상황에 대응할 수 있게 해준다. 그러나 펜스 내에 펜스를 설치하기 위해 많은 비용이 소요되므로 효과와 비용과의 관계를 비교해 볼 필요가 있다.

펜스 내에 펜스를 설치하는 방법을 대신할 수 있는 것이 CCTV이다. 담당지역에 코너나 펜스의 방향이 변화되는 곳이 많을 경우, CCTV를 사용하여 취약한 지점을 보완하고 송신기와 수신기 세트를 줄일 수 있다.

(South West사)

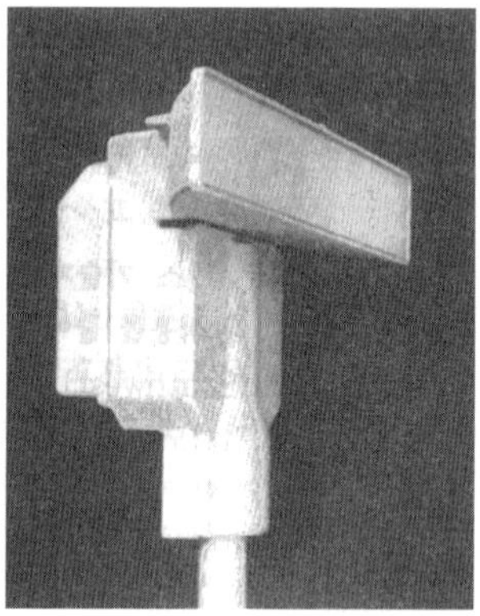

(Invisiwall사)

[그림 3-24] 마이크로웨이브센서의 형태

제7절 마이크로웨이브 레이더센서

1. 마이크로웨이브 레이더센서의 도입

초음파를 이용한 침입감지방법을 연구하면서 정상파 감지방법보다 더 좋은 감지방법을 찾는 과정에서 레이더 감지방법을 채택하게 되었다.

영국의 과학자 '존-건'이라는 사람은 아주 낮은 전압상태에서 작은 반도체 다이오드로부터 적은 양의 마이크로웨이브 에너지가 발생한다는 사실을 발견했다. '건 다이오드'의 발명으로 마이크로웨이브를 사용한 감지장치가 발전할 수 있는 계기가 마련되었으며, 더 향상된 방식으로 레이더 원리를 이용할 수 있었다. 그리고 마이크로웨이브를 발생하는 장비가 계속 개선되면서 적은 전원으로 감지장치를 작용할 수 있게 되고 이렇게 하여 장비를 저렴하게 공급할 수 있게 되었다.

초음파와 마이크로웨이브는 1960년대에 개발되었으며, 이 장치들은 아주 간단하면서도 독립적으로 침입자의 움직임을 감지하도록 설계되어 있다. 특히 침입을 위해 문에 구멍을 뚫는 것과 같이 침입자들이 울타리에 설치되어 있는 센서를 통과하였을 경우 2차적으로 건물 내에서 침입자의 움직임을 감지하기 위해 사용된다.

마이크로웨이브센서는 다른 센서에 비해 비싸지만, 위험이 높은 지역에서 효과적으로 사용할 수 있다. 그리고 마이크로웨이브 레이더센서는 초음파센서와 사용목적이 동일하지만, 사용상의 장점과 단점이 있으므로 서로 보완하여 사용하면 효과적이다.

일반적으로 기본서비스를 위한 무선방해를 최소화하기 위하여 마이크로웨이브를 사용할 수 있는 주파수와 마이크로웨이브 에너지의 최대출력을 규정하고 있다.

2. 마이크로웨이브 레이더센서의 작동원리

박쥐는 어두운 곳에서 아주 좁은 틈 사이를 쉽게 날아다닐 수 있다. 이를 위해 왼쪽이나 오른쪽으로 얼마나 방향전환을 해야 하는지와 틈이 얼마나 넓은지, 얼마나 빨리 날아야 하는지를 측정할 수 있어야 하는데, 박쥐는 그의 속도를 판단하기 위하여 도플러효과를 이용한다. 박쥐의 종류에 따라 다르지만, 거리나 방향을 측정하기 위해 펄스신호나 주파수 변조신호 또는 두 방법을 종합적으로 사용한다.

침입감지를 위해서는 침입자의 이동속도나 이동방향을 알 필요가 없으며, 단지 범인이 그 곳에 있다는 것을 확인할 수 있으면 된다. 마이크로웨이브 레이더센서는 도플러 신호로 우리가 필요한 것, 즉 범인이 움직인다는 것을 알려 준다.

박쥐가 움직이고 날아 이동하려는 틈은 고정되어 있지만, 침입감지의 경우 침입자가 움직이고 센서가 고정되어 있다. 도플러 원리는 이 중 한 방법으로 작용하며, 상대적인 움직임을 감지한다.

마이크로웨이브센서의 작용에 있어 침입자는 물통에 지나지 않으며, 마이크로웨이브 에너지의 효과적인 반사기가 된다. 따라서 약간의 마이크로웨이브 에너지가 인체를 관통하지만, 인체로부터 반사되는 에너지에 의해 침입자를 확실히 감지하게 된다.

3. 마이크로웨이브레이더센서의 감지형태

마이크로웨이브레이더센서는 송신기와 수신기가 나란히 같은 방향을 보게 설치되어 송신기에 의해 조정된 방향으로 마이크로웨이브 에너지가 송신되며, 송신된 마이크로웨이브 에너지의 이동로에 있는 어떤 물체에 의해 송신된 일부 에너지가 수신기에 다시 반사된다. 송신된 마이크로웨이브 에너지의 이동로에 있는 물체가 정지해 있다면 반사되는 에너지의 주파수는 송신된 에너지의 주파수와 다르게 되어 수신기는 이것을 무시할 것이다. 그러나 물체가 움직이면 반사되는 에너지의 주파수가 송신된 에너지의 주파수와 다르게 되어 수신기는 그 정보를 경보신호를 발생시키는데 사용하게 된다. 공기의 흐름이 왕성하더라도 공기흐름 자체가 초음파센서의 오동작을 유발할 수 있는 것과 달리 마이크로웨이브센서의 오작동을 유발하지 않는다.

4. 빔의 형태

빔의 형태는 마이크로웨이브 에너지를 송신하는 안테나 틈의 형태에 의해 결정된다.

아주 보편적으로 사용되는 마이크로웨이브의 파장은 3cm이며, 일반적으로 사각형의 도파관이나 튜브를 통해 마이크로웨이브 에너지를 송출한다. 2.5cm×1.25cm 정도의 튜브를 이용하여 파장이 3cm인 에너지를 송출할 경우, 60×120도 정도의 빔폭을 형성하여 별도의 빔 형성 장치나 안테나 없이 사용된다.

한편, 마이크로웨이브 에너지의 송신과 수신을 위해 하나의 도파관 안테나를 사용할 수 있으나, 오작동 방지를 위하여 송신용 도파관 안테나와 수신용 안테나를 실용적인 거리만큼 수직으로 격리해서 사용한다.

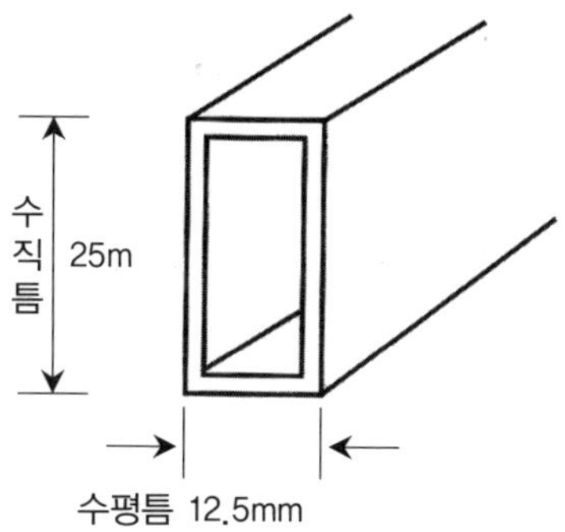

[그림 3-25] 마이크로웨이브 도파관의 한 형태

안테나의 틈과 빔 각과의 상관관계를 설명하기 위하여 '토마스 영'이라는 과학자가 광파의 특성을 설명하기 위해 사용하였던 '물결탱크실험'을 인용할 수 있다.

[그림 3-26] (A)에서 보는 것처럼 물탱크 가운데 작은 틈을 만들어 노를 사용하여 물결을 형성하면 그 물결은 일정하게 틈 사이로 이동하게 된다. [그림 3-26] (B)와 같이 물결이 좁은 틈 사이를 지나면서 넓은 각으로 빨리 퍼져 나가지만, [그림 3-26] (C)와 같이 틈 사이를 넓게 하면 동일한 물결이 그 틈 사이를 통해 곧바로 이동하고 잔잔히 퍼져 나가게 된다. 여기서 물결이 통과하는 틈이 클수록 물결이 퍼져 나가는 각이 좁아진다는 것을 알 수 있으며, 이러한 원리는 마이크로웨이브 도파관에서 나오는 빔각에도 동일하게 적용된다.

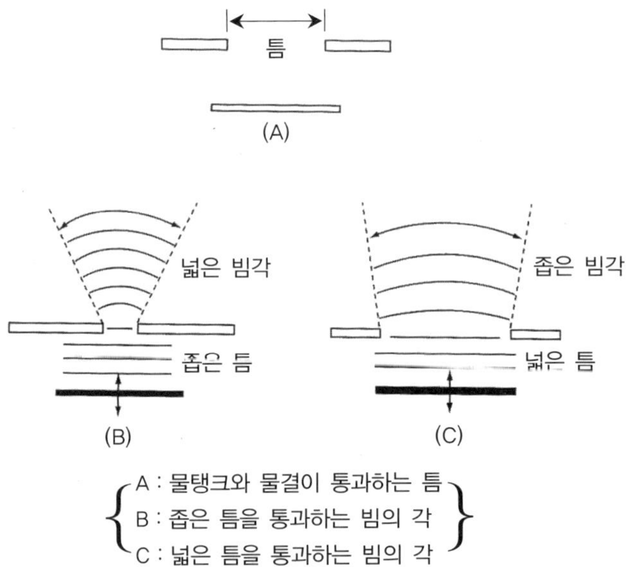

[그림 3-26] 토마스 영의 물결탱크 실험 요도

5. 센서의 적용

가. 내부감지

마이크로웨이브 레이더센서는 감지대상을 입체적인 형태의 빔으로 감지하는데, 감지형태를 설명하기 위해 면의 개념으로 표시하여 [그림 3-27]에서 보여 주는 것처럼 아래로 주시한 수평형태와 정면을 주시한 수직형태의 2가지 도형으로 나타낼 수 있다.

마이크로웨이브레이더센서가 담당지역에서 침입자의 이동을 감지할 수 있는 범위는 레이더의 감지형태에 의해 결정되지만 보통 빔폭으로부터 추측하게 된다. 전반적인 감지범위를 알기 위해 레이더센서를 기준으로 앞뒤로 천천히 걸어보고 센서가 작동할 때 그 위치를 알아낸다. 그리고 센서를 피하는 문제를 고려하여 아주 늦은 속도로 이동을 반복해서 실험해 볼 필요가 있으며, 센서와 동일한 거리를 유지하면서 센서를 중심으로 원형으로 걸어보는 실험을 반복해 볼 필요가 있다. 이러한 이동실험에 의해 침입감지를 위해 요구되는 가장 낮은 도플러 주파수를 찾을 수 있다.

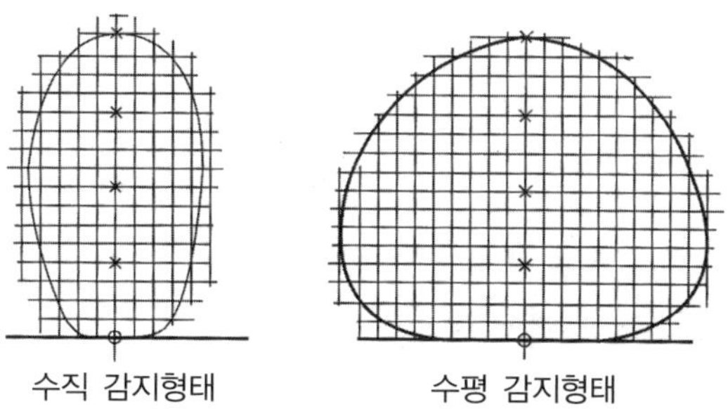

[그림 3-27] 마이크로웨이브 레이더센서의 감지형태

나. 외부감지

레이더센서의 수신기는 물체로부터 반사되는 모든 마이크로웨이브 에너지를 받아들이지 않지만 사람으로부터 반사되는 에너지는 경보신호를 발생하기에 충분하다.

물체가 작을수록 반사되는 에너지가 작아지고 감지할 수 있는 최대거리가 짧아지지만, 레이더 가까이에서는 모든 물체가 감지될 수 있다. 따라서 작은 반향력을 가진 새는 레이더 가까이에서는 충분한 반향력을 가지게 되어 오동작을 유발할 수 있다.

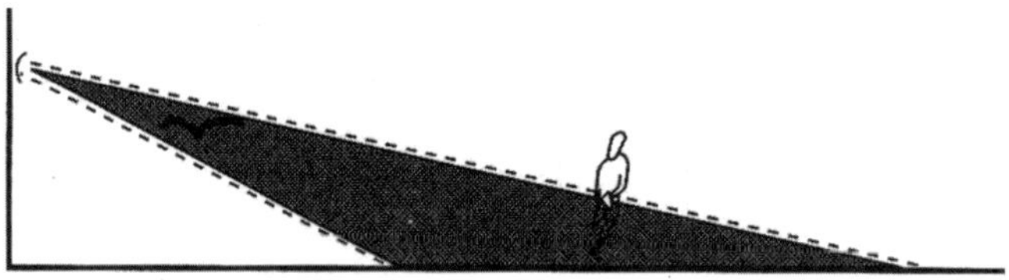

[그림 3-28] 마이크로웨이브 레이더센서의 수직감지 형태

[그림 3-28]은 전형적인 마이크로웨이브 레이더센서의 수직감지형태를 보여 주는 것으로, 만약 송신기와 수신기의 위치를 어느 정도 격리시켜 새가 송신기에서 방사되는 에너지의 감지범위 내에만 있고 수신기의 작동범위에 없을 경우에도 수신기가 새로부터 반사되는 에너지를 수용할 수 없으므로 경보신호를 발생하지 않는다. 달리 새가 레이더센서에서 조금 멀어져 송신기와 수신기의 감지범위가 합쳐지는 곳에 있으면 새로부터 반사되는 에너지가 도플러 신호를 형성하게 된다. 따라서 송신기와 수신기의 위치를 조정하여 감지범위가 교차되는 거리가 잘 조정될 경우, 새로부터 반사되는 신호가 너무 약하기 때문에 경보를 유발하지 않는다.

[그림 3-29]는 외부용 마이크로웨이브 레이더센서의 한 모델을 보여 주는 것으로, 보통 마이크로웨이브 레이더센서는 새나 자동차와 같이 빨리 이동하는 물체를 감지대상에서 제외시키기 위해 최대 도플러주파수를 선정하며, 동물과 같이 바닥에서 천천히 움직이는 물체의 감지를 피하기 위하여 센서를 높게 설치할 것을 권장하고 있다.

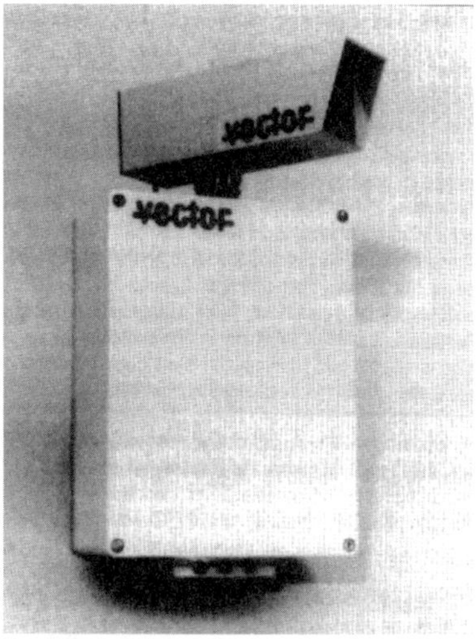

[그림 3-29] 마이크로웨이브 레이더센서의 형태
(Bridgend Technogies Ltd.)

다. 넓은 지역

일반적으로 마이크로웨이브센서는 다른 공간감지센서에 비해 더 넓은 지역을 감지할 수 있다. 사용할 수 있는 주파수 대역 내에서 독자적인 주파수를 선정하여 여러 개의 센서를 한 장소에서 같이 사용함으로써 넓은 지역을 감지할 수 있다. 이러한 방법으로 동일한 주파수로 작용하는 여러 개의 센서 사이에서 형성될 수 있는 도플러 신호에 의해 발생하는 오동작을 피할 수 있다.

센서를 천장에 설치하여 사용하면 벽이나 기둥에 설치하여 사용하는 것보다 더 넓은 범위를 감지할 수 있으며, 빔각을 조정하여 오작동을 방지할 수 있다.

마이크로웨이브는 초음파에 비해 파장이 길므로 진동에 의한 영향이 덜하며, 일반적으로 마이크로웨이브는 환경으로 인한 문제에 많은 영향을 받지 않는다. 또한 마이크로웨이브는 종이나 판자와 같은 얇은 물질을 관통할 수 있고 관통성은 파장과 함께 증가하므로, 일정한 한도 내에서 긴 파장을 사용하여 장애물이 있는 창고와 같은 곳에서 유용하게 적용할 수 있다.

라. 좁은 지역

지역이 좁아지면 벽이나 천장, 출입문, 창문은 센서 가까이에 위치하게 되고 이러한 것은 오작동의 잠재적인 요인이 될 수 있다. 담당지역이 유리창으로 보호되고 있는 상점 내부를 감지하기 위해서는 마이크로웨이브센서보다 초음파센서를 사용하는 것이 좋지만, 유리가 없이 딱딱한 구조물로 보호되고 있을 경우, 마이크로웨이브센서를 사용하는 것이 좋다.

초음파센서는 유리창이나 파티션에 의해 방해받을 수 있지만, 마이크로웨이브센서는 이러한 방해를 방지할 수 있으므로 사무실에서도 유용하데 적용할 수 있다.

제8절 울타리 감지센서

1. 개요

울타리 감지센서란, 특별히 외곽에 설치된 울타리감지를 위해 적용되는 센서를 말한다. 울타리 감지를 위해 여러 형태의 센서를 사용할 수 있으며, 울타리의 감지 기능을 보강하기 위하여 한 가지 이상의 센서를 사용할 수 있다.

울타리 감지센서는 울타리에 직접 설치하는 센서와 울타리 주변의 땅속에 매설하여 사용하는 센서, 울타리 주변에서 침입자가 움직이는 공간을 감지하는 센서, 침입자의 움직임을 영상형태로 감지하는 센서로 구분할 수 있다.

앞에서 설명한 마이크로웨이브센서나 마이크로웨이브 레이더센서, 적외선센서는 외부에서 울타리 감지를 위해 사용할 수 있는 대표적 센서이며, 달리 열선센서와 움직임을 영상으로 감지하는 센서가 울타리 감지를 위해 사용된다. 울타리 근접센서는 울이 울타리 주변에 직접 설치하여 사용하는 센서를 말하며, 공간감지센서는 침입자의 행위를 입체적으로 감지하기 위해 울타리 주변에 적절하게 사용하는 센서를 말한다.

〈표 3-1〉 울타리 감지센서의 형태

구 분	센 서
울타리설치센서	장력센서, 광케이블센서, 전계센서, 진동센서
지반매설센서	지중청음센서, 광케이블센서
공간감지센서	마이크로웨이브센서, 마이크로웨이브레이더센서, 적외선센서, 열선센서, 음향감지센서
영상센서	움직임감지센서

2. 진동센서

진동센서는 울타리에 설치하여 침입자의 기어오르는 동작이나 울타리를 들어 올리는 행위, 절단에 의해 발생한 진동을 감지한다. 울타리 주변에는 진동을 유발할 수 있는 요소들이 많은데, 침입으로 인해 발생하는 진동과 자연적으로 발생할 수 있는 진동을 구분하기 위해 특정한 주파수를 걸러 필요한 진동만을 감지하여 경보할 수 있도록 조정하여 사용한다.

진동센서는 진동이나 압력의 변화를 감지하여 기계적인 스위치 형태로 작동하는 방법과 발생한 진동의 기계적 변화를 전기적 신호로 변환시켜 신호를 발생시키는 압전원리를 이용하는 방법이 있다. 진동센서에 이용되는 스위치 원리는 앞의 스위치센서에서 설명한 관성스위치의 원리에 의해 작동하며, 기계스위치나 수은스위치를 사용할 수 있다.

진동센서는 울타리 감지를 위해 경제적이고 간편하게 설치하여 사용할 수 있으나, 울타리를 넘는 침입행위에는 취약하다. 오작동을 피하기 위해 침입행위와 유사한 진동을 유발할 수 있는 나뭇가지나 소동물의 이동이 많은 지역, 바람이 강한 지역에서의 사용을 제한하는 것이 좋다. 특히 오래되어 느슨해진 울타리나 도로 주변, 기찻길 주변과 같이 자연적인 진동을 유발할 수 있는 지형은 피하는 것이 좋다.

3. 장력센서

장력센서는 울타리를 누르는 행위나 울타리를 들어 올리는 행위, 울타리를 절단행위 등에 의해 발생한 장력변화를 감지하며, 스위치 원리에 의해 경보신호를 작동시킨다.

장력센서는 소동물이나 기후의 영향으로 인해 오동작될 가능성이 낮지만 다른 센서에 비해 설치가 까다롭고 유지를 위해 비용이 많이 소요된다는 단점이 있다. 그리고 장력을 유지하기 위한 적절한 관리를 하지 못하면 오동작 가능성은 한층 높아진다.

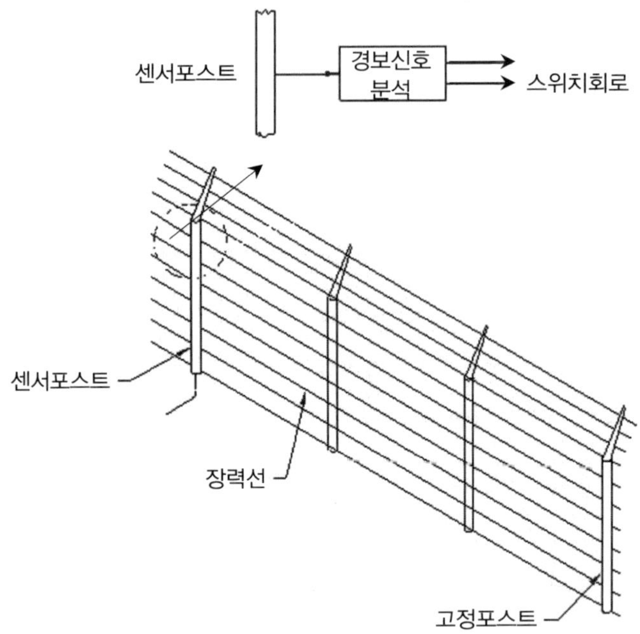

[그림 3-30] 장력센서의 형태

장력센서는 울타리의 상단부에 설치하거나 울타리 자체를 센서로 사용할 수 있다. 장력센서를 울타리의 상단부에 설치하여 사용할 경우, 울타리를 기어오르는 침입행위를 감지할 수 있지만 울타리를 관통하는 침입행위를 감지하지 못한다. 그리고 울타리를 구성하는 철선을 장력센서로 이용할 경우 땅을 파거나 울타리를 넘는 침입행위를 감지하기 어렵다.

장력센서는 일정 이상의 하중에 의한 장력변화만을 감지할 수 있도록 조정하여 자연적으로 발생할 수 있는 장력변화에 의한 영향을 줄일 수 있으므로 비교적 위험이 높은 보호대상에 적용하는 경우가 많다. 그러나 센서를 피할 수 있는 가능성을 줄이기 위해 다른 센서와 연동하여 사용하는 것이 좋다.

4. 전기장센서

전기장센서는 전선에 형성된 전기장이 침입자에 의해 방해받을 때 경보신호를 발생하며, "전계센서"라는 이름으로 사용되기도 한다. 침입감지를 위해 사용되는 전기장센서는 안전하게 낮은 전압만을 간직하는 콘덴서와 같다고 할 수 있으며, 침입자에 의해 발생하는 축전력은 전기장센서를 작동시키게 된다.

제품에 따라 차이는 있지만 일반적으로 감지지역의 길이는 30m와 150m 사이이며, 사용 주파수의 범위는 150kHz로부터 아래로 음향주파수와 초음파 주파수 사이의 경계까지이다.

전기장센서는 울타리에 설치하여 외부로부터 침입을 1차적으로 감지하기 위해 사용할 수 있다. 콘덴서의 한 전극을 만들기 위해 지면 자체를 이용하거나 지면을 대신하는 전선을 추가로 설치할 수 있다. 이 방법의 장점은 지면을 대신하는 전선이 전기적으로 균형을 유지하기 위해 울타리의 맨 윗부분 가까이 설치할 수 있다는 것이다. [그림 3-31]은 전기장센서의 한 형태를 보여 주며, 위와 아래에 전선을 사용한 것을 볼 수 있다.

울타리를 이중으로 설치할 경우 외부 울타리와 내부 울타리 사이의 공간에 마이크로웨이브센서를 사용할 경우, 전기장센서를 내부의 울타리에 설치하여 감지기능을 보강할 수 있다.

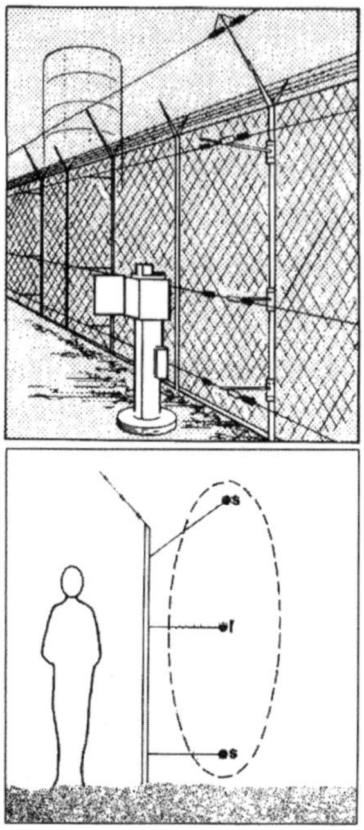

(A)

(B)

[그림 3-31] 전기장센서의 형태

전기장센서는 새나 개, 고양이, 기상변화와 나무 등에 의해 오동작이 발생할 수 있다. 그러나 인간의 특성은 동물의 특성과 충분히 다르기 때문에 시스템 설계자들이 신호 전달회로에서 많은 오작동을 걸러 내게 할 수 있다.

전기장센서는 자유로운 형태로 설치할 수 있으므로 비교적 사람의 출입이 자유롭고 개방되어 있는 지역에서 울타리를 설치하지 않고 자유로운 형태의 지지대를 사용하여 침입자의 접근에 대한 조기경보를 위해 사용할 수 있다. 한편, 불필요한 사람의 이동을 통제할 수 있는 별도의 울타리가 없을 경우 일반인의 이동으로 인한 오동작을 피하기 어려우므로 완전한 경보효과보다 조기경보 기능으로 한정될 수 있다.

달리 전기장센서는 지붕을 통한 침입을 감지하기 위해 적용할 수 있다. 건물 내에서의 공간감지방법으로 지붕을 통한 침입을 감지할 수 있다는 생각으로 별도의 지붕감지를 위한 방법에 대해서는 소홀히 취급되는 경향이 있으나 전기장센서는 지붕에 접근하는 것을 감지하기 위해 효과적으로 사용할 수 있다.

전기장센서를 지붕에 설치하여 사용할 경우 침입자는 전기장센서의 전선을 통과하지 않고 지붕 위를 오르기가 어려우므로 효과적으로 침입을 감지할 수 있다. 그러나 오작동을 피하기 위하여 감지감도를 낮게 유지할 수 있어야 한다. 감지지역에 새가 내려앉거나 걸어갈 수 있는 돌출부위가 없으면 생각하는 것처럼 오작동 문제를 유발하지 않는다. 새는 날면서 지상과 접촉하지 않아 지상에서 움직이는 물체보다 전기장센서의 영향을 적게 주게 된다.

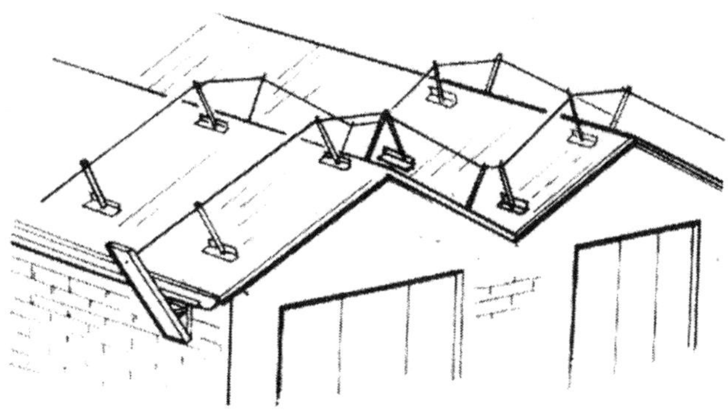

[그림 3-32] 지붕감지 형태

5. 광케이블센서

광케이블센서는 미세하고 강한 유리질 연사로 구성된 광섬유를 사용하며, 감지를 위해 광섬유의 한쪽 끝에서 다른 쪽 끝으로 파동을 전달한다. 광케이블센서는 외부의 요인에 의해 광섬유 내의 광원이 굴절되거나 산란되는 것을 감지하거여 경보신호를 발생시키는데, 이와 같은 원리에 의해 광케이블센서는 침입행위로 인해 발생하는 진동이나 압력의 변화를 감지하거나 광케이블의 절단을 감지하게 된다.

광케이블센서를 울타리 구조물에 직접 설치할 경우, 센서를 효율적으로 사용하기 위해 울타리 자체의 진동이나 압력, 기타 잡음의 요소를 제거할 수 있어야 한다. 광케이블센서는 울타리 외에 건물의 벽이나 천장에 설치하거나 땅속에 매립하여 사용할 수 있으며, 비교적 넓은 지역을 효과적으로 감지할 수 있다. 다른 울타리 감지센서와 마찬가지로 CCTV와 연동하여 경보신호가 발생할 때 카메라가 경보신호가 발생한 쪽으로 향하게 하여 경보상황을 영상으로 확인할 수 있다.

광케이블센서를 땅속에 매립하여 사용할 경우, 침입자가 케이블 위를 걷는 행위로 케이블에 압력이 가해지면서 케이블 속을 이동하던 광파의 흐름을 변화시켜 경보신호를 발생하게 된다. 케이블을 땅에 매립하기 위해 케이블이 압력을 받을 수 있어야 하므로 아스팔트나 콘크리트 밑에는 설치할 수 없으며, 부드러운 자갈이나 모래 아래에 설치하게 된다. 그리고 케이블이 노출되거나 토양 속으로 너무 깊이 묻혀 감지감도가 저하되지 않도록 적정한 깊이를 유지할 수 있게 하고, 나무뿌리에 의해 케이블이 구부러져 오작동이 발생하지 않도록 해야 한다.

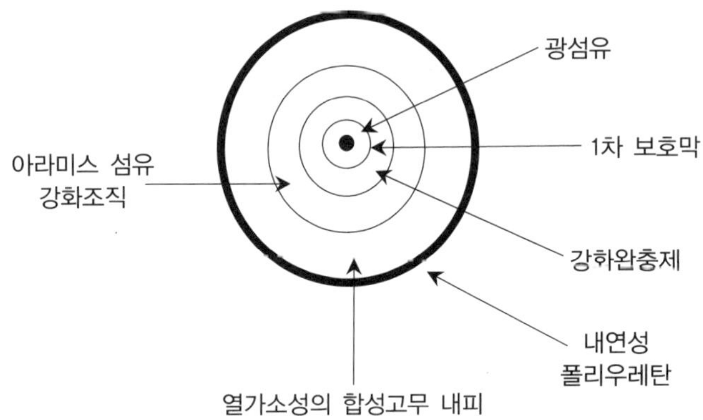

[그림 3-33] 광케이블의 구성

광케이블센서는 기본적으로 감지기능을 위한 광케이블과 경보신호를 통제하고 전달하는 경보처리장치로 구성된다.

광케이블센서는 울타리의 재질이나 지형에 상관없이 자유롭게 사용할 수 있으며, 짧은 구간에서부터 긴 구간까지 케이블이 설치된 지역을 균일하게 감지할 수 있다. 그리고 주변의 전압변화나 전자파의 영향을 덜 받으므로 이러한 특성이 요구되는 보호대상 시설에 적합하게 적용할 수 있다.

광케이블센서는 소동물로 인해 발생하는 경보신호를 별도로 구분하기 어려우며, 이를 위해 보호지역의 주변에 별도의 펜스를 설치하여 오작동 요인을 통제할 수 있다. 광케이블센서는 기후조건에 영향을 덜 받지만 바람이나 비, 눈 등에 의한 진동으로 인한 오동작을 무시할 수 없으며, 이와 같은 오동작을 방지하기 위하여 담이나 울타리 구조물의 종류나 상태에 따른 감지감도를 조정할 수 있다.

[그림 3-34]는 광케이블을 울타리에 설치한 형태이며, [그림 3-35]는 땅속에 매립하여 설치한 형태를 보여 주는 것이다.

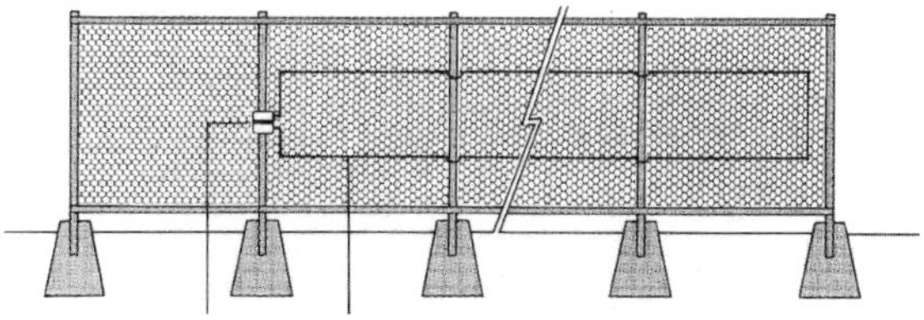

[그림 3-34] 광케이블센서의 설치형태

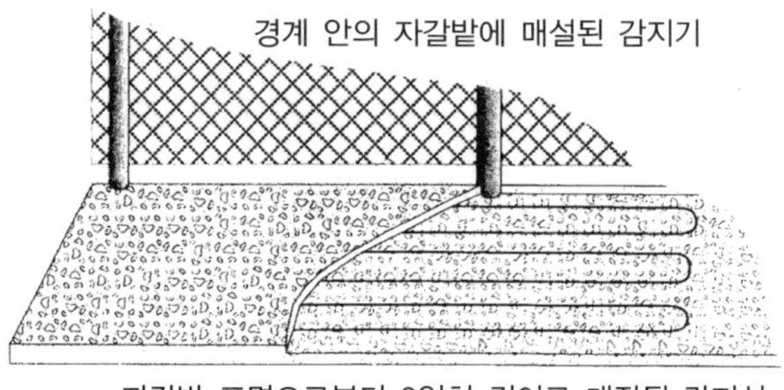

[그림 3-35] 땅속에 매설된 광케이블센서의 형태

6. 광망센서

광망센서는 "광망"이라는 이름에서 알 수 있듯이 그물망 형태의 광케이블을 울타리에 설치하여 사용된다. 광망센서는 기본적으로 광케이블센서와 유사하게 작동하며, 케이블에 흐르는 일정한 전자파가 침입자에 의해 절단되거나 외력에 의해 전자파의 흐름이 방해되는 것을 감지하여 경보신호를 발생시킨다.

[그림 3-36] 광망센서의 형태

제9절 기타센서

1. 마이크로폰센서

마이크로폰은 작은 양의 음향에너지와 기계에너지를 전기에너지로 변화시키는 일종의 변조기라 할 수 있다. 전자부분에서 많이 사용되고 있는 마이크로라는 말은 작다는 것을 뜻하지만 이 말은 마이크로폰센서와 관계가 없다. 더욱이 마이크로폰이라는 말은 라디오나 TV, 전화, 연설 때 사용하는 장치에서 흔하게 접할 수 있으나, 다른 방법으로 침입감지를 위해 사용할 수 있다.

한편, 지오폰(지중청음기)은 땅 깊숙이 있는 광석이나 오일을 탐사하기 위해 제작된 특별한 형태의 마이크로폰으로, 지하에 있는 여러 지층에서 반사되는 순간적인 반향을 감지하기 위해 아주 민감하게 설계되었다.

마이크로폰은 침입을 감지하기 위해 개발된 것은 아니지만, 울타리 침입감지를 위해 마이크로폰의 상하운동을 감지하는 원리가 적용되기 때문에 바람에 의한 좌우의 움직임에 대한 영향을 거의 받지 않는다. 그러나 너무 예민하게 작용하여 오동작을 유발할 수 있으나 감지목적에 적합하게 감도를 조정하여 오동작 문제를 감소시킬 수 있다.

달리 마이크로폰은 건물 내부와 같은 제한적인 지역에서 침입감지센서로서 아주 유용하게 사용할 수 있는데, 현장에서 발생한 음성신호가 증폭되어 상황실에 들려질 때 현장의 소리를 알기 쉽게 분석할 수 있다.

다른 센서에서와 마찬가지로 신호전달기술의 발달은 마이크로폰에 적용되어 불필요한 정보를 걸러 주게 하였다. 자연적으로 발생하는 소리는 낮은 음의 주파수를 내는 경향이 있는 반면, 침입행위에 의해 발생하는 소리는 훨씬 높은 음의 주파수이므로 낮은 주파수를 걸러 주는 기술에 의해 오동작을 유발하는 요인을 제거할 수 있다.

마이크로폰은 침입감지를 위해 잘 선택되지 않고 있으나 현장에 설치된 마이크로폰이 작동하여 상황실의 스피커로 전달되면 안전근무자들은 그 소리를 확인할 수 있기 때문에 자신감을 있게 현장상황에 대응할 수 있을 것이다.

2. 셔터 감지기

셔터 감지기는 셔터나 대형문의 열림을 감지하게 위해 사용되는 센서로 주로 마그네틱센서나 적외선센서를 사용하며, 사용되는 센서와 관계없이 센서의 기능을 인용하여 셔터감지기라 불린다.

셔터 감지를 위해 마그네틱센서를 이용할 경우, 고정된 셔터의 틀과 이동하는 셔터에 각각 스위치와 자석을 부착하여 셔터가 올라갈 때 자력이 변화하는 것을 감지한다.

셔터 감지를 위해 적외선센서를 이용할 경우 적외선 송신기와 수신기가 일체로 된 센서부분과 송신기에서 방사된 적외선을 반사하는 반사판을 사용하며, 센서부분을 셔터 틀에 고정하고 반사판을 셔터 설치하여 셔터가 올라가면서 센서의 송신기에서 방사된 적외선이 반사되지 않는 것을 감지한다.

셔터가 바람 등에 흔들릴 때 순간적으로 적외선 수신 상태가 변하여 오동작을 유발할 수 있는 가능성이 있는데, 이를 방지하기 위하여 감지응답속도를 일반적으로 사용되는 적외선센서보다 길게 조정하며, 쥐나 고양이와 같은 소동물에 의한 오작동 가능성을 줄이기 위하여 복수의 센서를 사용할 수 있다.

3. 유리파손센서

유리가 깨지는 것을 감지하기 위해 2가지 다른 방법을 사용할 수 있는데, 유리에 부착하여 유리가 깨질 때 발생하는 탄성파나 진동을 감지하는 유리파손센서와 유리창 정면의 천장이나 벽면에 부착하여 유리가 깨질 때 나오는 높은 주파수를 감지하는 음향감지센서가 있다.

유리에 부착하여 사용하는 유리파손센서는 압전물질을 이용하여 유리가 파손될 때 발생하는 파동이 압전물질에 의해 전기적인 신호로 변환되어 경보신호를 유발한다. 유리가 깨지면서 발생하는 예리한 소리는 들을 수 있는 소리이면서 초음파 영역에 속하는 고유 진동주파수를 가지고 있으며, 유리파손센서는 초음파 영역의 주파수에서 발생한 에너지만을 선별하므로 손이나 다른 물체로 유리를 두드리거나 유리창에서 발생할 수 있는 불필요한 소리에 의해 작동하지 않는다.

유리파손센서는 유리를 통한 침입을 감지하기 위해 널리 사용되지만 여러 겹으로 된 유리창의 경우 한 장의 유리가 깨지면 깨어진 유리에서 다른 유리창을 통해 센서까지 감지에 필요한 에너지를 효과적으로 전달되지 못하기 때문에 각 유리에 센서를 설치해야 하는 어려움이 있다.

보통 유리파손센서는 유리창의 안쪽 하단에 부착하여 사용하며, 감지성능에 따라 감지범위의 차이가 있지만 보통 1~2m 정도이다. 유리창이 여러 개의 틀로 구분되어 있는 경우 각각의 틀에 감지기를 설치하여야 하며, 필름이 부착된 유리에 사용하는 것은 피해야 한다.

[그림 3-37] 유리파손센서의 형태(벽 또는 천장 설치형)

음향감지기는 유리가 파손될 때 발생하는 소리의 주파수를 선별하여 감지하는데, 밀폐된 곳의 유리창 파손을 감지하기 위해 유리창 맞은편의 벽면이나 천장에 설치하여 유리가 파손될 때 발생되는 음을 마이크로폰으로 청취하여 감지하는 감지기다. 유리 파손음을 듣기 위하여 콘덴서 마이크로폰이나 압전 세라믹을 이용한 초음파 마이크로폰을 사용한다.

음향감지기는 주변에 초음파나 진동을 유발하는 환경에서의 사용을 피하는 것이 좋으며, 유리창에 필름이 부착되어 있거나 유리창에 커튼이 있으면 유리파손을 효과적으로 감지할 수 없다.

4. 센서의 복합적용

어떤 센서를 사용하든 완벽한 감지시스템을 구성하기는 어렵다. 빈번히 발생하는 오동작 문제를 개선하기 위해 여러 방면으로 연구가 이루어지면서 센서의 신뢰성을 높이고 센서가 작동하는 환경에 대한 오작동을 줄이는 데 많은 노력을 기울이고 있다.

오동작 문제를 개선하기 위해 동일한 2개의 센서를 나란히 사용하는 방법을 선택할 수 있을 것이다. 그러나 센서 자체가 문제이거나 확실한 감지가 우선이라면 2개의 센서를 나란히 설치하여 한 개의 센서가 감지하지 못하더라도 다른 한 개의 센서가 감지할 수 있도록 이 방법을 사용할 수 있을 것이다.

만약 오동작을 조정하는 것이 우선이라면 2개의 센서를 일렬로 설치하여 2개의 센서가 동시에 작동할 때 경보신호를 발생하게 할 수 있다.

침입감지시스템을 운용하면서 확실한 감지와 오동작 감소를 동시에 원하므로 환경적 요인에 관심을 집중할 필요가 있으며, 이러한 관심에 의해 다른 형태의 센서를 복합적으로 사용하는 기술이 등장하게 되었다.

다른 형태의 센서를 복합적으로 사용하는 방법 중에서 2가지의 다른 감지방법을 적용하여 범인이 센서를 피할 수 있는 가능성을 줄이고 오동작 문제를 개선할 수 있다. 이를 위해 각각의 센서가 작용하는 방법과 오작동을 유발할 수 있는 물체를 감지하는 방법이 가능한 많이 달라야 할 필요가 있다.

예를 들어, 마이크로웨이브 레이더센서와 초음파센서를 복합적으로 사용할 경우, 마이크로웨이브는 유리를 통과할 수 있으나 초음파는 유리를 통과할 수 없다는 차이가 있지만, 이 두 가지 방법은 모두 도플러원리를 이용하므로 함께 사용하기에는 충분하지 못하다.

마이크로웨이브 레이더센서와 열선센서를 복합적으로 사용하면 서로 충분히 다른 방법이 될 것이다. 마이크로웨이브 레이더센서는 센서를 기준으로 앞뒤로 움직이는 것을 가장 잘 감지할 수 있고, 열선센서는 좌우로 움직이는 것을 잘 감지할 수 있기 때문에 오작동을 유발할 수 있는 물질을 피할 수 있다.

2가지 센서를 복합적으로 적용하는 방법으로 ① 초음파 레이더센서와 열선센서, ② 마이크로웨이브 레이더센서와 열선센서, ③ 마이크로폰과 열선센서를 각각 사용하는 방법이 있다.

가. 초음파 레이더센서와 열선센서의 결합

초음파 레이더센서와 열선센서를 복합적으로 결합하면 각각의 센서는 주어진 시간 내에서 경보신호를 발생할 수 있도록 움직임을 감지하며, 하나의 센서만 작동할 경우 경보신호가 발생하지 않으므로 오동작 발생이 어려워진다. 이 경우, 열선센서는 감지요소에 의해 자체적으로 오작동을 방지하는 기능이 있으므로 마룻바닥을 감지할 수 있는 수평감지나 수직 커튼식 감지를 위해 작용할 수 있으며, 초음파 레이더센서는 도플러 감지형태로 감지감도를 조정하여 공간을 감지한다.

나. 마이크로웨이브 레이더센서와 열선센서의 결합

마이크로웨이브 레이더센서와 열선센서를 결합하여 사용할 경우, 환경요인에 의한 오작동을 줄이는데 탁월한 효과를 얻을 수 있다. 특히 마이크로웨이브의 강한 에너지가 열선센서에 결합되어 최대거리의 감지효과를 얻을 수 있으므로 넓은 지역을 감지할 수 있다.

다. 마이크로폰과 열선센서의 결합

마이크로폰과 열선센서의 결합시킨 센서는 여러 방면에서 사용할 수 있지만, 특히 유리창을 부수고 침입할 수 있는 지역에서 효과적으로 사용할 수 있다. 마이크로폰센서는 음향주파수 범위에서 유리 깨지는 소리를 감지할 수 있는 대역의 주파수를 수용하여 유리가 깨지는 것을 감지한다. 그러나 이 주파수 대역에는 여러 가지 다른 소리를 낼 수 있는 요소들이 있으므로 이로 인하여 오작동을 유발할 가능성이 존재한다.

이러한 문제를 해결하기 위해 마이크로폰센서에 열선센서를 결합시켜 마이크로폰센서가 작동하더라도 경보신호를 발생하지 않고 범인이 유리창을 깨고 내부로 들어오면 열선센서가 작동하여 경보신호를 발생한다.

제10절 방재용센서

1. 방재용센서의 의의

대상시설에서 발생할 수 있는 위험상황은 범인의 침입행위 외에 여러 가지가 있다. 예를 들어, 화재는 침입으로 인해 발생하는 손실에 비해 그 피해가 엄청날 뿐 아니라 화재가 발생하면 시간이 경과함에 따라 피해 규모가 엄청나게 증가하므로 화재상황을 신속하게 발견하는 것이 중요하다.

화재감지센서를 사용하여 화재발생을 감지하여 경보하거나 그 정보를 필요로 하는 사람에게 알림으로써 그 피해를 최소화할 수 있다. 화재로 인한 손실을 예방하기 위해 여러 형태의 화재경보시스템을 사용할 수 있는데, 특히 일정 규모 이상의 건물이나 특별한 용도로 사용되는 장소에서는 소방시스템의 설치 등이 법적으로 의무화되어 있어 선택적인 침입감지시스템의 사용과 차이가 있다.

화재감지기에서 발생한 경보신호를 현장의 경보수신기에서 직접 수신하여 현장요원이 화재에 대응하거나 달리 현장에 설치된 화재감지기에서 발생한 경보신호를 경비회사의 상황실 등의 원격지에서 수신하여 대응요원에 의한 대응조치를 취할 수 있다.

그리고 가스누설이나 누전현상은 즉시 화재를 유발하는 것은 아니지만, 가스폭발이나 화재를 유발할 수 있는 가능성이 있으므로 가스누설감지기나 누전감지기를 사용하여 조기에 위험을 경보하게 되며, 이와 달리 지하에 위치한 보일러실이나 발전실 · 전기실과 같은 중요한 시설의 누수나 침수를 조기에 경보하기 위해 누수감지센서를 사용하게 된다.

2. 화재감지기

화재로 인한 손실을 최소화하기 위하여 화재발생을 신속하게 감지하는 것이 중요하다. 화재감지기는 화재발생시 발생하는 열이나 연기 · 불꽃을 감지하여 이것을 경보신호의 형태로 전달하여 적절한 조치를 할 수 있게 한다.

가. 열감지기

열감지기는 가장 오랫동안 사용되고 있는 화재감지기로 보통 천장 부근에 설치하여 사용되며, 화재로 인한 온도변화를 감지한다. 열감지기는 다른 화재감지기에 비해 가격이 저렴하고 오작동률이 낮지만 화재감지 시간이 늦다.

열감지기는 주위 온도의 상승률이 일정 수준 이상으로 된 것을 감지하는 차동식과 주위 온도가 일정온도 이상이 되는 것을 감지하는 정온식, 그리고 차동식과 정온식의 특징과 기능을 함께 갖춘 보상식이 있다.

차동식 감지기는 온도상승 속도가 보통 분당 7~8도 정도 이상일 때 동작하게 함으로써 화재상황이 아닌 주위 온도의 완만한 상승을 구분하는 반면, 정온식 감지기는 작동하기로 설계된 온도를 초과할 때까지 작동하지 않는다. 그리고 보상식 감지기는 주위온도가 급격히 상승한 경우에는 차동식 감지기와 마찬가지로 작동하지만, 주위온도가 완만하게 상승하더라도 일정 이상의 온도가 되면 정온식 감지기와 같은 특성으로 작동한다.

차동식 감지기는 국소의 열효과에 의해 작동하는 스폿형과 광범위한 열효과의 축적에 의하여 작동하는 분포형으로 분류되며, 분포형은 다시 작동형태에 따라 공기관식과 열전대식, 열반도체식으로 구분된다.

차동식 스폿형 감지기는 공기의 팽창이나 열기전력을 이용하는데, [그림 3-38]과 [그림 3-39]는 가열공기의 팽창을 이용한 차동식 스폿형 감지기의 외관과 단면도를 보여 주는 것이다.

[그림 3-38] 차동식 스폿형 감지기(공기관식)

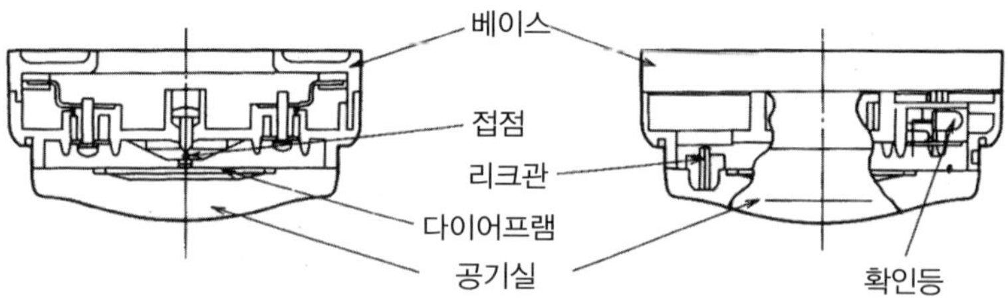

[그림 3-39] 차동식 스폿형 감지기의 단면도(공기관식)

[그림 3-39]에서 보듯이 공기실은 유량저항을 수반하는 리크관을 통하여 외기와 연결되어 있어 화재로 인해 온도가 일정속도 이상으로 상승하면 공기실 내의 공기가 팽창하여 얇은 금속판으로 된 다이어프램이 변형되어 접점이 닫

히고 경보신호가 발생한다. 한편, 일상적으로 발생하는 완만한 온도상승으로 팽창한 공기는 리크관을 통하여 외부로 배출되어 접점이 닫히지 않는다.

[그림 3-40]은 서머서터 방식을 이용한 차동식 스폿형 감지기를 보여 주는 것으로 신호회로에서 온도상승에 의한 서머스터의 저항값의 변화를 감지하여 경보신호를 발생한다.

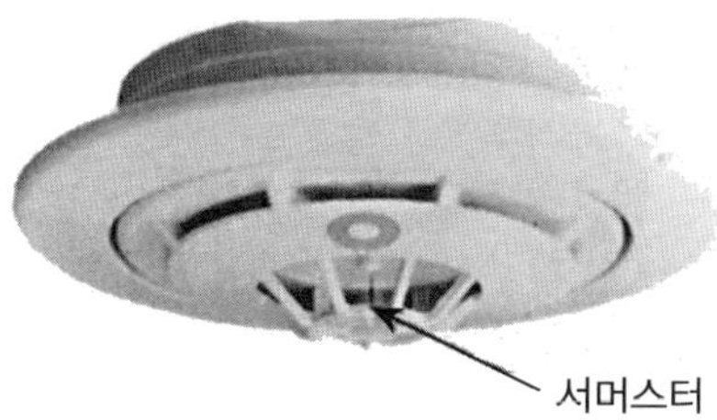

[그림 3-40] 차동식 스폿형 감지기(서머스트 방식)

[그림 3-41]과 [그림 3-42]는 바이메탈을 이용한 정온식 스폿형 감지기의 외관과 감지기의 단면도를 보여 주는 것이다. [그림 3-42]에서 보듯이 바이메탈은 팽창률이 다른 2종류의 금속이 접합되어 있어 화재의 온도가 60~80도 정도가 되면 바이메탈이 반전하여 절연디스크를 눌러 접점이 닫히고 경보신호를 발생시킨다.

서머스트를 이용한 정온식 스폿형 감지기는 앞의 [그림 3-40]의 차동식 스폿형 감지기와 마찬가지로 서머스트가 소정의 저항값이 되면 경보를 발생한다.

[그림 3-41] 정온식 스폿형 감지기(바이메탈 방식)

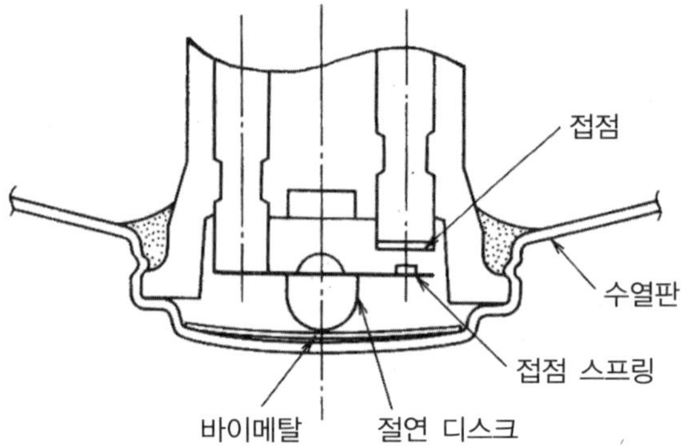

[그림 3-42] 정온식 스폿형 감지기의 단면도(바이메탈 방식)

나. 연기감지기

연기감지기는 화재시 발생하는 연기를 감지하는 방식으로 열감지기보다 빨리 화재에 반응한다. 연기감지기는 일반적으로 작동원리에 따라 광전식과 이온식으로 분류되는데, 광전식은 내부에 발광와 수광소자를 가지고 발광소자의 광이 산란 또는 감쇠되는 것을 감지하며, 이온식은 미량의 방사성 물질로 공기를 이온화하여 이온전류의 변화를 감지한다.

광전식 감지기는 연소 중 발생한 연기입자에 의해 광선의 진행이 방해받는 것을 감지하여 경보신호가 발생하며, 국소적인 연기를 감지하는 스폿형과 보다 광범위한 공간의 연기를 감지하는 분리형으로 나누어진다.

[그림 3-43]과 [그림 3-44]는 광전식 스폿형 감지기의 외관과 감지기의 연기 검출부를 보여 주는 것으로 [그림 3-44]에서 보듯이 차광 레버런스는 연기의 유입을 용이하게 하고 밖에서 유입되는 광을 차단하는 어둠상자로 구성되어 있으며, 간헐적으로 발광하는 내부의 발광소자의 광은 차광벽으로 차광되어 직접적으로 수광소자에 입사되지 않는다.

[그림 3-43] 광전식 스폿형 감지기

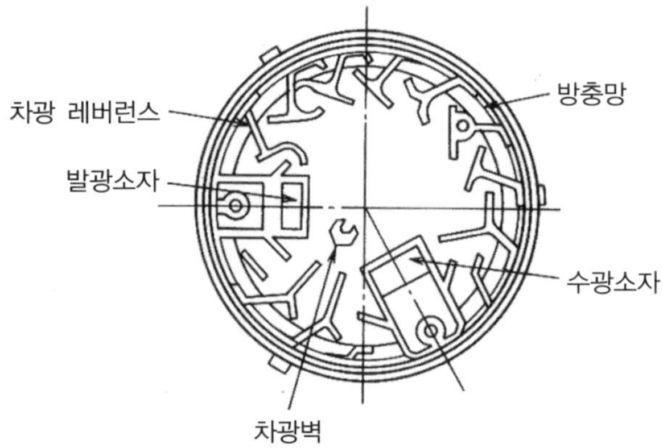

[그림 3-44] 광전식 스폿형 감지기의 단면도

화재에 의해 발생한 연기가 검출부의 내부에 들어오면 연기의 입자에 의해 발광소자의 광이 산란되고 이 산란광이 수광소자로 수광되어 전기신호로 변환된다. 연기의 농도에 비례하여 증가하는 수광소자의 출력은 내부의 증폭회로로 증폭되며, 소정의 농도에 도달하면 경보신호를 발생한다.

[그림 3-45] 광전식 분리형 감지기의 형태

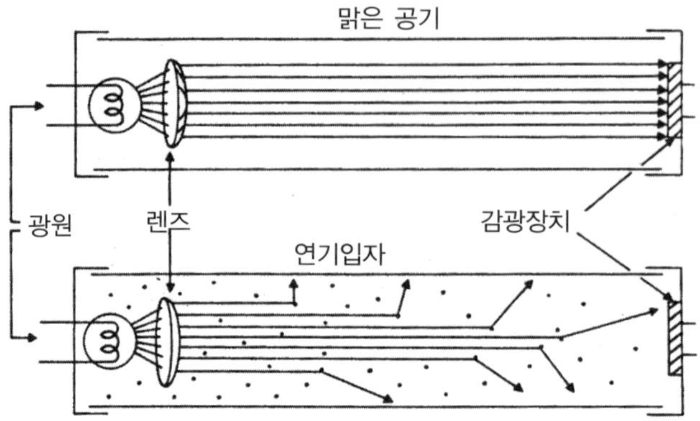

[그림 3-46] 광전식 분리형 감지기의 작동원리

[그림 3-45]는 광전식 분리형 감지기를, [그림 3-46]은 광전식 분리형 감지기의 작동원리를 설명하는 것으로, 광전식 분리형 감지기는 광을 발하는 송광부와 광을 수신하는 수광부로 분리되어 있으며, 연소과정에서 발생하여 떠돌아다니는 연기입자가 공기 중을 통과하는 광선의 진행을 방해하는 것을 감지하여 경보신호를 유발하며, 체육관 등의 큰 공간의 벽면에 설치하여 사용한다. 이 감지기는 연기에 의한 광의 감쇠작용을 이용한 것으로 간헐적으로 발광하는 송광부에서의 광량을 수광부에서 계측하여 이 광의 양이 소정의 값으로 감쇠되었을 때 경보신호를 발생시킨다.

광전식 분리형 연기감지기의 송광부에서 발생하는 광선의 형태는 대부분 빔형으로 송광부와 수광부의 거리는 5m에서 100m까지를 감시할 수 있으며, 수광소자는 스폿형과 마찬가지로 포토다이오드나 포토트랜지스터가 사용된다.

이온식 연기감지기는 감지실에 소량의 방사능 물질이 있으며, 이 물질이 공기를 이온화하여 공기를 도체화 시키고 두 개의 전극 사이에 공기를 통과시켜 전류가 흐르도록 구성된다. 연기입자가 이온화 지역에 들어오면 그 것이 이온화된 공기에 붙어 공기의 전도성을 저하시켜 이온전류를 감소시키며, 이 이온전류의 감소가 예정수준 미만이 되는 것을 감지하여 경보신호를 발생한다. [그림 3-47]은 이온화식 연기감지기의 작동원리를 보여 주는 것이다.

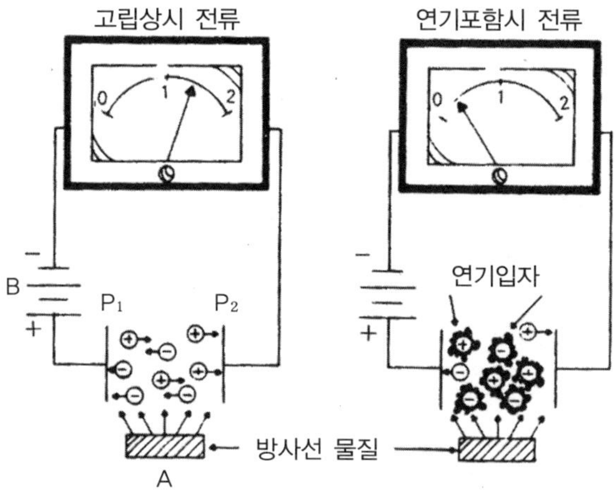

[그림 3-47] 이온화식 연기감지기의 작동원리

다. 화염감지기

화염감지기는 화재의 불꽃을 감지하는 것으로 화재를 신속하게 감지하므로 폭발성이 있거나 화재가 빨리 퍼질 수 있는 환경과 같이 화재위험이 큰 장소에서 사용된다. 화염감지기에는 화염에서 방출되는 적외선을 검출하는 적외선식 감지기와 자외선을 검출하는 자외선식 감지기 그리고 적외선과 자외선을 복합적으로 감지하는 복합식 감지기가 있다.

[그림 3-48] 적외선식 화염감지기의 형태

적외선식 감지기는 필터와 렌즈로 구성되어 불필요한 파장을 걸러 내어 화염에 포함된 2.5~2.8㎛ 또는 4.2~4.5㎛ 범위의 적외선을 감지하며, 자외선식 감지기는 화염에 포함된 자외선을 감지하며 0.17~0.3㎛ 범위의 파장에서 작동하는데, 이것은 태양광과 인공조명에서는 작동하지 않는 범위이다.

라. 복합식 감지기

복합식 감지기는 하나의 감지기에서 복수의 감지기능을 가진 감지기를 말하는데, 예를 들어, 열복합식 감지기는 차동식과 정온식을, 연기복합식 감지기는 광전식과 이온화식을, 그리고 화염복합식은 적외선과 자외선의 감지기능을 가진 감지기이다. 또한 열연기 복합식 감지기는 열감지 기능과 연기감지 기능을 겸비한 것이다.

3. 화재경보시스템

화재감지센서를 사용하는 목적은 화재 발생을 경보하여 신속하게 대응하기 위한 것으로 필요한 사람에게 그 정보를 전달하기 위해 경보시스템을 구성하게 된다. 화재경보신호는 감지기에서 직접 또는 중계기를 거쳐 경보장치에 전달되며, 경보신호를 수신하는 장소와 대응형태에 따라 경보신호의 수신형태를 달리하게 되는데, 대표적으로 감지기가 설치된 장소에서 경보신호를 수신하는 지역경보형태와 원격지에서 경보신호를 수신하는 중앙경보형태로 적용된다.

화재경보시스템을 구성함에 있어 경보시스템은 소화설비와 연동시켜 사용하는 경우가 많은데, 화재경보발생시 스프링클러나 할론 소화설비, 탄산가스 소화설비 등을 작동시켜 화재를 진압하게 된다.

가. 지역경보시스템

지역경보시스템은 화재감지기가 설치된 건물의 현장에서 경보신호를 수신하는 형태로 현장상황실에서 근무자가 직접 경보신호를 수신하거나 지나가는 사람이 경보음을 듣고 필요한 조치를 취할 수 있게 한다.

일반적으로 일정 이상의 규모를 가진 건물의 경우, 화재감지기가 감지한 경보신호를 벨이나 사이렌으로 화재발생을 자동으로 알리는 자동화재탐지장치를 설치하여 운용한다. 자동화재탐지장치는 장비에 따라 약간의 차이가 있지만, 보통 화재감지기와 중계기, 발신기, 수신기, 경보기로 구성되는데, 감지기는 직접 또는 중계기를 거쳐 수신기에 연결되며, 감지기나 발신기가 작동했을 때 수신기에서 경보신호가 발생한 곳을 확인할 수 있다. 수신기는 경보기의 작동을 통제하여, 정전시 작동할 수 있도록 예비전원을 내장하고 있다. 자동화재탐지장치를 운용하기 위해 경보신호를 24시간 수신할 수 있는 근무자가 상주하는 경우, 경보신호를 수신한 요원은 방송장비를 사용하여 여러 사람에게 화재발생을 알리어 대피할 수 있게 하고 소방서에 신고하여 도움을 요청하게 된다. 또한 경보시스템은 방화문이나 승강기, 공조설비 등을 제어하는 장치와 연동되어 자동으로 또는 수동으로 작동시켜 화재상황에 효과적으로 대응하게 된다.

또한 건물 내부에 있는 사람에게 화재사실을 자동으로 알려 대피할 수 있게 하거나 자동으로 소방서에 경보신호를 통보할 수 있는 보조장치를 이용할 수 있다.

나. 중앙경보시스템

중앙경보시스템은 화재감지기가 설치된 지역에서 떨어져 있는 별도의 장소에서 경보신호를 수신하는 형태로 24시간 경보신호를 수신하는 전담요원에 의해 관리된다. 이 시스템은 통신매체를 이용하여 감지기가 설치된 장소와 경보신호를 수신하는 중앙상황실을 연결하여 서로 다른 여러 방호대상물을 하나의 장소에서 감시할 수 있으며, 빨리 소방서에 신고할 수 있다.

화재감지기를 침입감지시스템과 같이 운용할 때, 화재감지기는 침입감지시스템을 구성하는 하나의 센서로 적용되며, 중앙경보시스템의 형태로 원거리에 있는 상황실에서 경보신호를 수신하여 자체의 대응요원이나 소방서에 도움을 받아 현장대응을 할 수 있다.

4. 가스누설감지기

가스누설감지기는 연료용 가스나 자연발생한 가스의 누설을 감지하는 것으로 단독으로 또는 다른 감지기와 같이 사용되며, 화재경보시스템과 거의 유사한 형태로 적용된다.

[그림 3-49] 가스누설감지기(도시가스용, 반도체식)

가스누설감지기는 반도체나 촉매소자를 사용하며, 가스를 감지하는 방법에 따라 ① 반도체식 감지기, ② 접촉연소식 감지기, ③ 기체열전도식 감지기로 구분할 수 있다.

반도체식 가스감지기는 산화주석(SnO_2)이나 산화철(Fe_2O_2) 등의 반도체에 가연성 가스가 흡착될 때 반도체의 전기적 변화에 따라 전도도가 증가하는 것을 감지하는 방식이다.

접촉연소식 가스감지기는 감지소자로 가연성 가스의 산화를 촉진하는 물질을 사용하는데, 백금선 주위에 알루미나를 소결시키고 그 표면에 산화촉매를 설치하여 감지부를 구성한다. 가연성 가스가 감지소자에 접촉하면 산화반응에 의해 백금선의 온도가 상승하여 전기저항이 증가하는 것을 감지한다.

기체열전도식 감지기는 백금선에 산화주석 등의 금속산화물을 도포한 것을 감지부로 하여 가열한 감지부에 가연성 가스가 접촉되면 공기와 가연성 가스와의 열전도 차이에 의하여 백금선의 온도가 변화하여 전기저항이 변화하는 것을 감지한다.

감지대상 가스는 공기보다 무거운 가스와 가벼운 가스로 구분되며, 부탄가스를 제외하고 공기보다 가벼운데 액화석유가스의 대표인 프로판은 공기보다 무거운 기체이다.

따라서 감지기는 가스의 특성에 따라 ① 공기보다 가벼운 가스, ② 공기보다 무거운 가스, ③ 그리고 전 종류의 가스용으로 구분하여 사용된다.

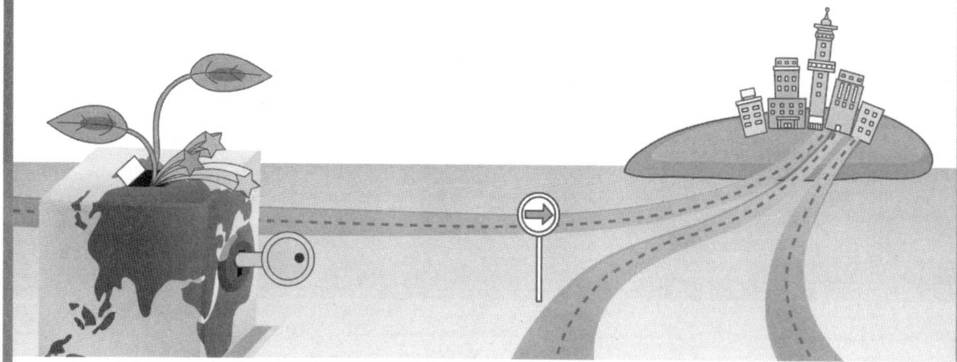

제4장

CCTV

제4장 CCTV

제1절 개요

1. CCTV의 개념

CCTV(Closed Circuit Television)는 폐쇄회로 TV를 의미하는데, 이는 카메라와 모니터를 케이블로 연결한다는 것을 의미하는 것으로 카메라와 TV수상기 사이를 VHF나 UHF로 연결하는 공용 TV와 구분하기 위한 용어이다. 그러나 공용 TV 방송을 위하여 케이블을 사용되고 CCTV의 영상전송을 위해 무선이 사용되면서 용어 자체의 의미는 상실되었지만 공중용 TV와 구분되어 CCTV라는 의미는 그대로 유지면서 영상감시시스템의 형태로 계속 사용될 수 있을 것이다.

따라서 CCTV는 "촬영된 영상정보를 특정 수신자가 볼 수 있도록 전송하는 시스템"으로 정의할 수 있다.

CCTV는 취약지역 감시, 쓰레기 무단투기 감시, 교통상황 감시 및 교통위반 단속, 산불 및 환경감시, 공장의 생산라인 감시, 병원의 환자 감시 등 주로 대상을 감시하는 목적으로 사용되고 있으나 기술의 발전과 더불어 개인 식별이나 상황인식 등 다양한 목적을 위해 사용되고 있다. 특히 지능형 영상감지 기능은 설정한 규칙에 위반되거나 벗어나는 움직임이나 행위 등을 감지하여 운영요원에게 경고하고 대응할 수 있게 함으로써 CCTV 운영의 효율성을 향상시키고 있다.

그리고 CCTV의 영상전송매체가 케이블 외에 이동통신이나 인터넷 등으로 다양해지면서 CCTV의 기능을 보다 효과적으로 수행할 수 있어 적용방법이나 적용범위도 다양해질 것으로 예상된다.

CCTV는 사람의 눈을 대신하여 현장에 설치된 카메라와 연결된 TV모니터를 통하여 현장상황을 확인하고 이상상황에 대응할 수 있게 하는 우수한 시스템이지만, 근무자가 모니터를 주의 깊게 주시하지 않으면 이상상황은 근무자가 모니터를 다시 주의 깊게 주시할 때까지 기다려서 발생하지 않으므로 자칫 잘못된 자신감을 갖게 하며 자원과 돈의 낭비가 될 수 있다.

모니터 화면을 통해 현장상황을 실시간으로 확인할 수 있다면 근무자는 자신 있고 신뢰성 있게 이상상황에 대응할 수 있으나 달리 녹화장치를 이용하여 나중에 녹화된 영상을 보고 필요한 조치를 할 수 있다.

2. CCTV의 구성

CCTV는 전자장비, 통신장비, 영상처리장비, 운용 소프트웨어 등 여러 가지 장치들을 포함하고 있는데, CCTV는 기본적으로 촬상부와 전송부 그리고 수상부로 구성되며, 사용 목적에 맞게 선택적으로 부수장치를 사용한다.

촬상부는 피사체를 촬영한 영상신호를 전기신호로 전환하는 역할을 하는데, 카메라와 렌즈가 주요 기능을 수행하며 카메라를 보호하는 하우징이나 카메라를 고정 설치하기 위한 브래킷, 카메라를 좌 · 우 · 상 · 하로 조정할 수 있는 팬 · 틸트 장치를 포함한다.

전송부는 촬상부에서 촬영한 영상을 수상부에 전송하는 역할을 하는데, 영상신호를 전송하기 위해 여러 형태의 통신매체를 사용하게 된다. 영상신호 전송을 위해 동축케이블이 많이 사용되고 있으며, 광케이블이나 전화망, 마이크로웨이브, 이동통신, 인터넷 등 다양한 영상전송매체가 사용되고 있다.

수상부는 촬상부에서 전송된 전기신호를 영상신호로 재생하여 사람이 실체의 상을 볼 수 있게 하는 역할을 하며, 모니터가 이에 해당한다. CCTV작동을 위해 전원이 필요하며, 녹화장치나 영상분할장치, 영상분배장치, 매트릭스 등과 같은 부수장치를 사용할 수 있다.

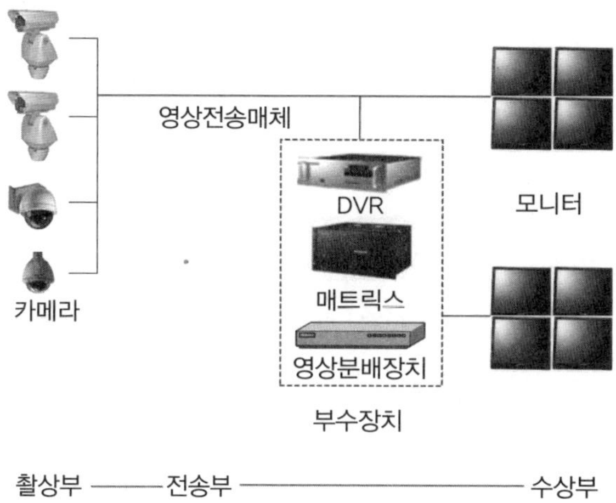

[그림 4-1] CCTV의 구성형태

제2절 CCTV 주요장치

1. 카메라

가. 카메라의 적용

CCTV의 전반적인 수준을 결정하는 것은 카메라의 품질이라 할 수 있으므로 감시목적 및 조건에 맞는 카메라 선택이 필요하다.

카메라는 피사체에서 반사된 빛을 받아 전기에너지로 변환하여 모니터에서 영상으로 볼 수 있게 하는 역할을 한다. 카메라의 종류에는 여러 가지가 있으나 CCTV용으로는 흑백카메라와 컬러카메라가 주로 사용된다.

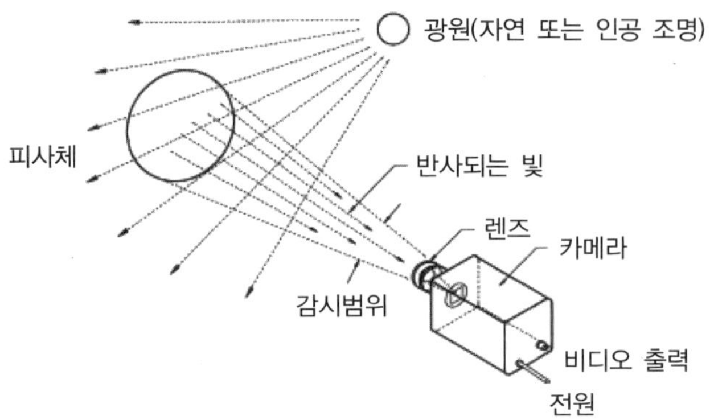

[그림 4-2] 카메라의 감시형태

렌즈를 통해 들어온 상은 카메라의 촬상소자에서 상을 맺는데, 촬상소자는 사람 눈의 망막에 해당하는 역할을 하며, 피사체에서 반사되는 빛을 받아 상을 맺고 빛의 에너지를 전기에너지로 변환하여 모니터에서 볼 수 있게 한다. 촬상소자는 촬상관과 고체촬상소자로 구분할 수 있는데, 촬상관은 진공관 방식으로 현재 CCTV에 거의 사용되지 않는다. 고체촬상소자는 촬상관에 비해 소형 경량이고, 수명이 길며 충격이나 진동에 강하다는 특성을 가지고 있어 CCTV 카메라에 주로 사용한다.

고체촬상소자에는 CCD(Charge Coupled Device)형과 MOS(Metal Oxide Semi-conductor)형이 주로 사용된다.

CCD형은 화질이 우수하고 감도가 높을 뿐 아니라 저조도 기능채용에 유리하여 CCTV카메라에 많이 사용되며, CCD는 수광부의 대각선 길이를 기준으로 1/4", 1/3", 1/2", 2/3" 등으로 표시하거나 수광부의 화소수에 따라 30만 화소, 200만 화소 등으로 표시한다.

MOS형은 CCD형에 비해 화질과 감도가 떨어지지만 촬상소자에 촬상기능과 카메라가 필요로 하는 각종 기능을 가질 수 있도록 설계하여 제조할 수 있어 소형화가 가능하다. MOS형은 소비전력이 낮고, 발열이 적으며 비교적 가격이 저렴하다. 이러한 특성으로 인해 휴대폰이나 디지털 카메라에 널리 사용되고 있다.

[그림 4-3] CCD카메라의 형태

일정한 지역을 감시하기 위해 카메라를 사용할 경우, 일반적으로 요구되는 것은 사람의 비정상 행위 또는 이상상황의 발생을 정상적인 것과 구별하는 것으로, 좋은 카메라를 선택하는 것은 좋은 구비조건에 지나지 않을 수 있다. 그러나 은행과 같은 중요한 장소에 범죄가 발생했을 경우, 범인을 식별하기 위한 자료로 이용하기 위해 선명한 영상을 얻을 수 있는 좋은 카메라가 필요하다.

기술의 변화로 인터넷 영상전송을 위한 비디오서버나 영상분석장치, 팬·틸트장치, 녹화장치 등을 카메라에 내장하여 카메라 하나로 CCTV의 여러 기능을 수행할 수 있게 한다.

나. 카메라 선택

가정에서 시청하는 일반 TV의 경우, 여러 방향에서 근접 촬영하는 기법이나 고가의 장비를 이용하여 아주 세부적으로 필요한 영상을 제공하여 스포츠경기나 지상 또는 수중에서의 아름다운 영상을 보고 즐길 수 있게 해준다. 그러나 감시목적으로 사용되는 CCTV를 위하여 이러한 방법을 적용하기는 어렵다. 침입자가 어디로 들어올 것인가를 정확히 예측할 수 있다면 오히려 물리적인 보호장치를 설치하여 침입자가 들어오는 것을 방지하는 것이 나을 것이다.

모니터가 우수하다 하더라도 필요한 정보는 카메라의 성능에 따라 한정될 수 있으므로 사용목적에 맞게 카메라를 선정하게 된다. 경비목적만을 위한 것이라면 사람이 누구인지를 확인할 필요 없이 사람이라는 것이 구별할 수 있을 정도의 수준이면 된다. 그러나 출입통제장치와 같이 사용하여 원격조정으로 출입자의 신원을 확인하기 위한 것이라면 화상의 질이 중요하므로 얼굴 근접에서 확인할 수 있는 카메라를 선택하게 된다.

카메라를 선택함에 있어 중요한 요소는 조명과 카메라를 조화시키는 것으로, 기본적으로 카메라가 현장을 볼 수 있어야 한다. 카메라 선택을 위해 적용할 수 있는 조명의 조건은 ① 정상적인 태양빛이나 조명이 있는 상태, ② 빛은 있지만 빛이 낮은 상태, ③ 빛이 아주 낮은 상태(달빛 이하의 상태), ④ 빛이 없어 앞을 볼 수 없는 상태로 나누어 설명할 수 있다.

그리고 차의 전조등에 의해 상이 화염처럼 너울거리는 현상이나 버닝현상, 줄무늬와 같은 빛의 흔적이 남게 되므로 카메라가 운용될 주변여건을 수용할 수 있는 카메라를 선정한다.

다. 카메라하우징

카메라하우징은 카메라를 주변의 열악한 조건들로부터 보호하기 위해 사용하는 케이스로, 보통 하우징 내부에 카메라와 렌즈, 전원장치 등을 내장할 수 있게 제작된다. 하우징은 주로 먼지나 벌레로부터 카메라를 보호해주는 방진, 방충기능을 기본으로 하는 경우가 많으며, 방진이나 방충기능 외에 사용온도를 초과하는 환경이나 직사광선 또는 비바람을 막기 위해 사용된다. 그리고 습도가 높거나 부식성 가스나 염분이 있는 장소, 기계적 보호가 필요한 장소 등에서 사용된다.

하우징은 용도에 따라 여러 가지 형태를 사용할 수 있는데, 일반적인 원통형이나 사각형 외에 사람들의 카메라에 대한 거부감을 줄이기 위해 돔형 하우징이나 카메라 은폐를 위해 매립형 하우징이 사용되기도 한다. 그리고 저온으로부터 카메라를 보호하기 위해 하우징에 히터를 내장하거나 하우징 앞 유리의 물기나 먼지를 제거할 수 있도록 와이퍼를 장치하는 경우도 있다.

[그림 4-4] 카메라하우징의 형태

하우징은 특수한 목적에 사용되는 카메라를 보호하기 위해 사용되는데, 제철소 용광로나 보일러 주변처럼 고온인 환경에서 카메라를 보호하기 위해 물이나 공기 등으로 강제 냉각시켜 하우징 내부 온도를 유지시키고 하우징 전면 유리도 내열 유리를 사용한다. 그리고 화학공장이나 폭발성 가스나 증기가 존재하는 장소에 카메라를 사용하는 경우, 폭발이나 화재로부터 카메라를 보호해 주는 방폭형 하우징을 사용한다.

[그림 4-5] 고온용 카메라 하우징의 형태

2. 렌즈

가. 렌즈의 적용

렌즈는 카메라 앞에 장착되어 피사체로부터 들어오는 빛을 모아 촬상소자로 보내는 역할을 하며, 사람 눈의 수정체에 해당하는 역할을 한다. 그리고 렌즈 내부에는 촬영에 필요한 적당한 빛이 카메라로 들어올 수 있도록 조절해 주는 조리개가 있다. 실내와 같이 일정한 조명이 있어 곳에서는 수동조리개를 사용할 수 있으나 광량이 변화하는 곳에서는 카메라 촬상소자에 항상 일정한 빛이 입력되도록 자동으로 개구율이 조정되는 자동조리개를 사용하는 것이 좋다. 항상 광량이 일정하게 보장되는 곳에서는 조리개가 없는 렌즈를 사용할 수 있는데, 대부분의 카메라에는 기본적으로 전자조리개 기능이 내장되어 있다.

일반적으로 CCTV용 카메라에 사용되는 렌즈는 카메라에 부착하는 구멍의 종류에 따라 C마운트 렌즈와 CS마운트 렌즈로 구분되어 사용된다. C마운트 렌즈는 결합부(렌즈의 끝)와 촬상소자 간의 거리가 17.526mm이고, CS마운트 렌즈는 12.5mm이다.

CCTV용 카메라에 사용되는 렌즈는 크게 고정초점렌즈와 가변초점렌즈로 구분된다. 고정초점렌즈는 피사체의 촬영범위가 고정된 렌즈이고, 수동조리개나 자동조리개를 사용한다. 가변초점렌즈는 줌렌즈의 일종으로 초점거리를 조정할 수 있으며, 수동조리개 또는 자동조리개를 사용한다. 고정초점렌즈는 3.5mm, 4mm, 6mm, 8mm를 많이 사용하고, 가변초점렌즈는 3.5~8mm와 6~12mm를 많이 사용한다. 렌즈는 초점거리를 수동으로 또는 모터를 이용하여 조정하는데, 모터를 이용하여 초점거리를 조절하는 렌즈를 전동줌렌즈라 부르기도 하며, 전동줌렌즈는 6~60mm, 8~48mm, 8~80mm를 많이 사용한다.

[그림 4-6] 렌즈의 형태

일반 TV나 영화를 시청하면서 줌렌즈의 적용에 대한 매력을 느끼지만, 경비적 상황에서 근무자는 주의가 집중되어야 할 뿐 아니라 어떤 조치를 위한 순간적 결정이 필요하므로 줌렌즈를 조작할 시간적 여유가 없게 된다. 따라서 일반적인 경비상황에서 줌렌즈는 중요한 것이 아니라고 할 수 있으며, 특별히 필요한 경우 팬·틸트 장치와 함께 사용할 수 있다. 팬·틸트 장치와 줌렌즈를 함께 사용한 방법을 'PTZ시스템'으로 표현하기도 한다.

광각렌즈는 넓은 시야를 볼 수 있는 렌즈로 보통 180도 이상의 수평화각을 갖는 렌즈를 말하는데, 광각렌즈는 화상의 찌그러짐이 커서 CCTV카메라용으로는 적당하지 않다.

용도에 따라 광각렌즈나 핀홀렌즈, 프리즘렌즈 등과 같은 특수렌즈를 사용하기도 하는데, 핀홀렌즈는 가늘고 긴 파이프 형의 렌즈 끝에 달린 아주 작은 구멍을 통하여 상을 얻는 렌즈로, 은행의 ATM기 등에서 은폐하여 사용할 수 있다.

프리즘렌즈는 렌즈의 앞에 프리즘이 있어 들어오는 빛을 프리즘으로 반사하여 렌즈에 보내주게 되는데, 프리즘 부분을 은폐하여 사용할 수 있다.

[그림 4-7] 핀홀 렌즈의 형태

나. 렌즈의 선택

적절한 렌즈를 선택하기 위하여 피사체와 카메라 사이의 거리를 측정하게 되는데, 피사체와의 거리가 길수록 초점거리가 긴 렌즈를 사용한다. 초점거리 더 짧은 렌즈는 더 넓은 상을 볼 수 있게 한다.

출입통제가 이루어지는 상황에서 사람이 들어오는 것을 확인할 목적으로 그 지역을 가까이 볼 수 있어야 한다면 초점거리가 짧은 렌즈를 사용하는 것이 좋다. 카메라로 들어오는 빛을 카메라가 만족스럽게 작동할 수 있도록 최소 수준으로 감소시켜 카메라가 수용하는 빛을 자동으로 조정하기 위해 일반 카메라처럼 렌즈의 조리개를 조정해 주는 자동아이리스 렌즈를 선택할 수 있다.

〈표 4-1〉 사용거리 및 렌즈의 선택

렌 즈	사용거리(m)	감시폭(m)
6mm	3~4	3.3~4.5
8mm	5~6	4~4.8
12mm	7~10	4~5.5
16mm	10~13	4~5.2

렌즈를 선택하기 위해 피사체와 카메라까지의 거리와 카메라의 종류, 카메라 운용방법 등을 고려해야 한다. 〈표 4-1〉은 일반적으로 많이 사용되는 6mm, 8mm, 12mm, 16mm 렌즈와 사용거리 및 감시폭을 예시하는 것으로, 운용자에 따라 적용기준을 달리할 수 있다.

3. 영상전송매체

촬상부에서 형성된 영상신호는 영상전송매체를 통해 수신부에 전달된다. 영상신호는 아날로그 방식 또는 디지털 방식에 의해 전송되며, 카메라와 모니터 사이의 거리와 이들 사이의 환경적 특성 등을 고려하여 영상전송매체를 선택하게 된다.

영상신호전송매체로 유선의 사용이 보편적이나 무선을 사용하기도 한다. 유선전송을 위한 매체에는 여러 종류가 있으며 동축케이블이 가장 많이 사용되고, 트위스트 페어 케이블, 광케이블, 전화망, 구내 데이터 통신망 등이 사용된다.

영상전송방법에 있어 동화상전송방법이 가장 넓게 사용되고 있으나 표준 프레임 수보다 적은 프레임 수로 전송하는 준동화상 전송방법과 몇 초에 한 프레임을 전송하는 정지화상전송방법을 사용할 수 있다.

가. 동축케이블

동축케이블은 카메라와 모니터를 연결하기 위하여 가장 많이 사용되고 있으며, 동축케이블은 비교적 가까운 거리에서 영상신호를 전송하기 위하여 효과적으로 사용할 수 있지만, 거리가 일정 이상으로 멀어지면 에너지 감쇠현상으로 인해 깨끗한 영상을 전송하기 어렵다.

동축케이블은 규격에 따라 다르지만 400m 정도의 범위에서 사용하는 것이 실용적이며, 보상장치를 사용할 경우 이 이상의 거리까지 영상전송이 가능하나 보통 2~3km 정도의 범위에서 사용하게 된다.

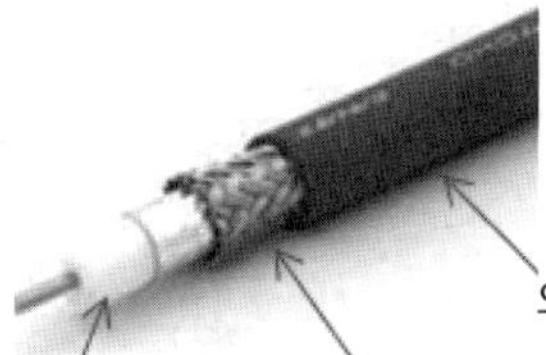

[그림 4-8] 동축케이블의 형태

동축케이블은 중심에 도체가 있고 그 주위는 딱딱하거나 투명한 절연체로 둘러싸여 있으며, 그 위에 꼬여진 형태나 나선형의 납작한 끈 모양의 도체를 감고 그 위를 PVC로 덮고 있다. 거리에 대한 감쇠량은 케이블의 규격과 사용 주파수에 따라 달라진다.

일반적으로 동축케이블의 특성 임피던스는 75Ω과 50Ω이며, 보통 영상신호의 입·출력 임피던스는 75Ω이므로 임피던스 75Ω의 동축케이블을 사용한다. 동축케이블은 내부도체의 직경, 외부도체의 내경, 절연체의 비유전율로 임피던스가 결정되며, 동축케이블의 동축케이블은 내부도체나 외부도체, 절연체 등의 규격에 따라 몇 가지로 구분되는데, 〈표 4-2〉는 동축케이블의 규격을 나타낸 것이다. 규격을 표시하는데 사용된 처음 숫자인 3·5·7·10은 외부도체의 외경을, 첫 번째 기호인 C는 특성 임피던스 75Ω을, 두 번째 숫자인 2는 폴리에칠렌 절연체를 그리고 끝 기호인 V는 1중 외부도체인 PVC 외피를 표시한다.

〈표 4-2〉 동축케이블의 종류 및 규격

규 격	내부도체 외경 (mm)	절연체 외경(mm)	외부도체 외경(mm)	피 복 (mm)	케이블 외경(mm)
3C-2V	0.5	3.1	3.8	0.8	5.4±0.5
5C-2V	0.8	4.9	5.6	0.9	7.4±0.5
7C-2V	1.2	7.3	8.2	1.1	10.4±0.5
10C-2V	1.5	9.4	10.4	1.3	13.0±0.6

영상신호 전송을 위해 동축케이블을 아래의 그림과 같은 BNC커넥터를 이용하여 기기에 연결하고 있으며, 젠더와 함께 RCA커넥터를 이용하기도 한다.

[그림 4-9] 커넥터의 형태

나. 트위스트 페어 케이블

트위스트 페어 케이블(TPC : Twisted Pair Cable)은 꼬아놓은 전선을 말하는 것으로 UTP, FTP, STP 등의 형태로 적용된다. FTP(Foiled Twisted Pair)는 차폐용 알루미늄 포일로 1차 감싸진 UTP(Unshield Twisted Pair)는 실드(차폐)되지 않은 구리선이고, STP(Shield Twisted Pair)는 차폐가 2중으로 된 구리선이다.

트위스트 페어 케이블은 동축케이블에 비해 케이블 비용이 저렴하고, 작업이 용이하며, 동축케이블 보다 장거리 송신이 가능하다는 장점으로 그 사용이 증가하고 있다. 그리고 1개의 케이블로 영상전송과 음성전송, 제어기능 처리 등이 가능하므로 시스템 응용성이 우수하다.

[그림 4-10] UPT케이블의 형태

다. 광케이블

광케이블(Optical Cable)은 광섬유를 케이블화 한 것으로 전송속도가 빠르고, 전송 중 에너지 손실이 적으며 전자유도나 낙뢰에 의한 방해를 받지 않고 전송할 수 있어 고속데이터 전송을 위해 사용되며, 장거리 송신과 다중통신이 가능하여 장거리 영상신호전송을 위해 많이 사용되고 있다.

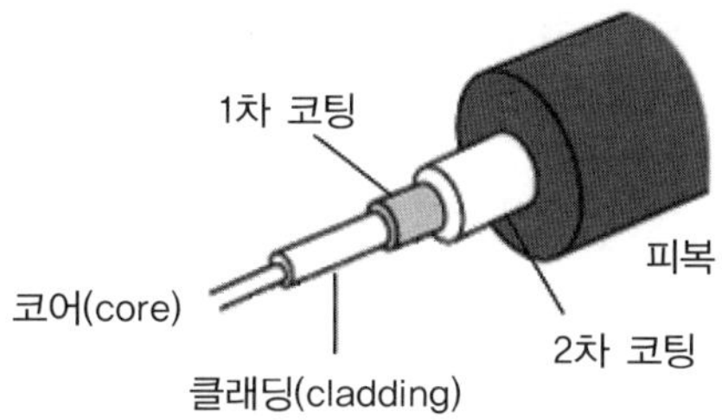

[그림 4-11] 광케이블의 구조

광케이블은 유리섬유로 제작되었지만 플라스틱을 사용해 제작하면서 저렴하고 편리하게 사용할 수 있다.

광케이블 전송을 위해 송신기에서 전기신호를 광신호로 변환하여 광섬유 케이블을 통하여 전송하고 수신기에서 다시 광신호를 전기신호로 변환하게 된다.

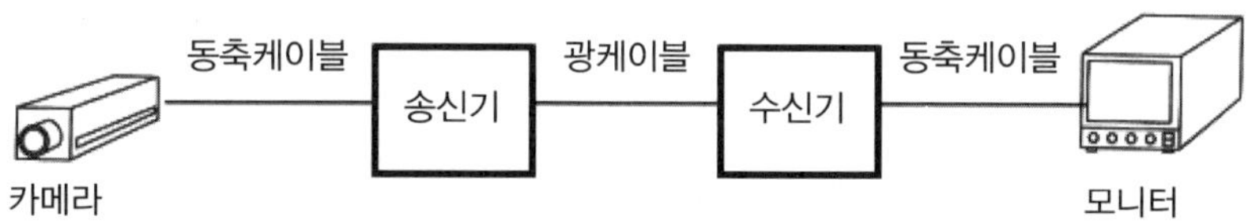

[그림 4-12] 광케이블 영상전송체계의 형태

라. 무선

카메라와 모니터를 연결할 때, 유선망을 설치하기 불편하거나 실용적이지 못할 경우에 무선망을 사용한다. 무선영상 전송을 위하여 VHF나 UHF대의 무선망, 마이크로웨이브 무선망, 이동통신망이나 적외선 무선망 등을 이용할 수 있다.

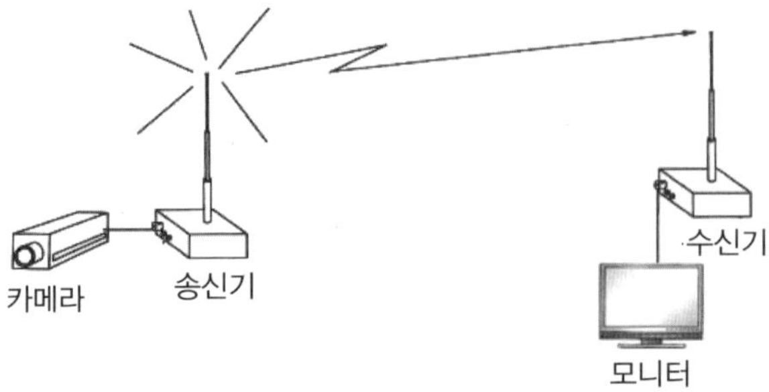

[그림 4-13] 무선 영상전송체계의 형태

무선망을 이용하기 위해 전파법에 의한 제한이나 경제적인 이유로 단거리에서 제한적으로 사용되는 경향이 있다.

[그림 4-14] 무선영상전송장치(UHF)의 형태

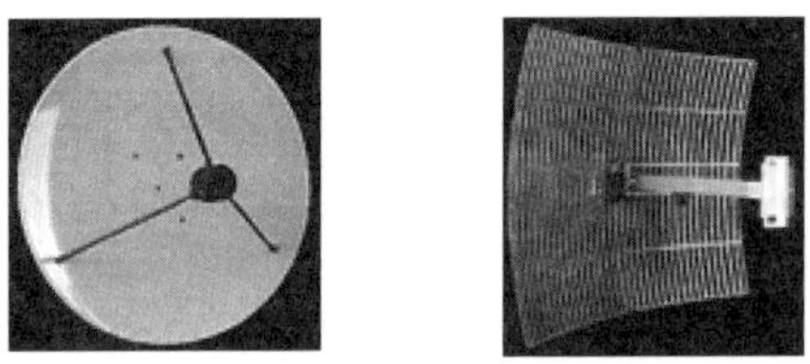

[그림 4-15] 마이크로웨이브 영상전송장치의 형태

마. 인터넷

정보통신기술 변화와 함께 영상전송을 위해 인터넷의 사용이 증가하고 있다. 인터넷을 이용한 영상전송방법은 인터넷 사용이 가능한 곳이면 어디서나 영상감시를 할 수 있을 뿐 아니라 동시접근이 가능하고 관리비용을 줄일 수 있어 갈수록 이용이 증가할 것으로 예상되며, 무선 인터넷을 이용할 경우 시간과 장소를 초월하여 편리하게 영상감시를 할 수 있다.

인터넷 영상전송을 위해 카메라를 네트워크에 연결할 수 있는 인터넷 기반의 비디오서버가 필요하다. 비디오서버를 별도로 사용하거나 비디오서버를 카메라에 내장하여 일체형으로 사용하기도 하는데, 이를 '네트워크 카메라' 또는 'IP카메라' 등의 이름으로 부르기도 한다.

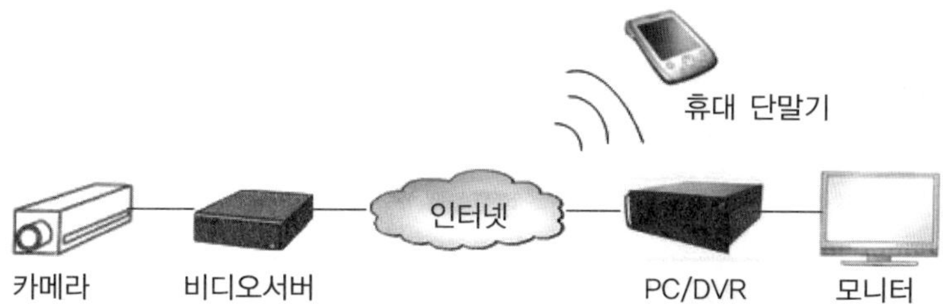

[그림 4-16] 인터넷 영상전송체계의 형태

바. 정지화상 전송

정지화상 전송은 영상을 몇 초에 한 프레임씩 정지화상으로 전송하는 것으로 감시에 필요한 만큼의 화상과 화질을 경제적으로 전송할 수 있다. 동화상을 전송하기 위해 위하여 많은 정보량을 전달할 수 있는 전송속도가 빠른 회선을 사용하여야 하나 정지화상 전송을 위하여 공중회선이나 전용회선 또는 ISDN 등과 같은 매체를 사용할 수 있다.

'완만한 스캔'이라 불리는 전송방법은 하나의 프레임을 보내는 대신 프레임당 5~8초의 송신시간으로 전화망을 통해 전송할 수 있는데, 완만한 스캔은 정지상을 몇 초 간격으로 전송하는 방법이라 할 수 있다. 1970년대에 완만한 스캔방법이 경비용으로 사용되면서 CCTV의 여러 문제를 해결할 수 있으리라 생각했다.

이 방법은 경비분야에 적용되어 감지센서에서 발생한 경보의 원인을 확인하는데 도움을 줄 수 있는데, 침입감지센서가 작동하는 순간 첫 프레임이 전송을 위해 저장된다면, 그 영상으로 경보의 원인을 확인할 수 있다.

이 방법의 주요한 장점은 근무자가 없는 현장상황을 원거리에 있는 모니터 화면으로 전송할 수 있다는 것이다. 지역이 작을수록 완만한 스캔의 가치가 있으며, 현장순찰활동이 있는 경우 더욱 효과적이고, 가치가 있다. 그러나 완만한 스캔을 결정하기 전 카메라에 의해 범인이 얼마나 짧게 보이는지와 그 시간 동안 완만한 스캔이 범인을 보여 주는 상을 잡을 수 있는가를 생각하여야 한다.

4. 모니터

가. 적용개념

모니터는 카메라에서 전송된 전기신호를 영상신호로 전환하여 수신하는 것으로 필요한 음성신호를 함께 수신할 수 있다. 모니터는 흑백모니터와 컬러모니터로 구분되며, 모니터의 종류에는 CRT(브라운관형)와 LCD(액정형), PDP, LED 등 여러 가지가 있으나 CCTV용으로 CRT 모니터와 LCD 모니터가 많이 사용된다. LCD모니터는 얇고 가벼워 CRT 모니터를 대신하여 사용이 증가하고 있지만 CRT 모니터에 비해 색의 재현도가 떨어진다.

CCTV 운용 시 모니터 화면의 크기가 중요한 요소 중 하나이며, 모니터의 크기는 화면의 대각선 길이를 인치 단위로 표시한다.

사람이 모니터 화면을 통해 보는 영상은 화소라는 빛의 작은 점이 배열된 것으로, 화소가 세밀할수록 화면은 선명하게 표현된다. 빛의 점의 크기는 화면의 크기와 동일한 비례로 작아지거나 커지기 어렵기 때문에 모니터의 크기를 작게 하려는 반면, 영상정보를 쉽게 확인하기 위해 더 큰 모니터를 선호할지 모른다. 어떤 면에서 큰 모니터의 사용은 공간의 낭비라 할 수 있으며, 화면을 보고 있는 사람으로 하여금 화면에 집중시키지 못하게 할 수 있다.

모니터 화면의 크기를 결정하는데 있어 화면과 그 화면을 보는 사람과의 거리를 우선적으로 고려하게 되며, 화면분할 등도 고려하게 된다. 근무자가 모니터를 편안하게 볼 수 있는 화면의 크기와 화면과의 거리를 적합하게 조화시키는 실험이 실행되어졌으며, 화면분할장치의 사용이 증가하면서 더 많은 실험이 실행되어졌다. 그 결과 일반적으로 사용할 수 있는 모니터의 대각선의 길이는 9인치에서 12인치 사이의 크기가 적절하다고 판단했다.

〈표 4-3〉은 근무자가 적정하게 볼 수 있는 모니터의 크기와 모니터와의 거리를 예시한 것으로, 표시되는 수치는 브라운관형 모니터를 기준으로 한 것이다.

〈표 4-3〉 모니터의 크기와 적정 시계범위

모니터 크기	시계범위(거리)
9인치	0.7~2.3m
12인치	0.9~3.0m
17인치	1.2~4.0m
20인치	1.3~4.6m
29인치	1.7~6.0m

나. 감시 및 제어

카메라에서 촬영된 영상은 모니터 감시를 통해 이상상황을 발견하고 이에 대응하는 조치를 하게 된다. 운영요원은 기본적인 감시업무 외에 영상녹화, 팬 · 틸트 · 줌 제어 등 영상신호 제어와 처리를 위한 각종 장치를 조작하게 된다.

운영요원은 영상녹화와 재상을 실행하는 DVR과 다수의 카메라와 다수의 모니터를 조합시키고 필요한 영상을 해당 모니터에 출력시켜주는 매트릭스 스위치, 영상신호를 분배하기 위한 영상분배장치 등을 통해 영상신호를 제어하게 된다.

5. 부수장치

가. 영상절환장치

여러 대의 카메라에서 보낸 영상을 하나의 모니터에서 보기 위해 선택할 수 있는 방법 중 하나는 영상절환장치를 이용하여 여러 대의 카메라에서 입력되는 영상을 하나씩 순차적으로 출력하여 보는 것이다.

장비에 따라 다르지만 카메라의 사용 갯수나 절환되는 시간간격은 조정이 가능하다. 보통 다수의 카메라에서 촬영된 영상을 설정된 시간간격으로 모니터에 2~3초간 표시하며, 4회로에서부터 6회로, 8회로, 16회로, 20회로를 전환할 수 있다. 그리고 감지센서와 연동하여 센서가 작동한 곳의 카메라 영상을 선택하여 절환하는 기능을 이용할 수 있다.

그러나 영상절환장치를 사용하여 현장을 감시할 경우, 카메라 수만큼의 공백이 발생하여 지속적으로 현장상황을 감시하기 어려우므로 지속적인 감시를 요하는 지역보다 녹화장치와 사용하여 현장을 보존하려는 목적을 위해 더 적합하게 사용할 수 있다. 녹화장치와 함께 사용하여 선택된 카메라가 보여주는 화면의 상을 녹화하고 재생하여 다시 볼 수 있다.

나. 화면분할장치

화면분할장치는 영상절환장치와 마찬가지로 1개의 모니터에 여러 영상을 보여 주는 장치로, 영상절환장치와 달리 하나의 화면에서 여러 대의 카메라가 보여주는 영상을 동시에 그리고 지속적으로 감시할 수 있게 하는 장치이다. 일반적으로 화면에 나타나는 영상의 수는 장비에 따라 다르지만, 선택적으로 하나의 화면만을 볼 수 있게 작동되며, 영상절환기능을 같이 사용할 수 있다.

일반적으로 분할되는 수는 4분할에서부터 8분할, 9분할, 16분할 등으로 증가시킬 수 있다. DVR을 사용할 경우, DVR에는 화면분할기능이 있으므로 별도의 영상분할장치를 사용할 필요가 없다.

다. 영상분배장치

영상절환장치나 화면분할장치는 여러 대의 카메라 영상을 한 대의 모니터에 보여 주는 장치이지만, 반대로 카메라에서 촬영한 영상을 여러 대의 모니터로 분배하여 보내기 위해 영상분배장치를 사용할 수 있다.

[그림 4-17] 영상분배장치의 형태

라. 녹화장치

지속적인 감시보다 사고발생상황을 확인하기 위한 목적으로 영상을 녹화하게 된다. 녹화를 위해 일반적으로 VTR(Video Tape Recorder)과 DVR(Digital Video Recorder)이 주로 사용되며, 디지털영상을 저장하기 위해 컴퓨터의 하드디스크 또는 USB메모리, CD, DVD 등을 사용할 수 있다.

VTR은 자성체를 도포한 자기테이프에 자기헤드를 회전시켜 영상신호와 음향신호를 녹화하고 재생하는 방식이다. VTR방식은 사용횟수가 증가하면서 깨끗한 영상을 얻기 어렵고, 녹화된 영상을 검색하는데 많은 시간이 소요될 뿐 아니라 영상을 원거리로 전송하기 어렵다. 그리고 녹화테이프는 정해진 시간 동안만을 녹화하게 되는데, 이를 개선하기 위하여 감지센서와 연동하여 감지센서가 작동할 때에만 녹화하는 방법을 적용하든지 타임랩스(Time Lapse) VTR을 사용하여 녹화시간을 연장할 수 있다. 타임랩스 방식은 정상적으로 영상신호를 모두 녹화하는 방법과 달리 녹화테이프의 회전 속도를 느리게 하여 기록시간을 연장시키는 방식이다. 달리 녹화시간을 연장하기 위하여 1대의 VTR의 녹화가 종료되면 다음 VTR이 자동으로 녹화하는 연계녹화기능을 이용할 수 있다.

DVR은 영상신호를 디지털신호로 변환하여 녹화하는 장치로, 하드디스크에 영상을 저장하므로 많은 양의 영상을 저장할 수 있고, 보다 깨끗한 영상을 얻을 수 있다. 그리고 하드디스크의 수명이 길어 녹화된 영상을 재생하는 횟수가 증가하여도 깨끗한 화질을 얻을 수 있다는 장점 외에 다음과 같은 다양한 기능을 수행할 수 있다.

첫째, 녹화된 영상을 날짜 시간 또는 카메라별, 검색어 입력으로 쉽게 검색할 수 있으며, 별도의 장치 없이 여러 채널의 영상을 한 개의 모니터에서 분할된 화면으로 볼 수 있다.

둘째, 방범감지기 및 화재감지기 등 각종 감지기와 연동하여 감지기가 작동할 때 녹화하거나 움직임 감지(Motion Detection) 기능을 적용하여 물체의 움직임을 감지하여 녹화할 수 있다.

셋째, 통신매체를 이용하여 원거리에 있는 지역으로의 영상전송과 원격감시 기능을 적용할 수 있다.

넷째, 카메라의 팬 · 틸트 · 줌 제어 기능 및 원격지에 있는 기기의 제어 기능을 적용할 수 있다.

이처럼 DVR은 단순한 녹화장치의 범위를 벗어나 다양한 기능을 수행할 수 있는 장치로 변화하고 있다.

DVR은 작동형태에 따라 임베디드(embedded) 방식과 윈도우Window) 방식으로 구분할 수 있다. 임베디드 방식의 DVR은 스탠드얼론(standalone)형 DVR이라고도 불리는데, DVR기능 수행을 위한 별도의 프로그램이 내장되어 있는 방식이다. 윈도우 방식의 DVR은 'PC기반 DVR'이라고도 불리며, 컴퓨터 운영 프로그램인 윈도우 체계를 이용하여 DVR기능을 수행하는 방식이다. 달리 윈도우 프로그램이 내장된 일반 PC에서 DVR카드를 꽂는 방법으로 DVR 기능을 수행할 수도 있다.

마. 팬 · 틸트장치

시선이 고정되어 있는 카메라를 사용할 경우, 근무자들이 범인을 주시할 수 있는 시간이 짧으므로 원거리에서 카메라를 조정하여 침입자를 주시할 수 있는 방법을 선택할 수 있다. 팬 · 틸트 장치는 카메라를 상 · 하 · 좌 · 우로 움직여 범인의 움직임을 추적할 수 있고 넓은 지역을 감시할 수 있게 해주는 것으로, 제품에 따라 다르지만 보통 좌우 340도, 상하 60도 범위로 동작한다.

집에서 즐기는 비디오나 영화를 제작하기 위해 팬 · 틸트 장치는 필수적이지만, 경비목적을 위해 사용할 경우 근무자가 팬 · 틸트 장치를 조작할 충분한 시간적 여유를 줄 때만 사용이 가능하며, 범인을 오래 주시하기 위하여 필요한 속도로 작동할 수 있어야 한다. 카메라와 렌즈, 하우징 등의 부속품에 의해 무거워진 장치를 구동시키기 위하여 충분한 구동력이 필요한데, 갈수록 장치가 개선되면서 빠른 구동속도로 작동시킬 수 있는 장비가 등장하고 있다.

그러나 팬 · 틸트 장치는 근무자에 의해 조작되어져야 하므로 팬 · 틸트 장치가 필요한지를 결정하기 위해 근무자가 그들의 임무를 수행하는 아주 짧은 시간 내에 장치를 조작할 수 있는가를 결정해야 한다.

한편, 침입감지센서와 같이 사용하여 센서가 작동하면 사전 설정된 지역으로 자동으로 카메라를 회전시켜 주는 자동제어장치와 같이 사용하여 근무자는 카메라를 조작할 필요 없이 자유롭게 근무하면서 필요한 현장정보를 빠르게 얻을 수 있다.

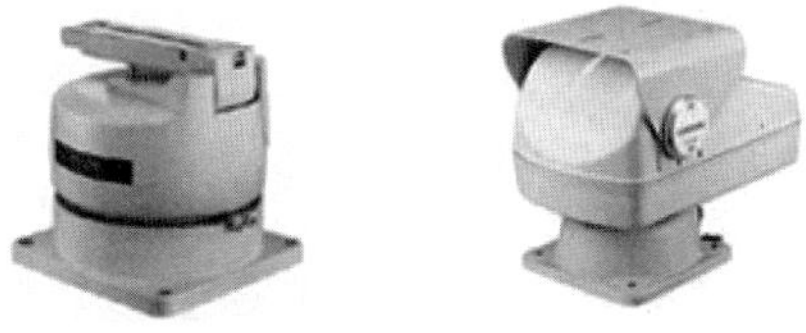

[그림 4-18] 팬 · 틸트장치의 형태

위의 그림과 같은 팬 · 틸트 장치에 카메라를 설치하는 방법과 달리 팬 · 틸트 · 줌 장치를 하나의 하우징 및 카메라에 내장하여 일체된 형태로 사용 수 있다.

팬 · 틸트 장치의 선택을 결정하기 전에 비용과 신뢰성 및 효과 등을 검토하여 단순하게 고정카메라를 여러 대 사용하는 것과 비교해 볼 필요가 있다. 예를 들어, 시각이 넓은 렌즈를 사용한 카메라를 두 대 설치하여 침입감지센서가 작동될 때 해당지역을 비추는 두 대의 카메라가 자동으로 작동하여 침입사건이 발생한 지역을 비추게 하는 방법으로 근무자에게 필요한 정보를 제공하여 경비업무에 집중하게 할 수 있다.

팬 · 틸트 기능을 포함하여 카메라에 부가된 각종 기능을 원격으로 제어하기 위하여 '리시버'라 불리는 장치를 사용한다. 리시버는 카메라의 상 · 하, 좌 · 우 회전과 줌렌즈의 줌 조절기능 등과 같은 기본적인 제어기능 외에 조명등, 와이퍼, 스피커 등과 같이 카메라와 같이 운영할 수 있는 각종 장치의 기능을 제어할 수 있다.

특히 카메라의 팬 · 틸트 장치와 줌렌즈에 대해 위치추적 기능이 부가되어 그 위치 값을 사전에 기억했다가 해당 위치의 데이터 값을 수신하거나 입력하게 되면 자동으로 해당 위치 값을 찾아가는 프리셋(preset) 기능을 수행할 수 있으며, 카메라 주변에 설치된 각종 센서와 연동하여 그 센서가 이상상황을 감지하여 작동했을 때 카메라가 자동으로 프리셋 되게 하는 기능을 수행하게 할 수 있다. 위의 기능 외에 제조사에 따라 리시버에 다양한 기능을 부가할 수 있다.

바. 영상보상기

영상신호를 장거리로 전송할 때 케이블에서 감쇠되는 영상신호를 증폭하기 위해 영상보상기를 사용한다. 영상보상기는 전송거리와 화질개선 효과를 주는 영상증폭장치로 동축케이블 구간의 처음이나 중간, 종단에 설치할 수 있다. 그러나 영상신호를 지나치게 증폭할 경우 영상신호 왜곡현상을 유발할 수 있으므로 장거리 전송을 위해 적절한 영상전송매체 선택이 필요하다.

[그림 4-19] 영상보상기의 형태

사. UPS(Uninterruptible Power Supply)

UPS는 보조전원장치로 별도의 배터리를 이용하여 순간 정전되거나 전력이 끊어졌을 때 일정시간 동안 안정된 전력을 공급하는 무정전 전원공급기이다. UPS는 컴퓨터 운영시 정전사고로 인해 발생할 수 있는 데이터 손실을 방지하기 위하여 이용되는 보조전원장비로 잘 알려져 있다.

CCTV 운영시 1차 전원의 이상으로 인하여 발생하는 감시의 공백이나 DVR이 다시 작동하는데 소요되는 일정한 시간의 공백을 매우기 위해 UPS를 사용할 수 있다.

아. 브라켓/폴

브라켓(Bracket)은 카메라나 하우징, 팬 · 틸트 장치를 설치하기 위해 사용하는 지지대로, 설치 여건에 따라 다양한 형태를 적용할 수 있다. 일반적으로 브라켓은 카메라를 천장으로부터 일정한 높이에 설치하기 위해 사용하는 천장형과 벽이나 전주, 가로등에 부착하기 위해 사용하는 벽부형으로 구분된다.

[그림 4-20] 브라켓의 형태

브라켓은 카메라의 설치환경에 따라 다양한 색상과 모양으로 제작되어 사용되고 있으며, 금속 또는 플라스틱 등 다양한 재질로 제작되기도 한다.

폴은 카메라를 설치하고자 하는 곳에 적당한 건물이나 시설물 등이 없을 때 땅바닥에 세워서 사용하는 일종의 기둥으로, 감시범위에 맞게 적합한 높이로 세워 카메라를 설치할 수 있다. 폴도 브라켓처럼 카메라 설치 환경에 맞게 다양한 형태와 모양으로 제작하여 사용할 수 있다.

[그림 4-21] 카메라 폴의 형태

제3절 CCTV 운용

1. CCTV의 적용

'보는 것이 믿는 것이다'라는 말이나 '보는 것이 아는 것이다'라는 말은 인간의 눈의 가치가 대단하다는 것을 의미한다. CCTV는 의심할 여지없이 현재 무엇이 진행되고 있는가를 눈으로 확인하기 위하여 사용되며, 근무자의 시선을 모니터에 집중하게 하여 범인의 범행을 인지하여 신속한 대응이 가능하게 해준다.

그러나 CCTV를 보는 것은 단순하고 지루하여 중요한 순간에 주의를 기울이지 않을 수 있으며, 현장의 변화를 인지하기 위해 CCTV 운용요원이 모니터 화면에 주시하는 것에만 의지할 수 없기 때문에 움직임 감지장치(Motion Detection)와 같은 보조장치를 사용하여 영상의 변화를 감지하여 경보함으로써 근무자의 주의를 끌어낼 수 있다.

CCTV는 단독으로 사용이 가능하지만 침입 감지시스템과 같이 사용할 경우, 경보신호가 발생한 지역을 영상으로 직접 확인함으로써 침입 감지시스템의 신뢰도를 높여 현장 상황에 자신 있게 대응할 수 있으며, 오작동 가능성이 높은 경우, 침입감지시스템과 연동하여 사용함으로써 불확실한 오작동 문제를 긍정적으로 해결할 수 있다.

한편, CCTV의 장점 중 하나는 현재의 활동보다 녹화하여 나중의 분석을 위해 유용하게 사용할 수 있다는 것이며, 이상 상황 발생시 현장상황을 녹화하여 기록의 형태로 현장에 대한 정보를 제공하고 필요한 조치를 취할 수 있다.

2. CCTV의 역할

가. 시계의 확장

근무자가 경비대상지역을 전반적으로 보기 위해 대상지역의 한 가운데 높은 타워를 설치하여 그 지역을 감시하는 방법을 생각할 수 있을 것이다. 그러나 근무자가 높은 타워에 있다 하더라도 계속해서 모든 지역을 보기 위해서 여러 명의 근무자가 추가로 필요로 할 것이다. 그러나 이러한 여건을 실질적으로 조성하기가 쉽지 않으며, 여러 방향을 볼 수 있기 위해 다른 근무자가 아닌 CCTV를 이용하면 높은 타워 대신 상황실을 운영할 장소가 필요하게 되며, 이곳에서 침입을 시도하려는 범인의 행동을 감시할 수 있을 것이다.

한편, 경비대상시설이 넓을 경우, 근무자들이 어느 지역에서 사고가 발생하고 있는지를 쉽게 인식할 수 있도록 하는 것이 중요하며, 이를 위해 현장위치를 나타내는 배치도를 함께 사용하면 상황실에서 현장상황을 보다 쉽게 구분할 수 있을 것이다.

나. 추가정보의 제공

침입감지시스템에서 감지기에서 경보신호가 발생했을 때 경보신호를 수신한 근무자는 무엇을 할 수 있을까? 무엇이 경보신호를 발생시켰는지를 보지 못했다면 그 경보가 실제 상황인지 오작동 상황인지를 알지 못한 채 일정한 근무지침이나 숙달된 방식으로 경보상황에 대응할 수밖에 없을 것이다. 그러나 연속된 오작동을 경험하면서 자신감 있게 경보상황을 처리하기 어렵게 된다.

사람은 자기가 훈련된 대로 처리하는 경향이 있으나, 실제 상황을 또 다른 오작동으로 간주하여 실제 경보를 무시하는 중대한 위험을 유발할 가능성이 있다. 무엇이 진행되고 있는지 직접 볼 수만 있다면 그 경보가 사실이라는 것을 알 수 있다. 따라서 보는 것이 믿는 것 이상이라 할 수 있으며, CCTV는 이러한 믿을 수 있는 정보를 제공해준다.

다. 경비목적을 위한 CCTV의 역할

CCTV가 경비목적을 위해 사용될 때의 주요 기능을 다음과 같이 설명할 수 있다.

① 현장에서 발생하는 이상상황을 실시간으로 확인할 수 있게 한다.
② 은행과 같은 장소에서 변화되는 상황을 녹화하여 나중에 다시 볼 수 있다.
③ Motion Detection(움직임감지장치)을 같이 사용하여 모니터 화면에서의 영상변화를 감지하여 경보해준다.
④ 침입감지시스템의 감지기와 같이 사용하여 실제경보와 오경보를 확인할 수 있게 하는 근무자의 보조장치로 사용된다.
⑤ 출입통제시스템에 사용되어 원격으로 출입인원을 확인하기 위해 사용된다.
⑥ 상황실에서 현장상황을 확인할 수 있기 때문에 근무자가 위험에 직접 노출되는 것을 감소시킬 수 있다.

3. CCTV 운용을 위한 고려사항

가. 움직임 감지(Motion Detection)

CCTV 운용상의 문제 중 하나는 지루함이다. 카메라와 연결되는 TV모니터 화면에 나타나는 영상은 거의 변화가 없다. 실험결과와 많은 현장경험에 의하면 아무리 훌륭한 근무자라도 모니터 화면을 지속적으로 집중하기 어려우며, 침입사건과 같은 모니터 화면의 중요한 변화를 확실하게 주시하지 못하는 경우가 있다.

흥미가 없는 일반 TV 프로그램도 시청자를 졸리게 한다. 물론 일반 TV와 비유하는 것은 '근무'라는 요소가 없기 때문에 적절하지 못하지만, 지루함을 느낀다는 것과 지루함으로 인해 주의를 기울이지 않는다는 것은 동일하다.

지루함을 극복하기 위한 명확한 방법을 찾기 어려우며 Motion Detection을 사용하여 상황변화 시 근무자가 모니터를 주시하게 할 수 있다.

'움직임 감지'라는 말은 제조사에 따라 다른 이름을 사용하기도 하지만, 그 이름에서 이 장치의 기능을 짐작할 수 있을 것이다. 움직임 감지장치는 CCTV를 운용하는 동안 인간의 특성과 심리적 현상으로 발생할 수 있는 문제를 개선하여 CCTV의 운용효율을 높이기 위한 것으로, 현장상황의 변화로 모니터 화면의 영상이 변화하면 이를 감지하고 경보하여 모니터 운용요원의 주의를 끌어내는 장치이다. 다시 말해 일정한 지역을 비추고 있던 카메라에서 보내 온 영상에 변화가 있으면 영상의 변화를 감지하는 회로에 의해 감지되어 경보음이나 경보등을 발생시켜 근무자의 주의를 끌어내어 모니터 화면을 주시할 수 있게 하는 방법이다. 이러한 점에서 움직임 감지장치는 근무자가 이끌어내는 경보장치라고도 할 수 있으며, 근무자는 이러한 경고를 무시할 정도로 태만한 근무를 하지 않을 것이다.

나. 지능형 영상감지

모니터 운영요원이 감시해야 하는 모니터 수는 갈수록 많아지고 있으며,

수많은 카메라에서 들어오는 영상들을 분할해 보여주는 모니터들로 채워진 공간에서 운영요원이 모니터에 집중하기 어렵다. 지능형 영상감지기능은 설정한 규칙에 위반되거나 벗어나는 움직임이나 행위 등을 감지하여 운영요원에게 경고하여 신속하게 대응할 수 있게 하여 모니터를 운영하는 요원의 눈이 아닌 새로운 방법을 통해 CCTV 운영의 효율성을 향상시키는 방법이다.

예를 들어, 이동 중인 물체가 제한구역으로 출입하는 상황이나 버려진 물체의 감지, 도난물품의 감지, 사람 또는 자동차의 역방향 주행 등의 상황을 감지하여 운용자에게 경보할 수 있다.

지능형 영상감지 기술은 기존의 Motion Detection기술보다 향상된 기술로 카메라에서 입력되는 영상을 소프트웨어 또는 하드웨어를 통해 영상을 실시간으로 분석하는 기술을 기반으로 한다. 지능형 영상감지기능을 수행하기 위해 별도의 지능형 영상분석처리장치를 사용하거나 지능형 영상분석기능을 수행하는 소프트웨어나 하드웨어를 DVR이나 카메라 등의 장치에 내장하여 사용할 수 있다.

다. 침입감지기와 연동

침입감지시스템과 연동하여 사용할 경우 최소한의 모니터를 효과적으로 운용할 수 있다. 침입감지시스템에서 사용되는 감지기가 작동할 때 감시구역에 있는 카메라를 작동시켜 모니터 중 하나에 나타나게 하고 이러한 상황이 한 장소 이상에서 발생할 수 있는 가능성에 대비하여 2개의 모니터를 준비하고 나머지 모니터는 특별히 취약한 지역을 지속적으로 감시하거나 영상절환장치를 사용하여 일정 시간동안 자동적으로 각 카메라를 모니터에 한 번씩 연결시켜 주거나, 점등구역이나 카메라가 정상적으로 작동하는가를 지속적으로 확인하게 위해 사용할 수 있다.

침입감지 외에 방재나 자동제어, 공정감시 등을 위해 다양한 감지기를 활용하고 있는데, 이러한 감지기와 CCTV를 연동하여 보다 효율적인 시스템 운영이 가능하다.

라. 영상 녹화

CCTV를 운용할 경우, 카메라가 모니터에 현장상황의 무엇인가를 전송한 후 최초 몇 초간이 근무자들이 상황에 대처할 수 있기 위해 중요한 시간이다. 그러나 수개월 동안 또는 그 이상 기간 동안 아무런 사고가 발생하지 않은 상태에서 몇 초간의 짧은 시간 동안 근무자들이 CCTV 모니터에 집중하는 것만이 최선이 아닐 수 있으며, 현장상황을 녹화하여 근무자는 무엇이 일어났는지를 확인하기 위해 녹화된 상을 다시 볼 수 있다.

상점이나 은행과 같은 장소에서는 범인이 일반인들과 같이 있게 되어 침입감지시스템을 작동할 수 없는 상황에서 필요한 정보를 얻고 이를 다시 확인하기 위해 녹화장치를 항상 가동시키거나 직원이나 근무자가 의심스러운 상황을 녹화하기 위해 수동으로 녹화장치를 작동할 수 있다.

녹화장치를 계속 가동할 경우 많은 영상저장장치와 운용자의 관심이 요구되며, 관련 직원이 어떤 이유로 녹화장치를 제때 가동시키지 못하면 실용적이지 못할 수 있다. 한편, CCTV를 움직임 감지장치와 같이 사용할 경우, 움직임 감지장치에 의해 경보기가 작동한 후 일정시간 동안만 녹화할 수 있다. 영상디지털 기술의 도입으로 녹화방법이나 녹화된 상의 재생방법이 간편화되고 상의 선명도가 개선되고 있다.

마. 모니터 수의 감소

Motion Detection 기능을 사용하면 현장에서 상황변화가 발생하기 전 모니터를 주시할 필요가 없을 것이다. Motion Detection 기능은 원래 모니터 자체나 화면에서의 움직임을 감지하는 전자회로를 결합한 것이지만, 이 회로를 카메라에 연결하여 사용하면 많은 모니터를 사용할 필요가 없을 것이다. 즉 현장상황의 변화를 카메라가 인지하고 그 신호를 몇 개의 모니터 중 1~2개의 모니터에 나타나게 함으로써 적은 수의 모니터만으로 CCTV를 운용할 수 있을 것이다.

이와 달리 영상절환장치를 사용하여 카메라가 보낸 여러 개의 상을 한 개의 모니터에서 순차적으로 볼 수 있다.

바. 빈 모니터의 활용

지루함으로 모니터에 주의를 기울이지 않는다는 점을 고려하여 모니터 중 일부의 모니터에 아무 영상도 나타나지 않게 하는 방법을 생각할 수 있다. 이 방법은 침입감지센서와 같이 사용하여 침입감지 센서가 작동하기 전까지 한 개 또는 두 개의 모니터 화면에 아무 영상이 나타나지 않게 하다가 일단 센서가 작동하면 그 지역을 감시하고 있던 카메라를 작동시켜 빈 모니터 화면에 영상을 나타나게 하는 방법이다.

모니터 화면에 영상이 나타날 때 근무자의 주의를 끌기 위해 경보음이나 경보등이 작동할 수 있게 하면 더욱 효과적이다.

한편, 눈은 콘트러스터가 최대일 때 초점이 잘 맞추어져 화면에 집중할 수 있는데, 화면의 콘트러스터가 상실되면 근무자의 주의를 화면에 집중하기 어려울 수 있다. 빈 모니터화면의 이점은 화면이 갑자기 변할 때, 상의 콘트러스터를 약화시킬 수 있는 'burning-on' 현상을 피할 수 있다는 것이다.

4. 사생활 보호

CCTV 운영으로 우연히 또는 고의적으로 사생활을 침해할 수 있다는 의견이 제기되면서 개인영상정보를 보호하기 위한 개인정보보호법이 제정되었다.[1)] 이 법은 영상정보처리기기 운영자가 공개된 장소에 설치 운영하는 영상정보처리기기와 이기기로 수집되는 영상정보 중 개인영상정보를 대상으로 적용되며, 영상정보처리기기 운영자가 지켜야 할 것을 다음과 같이 제시하고 있다.

---

1) 2011년 3월 개인정보보호법 제정(2011년 9월 시행)으로 영상정보처리기기에 설치 운영에 관한 적용범위가 공공기관에서 민간부분으로 확대 적용된다.

첫째, 범죄예방 및 공공의 안전 등 영상정보처리기기 설치목적에 부합하는 필요 최소한의 범위 안에서 개인영상정보를 수집해야 한다.

둘째, 영상정보처리기기의 설치목적을 정보주체가 명확하게 인식할 수 있도록 하여야 하며, 개인영상정보를 그 목적 외에 용도로 사용하여서는 아니된다.

셋째, 개인영상정보의 정확성 및 최신성을 확보하여 이를 안전하게 관리하도록 노력하여야 한다.

넷째, 개인영상정보의 처리에 관한 일반사항을 공개하고, 개인영상정보에 대한 정보주체의 권리를 보장해야 한다.

다섯째, 영상정보처리기기를 설치 운영할 때에는 정보주체의 초상권, 사생활의 비밀과 자유 등을 침해할 위험이 없는지를 사전에 분석 검토하여 이를 최소화 할 수 있는 수단을 강구하여야 한다.

특히 목욕실, 화장실, 발한실, 탈의실 등 개인의 사생활을 현저히 침해할 우려가 있는 장소의 내부를 볼 수 있도록 영상정보처리기기를 설치 운영할 수 없도록 하고 있다.

영상정보처리기기 운영자는 영상정보처리기기 운영관리방침을 정하여야 하며 이를 문서화하도록 하고 있으며, 개인영상보호업무를 총괄해서 책임질 관리책임자를 지정하도록 하고 있다. 그리고 정보주체가 영상정보처리기기 설치 운영 중임을 알아볼 수 있게 설치목적 및 장소, 촬영범위 및 시간, 관리책임자 및 연락처를 기재한 안내판을 설치하도록 하고 있다.

영상정보처리기기 운영자는 특별한 경우를 제외하고 개인영상정보를 수집목적 이외로 이용하거나 제3자에게 제공하지 못하도록 하고 있으며, 정보주체는 영상정보처리기기 운영자에게 개인영상정보에 대해 열람을 요구할 수 있도록 하고 있다.

5. CCTV 설치

가. 현장조사

CCTV시스템을 설치하기 위하여 현장조사가 필요하며, 현장조사를 기준으로 CCTV시스템을 설계하게 된다. 우선적으로 CCTV를 운용하고자 하는 목적과 사용자의 요구사항 분석이 필요하다. 감시 대상물을 확인하여 대상물을 감시할 수 있는 카메라 종류와 수량, 카메라 설치위치를 선정하고, 카메라와 피사체간의 거리와 감시범위에 맞는 렌즈를 선택한다. 그리고 녹화장치나 등과 같은 부수장치를 선택하고, 필요시 인공조명을 선정하게 된다.

나. 카메라 설치

카메라를 설치하기 위해 여러 가지를 고려하여야 하는데, 카메라의 설치 높이, 대상 피사체와의 거리, 감시방향 및 감시각도, 고정 또는 가변 시선, 자연 또는 인공 빛의 이용도 및 빛의 수준, 햇빛의 위치, 중복 또는 사각지점, 방해요소, 케이블처리, 운용, 비용 등이다. 이러한 요소들을 감안하여 다음과 같은 설치방법을 고려할 수 있다.

① 카메라 위치선정시 가능하면 역광을 피하는 것이 좋으며, 불가피할 경우 역광보전렌즈를 사용할 수 있다.
② 카메라와 피사체의 거리를 조정하여 피사체가 정확히 포착되도록 카메라를 설치한다. 거리가 가까우면 카메라의 각도가 작아져 물체가 커지고 감시범위가 줄어드는 반면, 멀어지면 각도가 넓어져 감시범위는 넓어지거나 물체가 작게 되어 식별이 곤란하다.
③ 습기가 있는 곳이나 강한 전압 및 자력의 영향이 있는 곳은 가능한 피한다.
④ 제작자가 권하는 사용온도 범위 내에서 사용하고, 강한 충격이나 진동을 피한다.

⑤ 주변의 미적인 면과 환경에 맞는 하우징 및 브라켓을 선정하고, 감시 형태에 따라 필요한 부수장치를 선택한다.

모니터를 설치하기 위하여 직사광선이나 인공조명이 직접 모니터로 들어오지 않게 하고 모니터 뒤가 밝은 곳은 피한다. 모니터는 근무자의 눈높이보다 약간 낮게 설치한다.

다. 시스템 설치

시스템 설치를 위하여 전기선과 통신선, 인테리어 등이 고려되어야 하는데, 특히 갈수록 인테리어에 대한 관심이 증가하고 있으므로 이에 대한 각별한 관심이 요구된다. 특히 CCTV 장비는 대부분 전자 · 통신장비로 구성되어 있어 먼지나 충격에 취약하므로 장비의 보관이 중요하다.

CCTV는 접지 케이블 배선이 중요하므로 분전함에서 누전차단기를 배정받아 사용하고 분전함의 접지원에서 끌어와 접지용 케이블을 사용해야 한다.

각종 케이블 접속이 끝나면 전원공급이 이루어지게 되고, 이어 각 카메라의 화각조정과 초점확인, 노이즈 확인 등의 작업이 이루어지게 된다. 그리고 카메라의 팬 · 틸트 · 줌 제어와 매트릭스, 녹화장치 등의 제어기능을 확인한다.

6. 조명

가. 적용개념

태양빛은 여러 목적을 위하여 운용비가 필요 없이 사용할 수 있는 이로운 조명임에 틀림없다. 그러나 태양이 없는 상태에서 눈으로 직접 또는 기기를 통해 간접적으로 무엇을 보기 위하여 인공조명이 필요하다. 카메라의 충분한 촬영효과를 얻기 위하여 카메라에 맞는 조명이 필요하며, 별도의 조명을 설치하는 대신 가시광선과 적외선 파장대역을 가진 다양한 종류의 LED 램프를 카메라에 부착하여 사용하기도 한다. LED는 낮은 전력소비율, 긴 수명 등의 장점과 성능이 점차 개선되면서 선호도가 높아지고 있다.

카메라를 옥내에서 사용할 경우 LED 일체형 카메라를 사용해도 무방한데, 보통 LED 일체형 카메라는 주변이 어두워지면 자동으로 조명이 들어오고 밝으면 자동으로 꺼지는 회로를 내장하여 편리하게 사용할 수 있다.

아주 낮은 조도에서 사용할 수 있다고 제품에 표시된 카메라도 조명이 필요한 경우가 많으며, 조명이 낮은 상태에서 완전하게 작용하는 저조도 카메라는 가격이 비싸다.

[그림 4-22] LED 일체형 카메라의 형태

가격이 문제라면 CCTV시스템과 조명장치를 연결하여 침입감지 센서가 작동할 때에만 작용하게 하여 그 지역을 밝게 비추어 범인의 범행을 방해하고 카메라의 작동을 도와줄 수 있다.

일반적으로 CCTV에 사용되는 카메라는 자동조리개나 전자조리개 기능이 있어 촬영에 필요한 적당한 광량을 받을 수 있으므로 주변에 설치된 조명의 세기에 대해 적절히 보정할 수 있는 기능이 있다고 할 수 있다.

나. 조명의 형태

조명은 카메라 촬영을 위해 피사체에 투광하는 형태로 사용하거나 카메라 주변에 일정한 조도를 유지할 수 있는 조명기구를 이용할 수 있다.

할로겐램프는 태양광과 비슷한 스펙트럼 특성을 가지고 있어 카메라를 위한 조명으로 많이 사용하고 있다. 반면 수은등은 푸른 빛이 강하고, 나트륨등은 황색빛이 강해 카메라 영상의 색을 판별하는데 적당하지 않을 수 있다. 제논등은 광원이 자외선 파장대에 가까워 해무나 안개도 적당히 통과할 수 있는 특성으로 인해 해안 경계나 군부대의 원거리 감시 등 특정한 목적을 위해 사용되고 있지만 제품의 가격이 높다.

고감도카메라가 밝은 태양빛에서 인공조명까지 여러 조명상태에서 사용될 경우, 물체를 보지 못하거나 중복되는 것을 피하기 위해 카메라가 수용하는 빛의 강도를 자동으로 조절할 필요가 있다.

일몰 후 외부나 내부에서 조명을 계속해서 사용할 경우는 가스식 전등이 필라멘트 전등보다 경제적이고 효과적이다. 그러나 경비상황에서 조명등이 침입감지센서에 의해 감지될 때에만 작동해야 할 경우, 필라멘트 전등이 사용되어져야 한다. 왜냐하면 가스식 전등은 완전히 밝혀지는데 약간의 시간이 필요하지만, 필라멘트 전구는 거의 즉시 밝혀져 범인을 볼 수 있는 시간을 얻을 수 있기 때문이다.

한편, 필라멘트 전등은 비교적 수명이 짧으나, 이러한 것은 그렇게 중요한 요소가 아니라 할 수 있다. 일반적으로 가정용 전구는 텅스텐필라멘트를 사용하지만, 경비목적을 위해 중간정도의 효율을 지닌 텅스텐 할로겐 형태의 전구가 종종 사용된다.

〈표 4-4〉 각 전등의 특성

구 분	효율 (lm/w)	수명 (h)	작동 시간	특 징
텅스텐 필라멘트등	10/13	1000	0	수명이 짧고 효율이 낮다. 설치비가 저렴
텅스텐 할로겐등	16/22	2000	0	경계지역 조명 좁은지역 조명
형광등	14/20	4000	1초	좁은 지역에서만 사용 운영비가 저렴
수은등	54/62	7500	8분	경계지역 조명 일반지역 조명
할로겐등	63/72	7500	6분	지역 조명, 컬러CCTV용 조명, 가격이 비싸다.
나트륨등	63/111	7500	3분	넓은지역 조명 가격이 저렴

〈표 4-4〉에서 보여 주는 것은 조명전문가인 스텐리 라이언(Stanley Lions)이라는 사람이 여러 가지 전등을 비교하여 설명한 것이다.

다. 조명의 설치

조명기구의 사용시 고려해야 할 사항은 거리와 에너지 감쇠효과를 설명한 '역제곱법칙'이 적용된다는 것이다. 가령, 조명장치와의 거리가 2배로 증가하면 반사되는 빛의 감시지역은 4배로 증가하지만 빛의 밝기는 1/4로 감소한다.

카메라를 옥내에서 사용할 경우 대부분 감시거리가 짧기 때문에 조명의 밝기와 피사체와의 거리에 대한 영향을 덜 받을 수 있지만 옥외의 경우에는 그렇지 않다. 옥외에서는 감시거리가 비교적 길기 때문에 피사체에 투광할 수 있도록 반사갓이나 렌즈를 이용하여 조명등을 만들어 설치하는 경우가 많다.

조명등의 설치 높이는 필요한 부분을 밝힐 수 있도록 빛이 퍼지는 각도와 필요한 조도에 따라 결정된다. 조명등으로 범인을 눈부시게 하려면 아주 낮게 설치되어 빛이 밖으로 향하게 설치할 수 있지만, 빛의 효율이 상실될 수 있다. 한편, 빛이 노출되지 않고 카메라의 작동을 가능하게 하는 적외선 전등을 사용할 수 있는데, 적외선전등을 사용할 경우 범인이 카메라에 감시된다는 것을 모르게 할 수 있다.

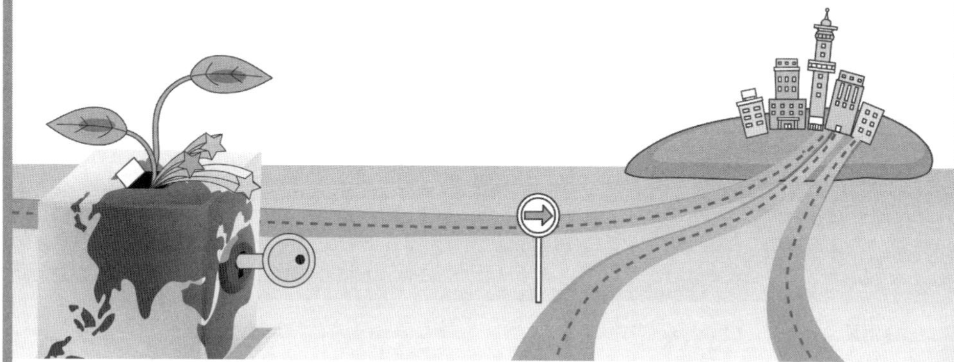

제5장

출입통제시스템

제5장 출입통제시스템

제1절 개요

1. 출입통제의 의의

일반적으로 '출입'이란 사람이 어떤 장소의 밖에서 안으로 들어가는 것을 말하나, 건물 내의 한 장소에서 동일한 건물 내의 다른 장소로 이동하는 것과 반대로 안에서 밖으로 이동하는 것을 포함한다.

출입통제를 위해 필수적인 것은 누가 대상지역에 출입이 인가된 사람인가를 결정하는 것으로, 그 결정에 따라 인가되지 않은 사람을 통제하게 된다. 통제를 실행하는 방법은 여러 가지가 있는데, 사람과 물리적 장애물, 전자·기계장치 등에 의해 실행된다.

출입통제를 위해 다른 통제수단이나 추가적인 통제방법을 사용하여 사람의 출입통제를 비롯하여 차량이나 사람이 휴대하는 물품에 대한 통제를 같이 하게 된다.

출입통제시스템은 출입통제업무를 수행하는 사람의 역할을 대신하기 위해 적용되고 있지만, 출입통제시스템이 적용되고 있음에도 불구하고 근무자가 여전히 필요할 경우가 많다. 따라서 출입통제시스템은 인가되지 않은 사람을 안전하고 효과적으로 통제하기 위해 출입을 통제하는 사람의 역할을 완전히 대신한다는 것이 아니라 그 인원을 감소시키거나 보완해 주는 역할을 한다는 것을 이해할 필요가 있다.

2. 출입통제시스템의 구성

출입통제장치의 기능을 수행하기 위해 인가된 사람의 출입을 허용하고 인가되지 않은 사람의 출입을 거절할 수 있어야 되는데, 이를 위하여 출입을 희망하는 사람에 대한 식별이 자동적으로 이루어져야 하며, 인가된 사람이 들어온 후 문은 닫히고 잠겨야 한다. 따라서 출입통제시스템의 목적 달성을 위해 중요한 것은 인가된 사람과 인가되지 않은 사람을 식별하는 것이라 할 수 있다.

출입통제시스템은 기본적으로 출입자를 식별하는 인식장치와 이를 통제하는 제어장치(Access Control Unit), 그리고 그 조치결과에 따라 문을 통제하는 출입문잠금장치로 구성되며, 출입상황에 대한 관리 · 검색 등의 기능을 수행하기 위한 관리서버를 운용함으로써 출입통제시스템을 효과적으로 운영할 수 있다.

이러한 구성요소에 의해 출입통제장치가 요구하는 '출입자 인식'과 '출입통제'라는 주요기능을 수행하게 된다.

[그림 5-1]은 출입통제시스템의 구성형태의 예를 보여 주는 것이다.

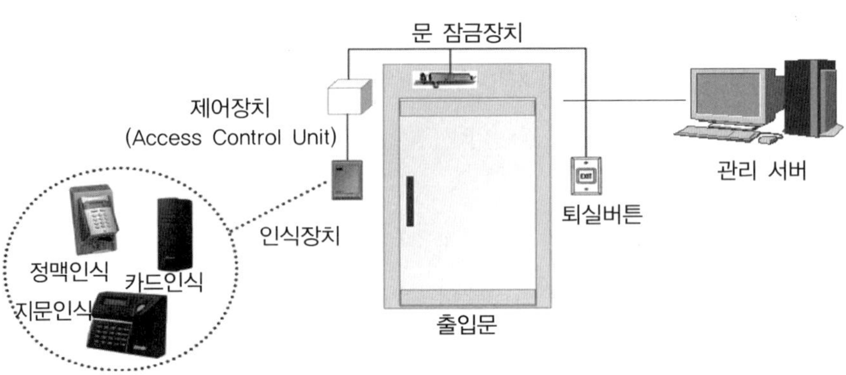

[그림 5-1] 출입통제시스템의 구성 형태

출입통제장치의 인식과정에서 출입의 허용 또는 거절이 결정되고, 이 정보는 출입문 잠금장치에 전달되는데, 이 때 인가된 사람은 얼마나 쉽게 사용할 수 있는지와 얼마나 빨리 출입할 수 있는지가 중요한 요소이다.

3. 출입통제시스템의 적용

오래전 문지기를 통해 낯선 사람이 출입하는 것을 감시하거나 통제했으며, 불필요한 사람이 건물 내로 들어오지 못하도록 하기 위해 기계적 잠금장치를 사용했다. 오늘날까지 출입통제는 계속되고 있으며, 단지 그 기능의 형태와 이름이 바뀌고 있다.

사람을 대신하여 출입통제 기능을 할 수 있는 방법이 모색되었고, 인가된 사람을 식별하여 건물이나 건물 내의 일정한 지역으로 출입을 허용하는 여러 형태의 출입통제장치들이 등장했으며, 출입통제장치의 사용으로 인건비를 감소시켜 주었다. 그러나 출입통제가 필요한 장소에서 불필요한 사람의 출입을 완전히 배제하려는 이상적인 요구는 충족되기 어렵다.

출입인가 여부와 관계없이 특정지역으로 출입을 희망하는 방문자의 출입통제를 위하여 그들을 식별하고 출입을 허용할 수 있는 별도의 조치가 필요하다.

출입통제시스템은 출입이 인가된 사람과 통제되어야 하는 사람을 자동적으로 식별함으로써 출입통제 업무를 수행하는 사람이 인가되지 않은 사람이 출입을 시도하는 것에 대하여 관심을 집중할 수 있게 해 준다.

인가된 출입자를 식별하기 위해 사용되는 인식장치/리더는 출입을 허용 또는 통제하기 위해 사용되는 제어장치(Acess Control Unit)와 구분되어 적용되는 경우가 많지만 인식장치와 제어장치가 하나의 장치로 적용되기도 한다.

출입통제시스템은 출입자를 인식하여 '출입을 허용할 것인가'를 자동으로 결정하여 출입문 잠금장치로 알려주며, 출입문 잠금장치는 출입통제장치가 결정한 출입허용 또는 출입거절을 시행하기 위해 문을 열어 인가된 사람이 들어오게 하거나 인가되지 않은 사람의 출입을 거절하기 위해 문의 잠금상태를 유지시키고 출입을 통제하는 위치에서 물리적으로 문을 지탱하는 역할을 수행한다.

출입통제시스템은 '출입통제'라는 기본기능 외에 인식기능과 통제, 관리기능을 통하여 근태관리 · 식수관리 등 부가적인 다양한 기능을 수행할 수 있다. 출입통제장치가 발전하면서 출입자를 확인하고 출입문을 잠그기 위한 정교한 기기를 제공하지만, 범인의 출입을 저지할 수 있는 물리적 수단에 대한 배려가 주어지지 않는 경향이 있는데, 이러한 문제를 해결하지 않고는 출입통제시스템의 기능을 만족시키기 어렵다.

출입통제장치는 침입감지시스템이나 CCTV시스템과 연동하여 사용할 수 있는데, 이렇게 함으로써 출입통제시스템의 효과를 증대시킬 수 있다.

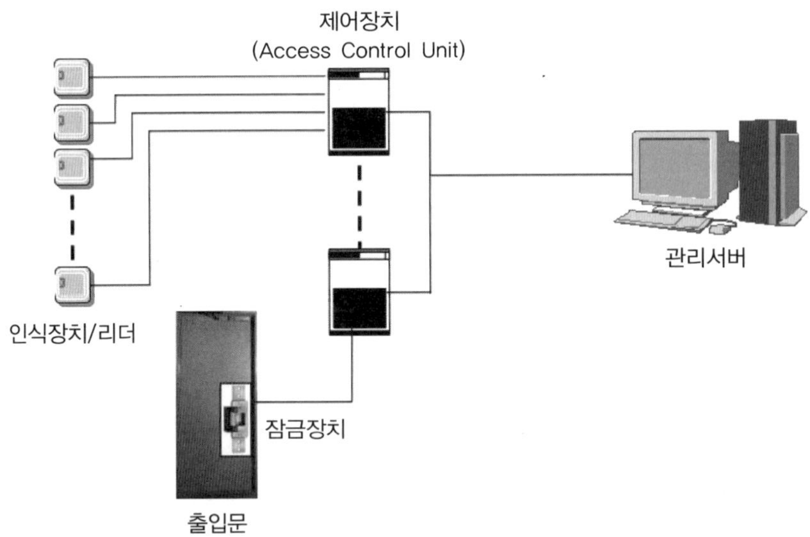

[그림 5-2] 출입통제시스템의 적용 형태

4. 오동작

출입통제시스템에 의해 인가된 사람의 출입이 거절되거나 인가되지 않은 사람의 출입이 허용될 경우 이를 오동작이라 한다.

오동작을 처리하기 위하여 출입통제시스템이 설치되어 있는 입구에서 안전근무자가 필요하며, 특히 인가되지 않은 사람이 통제장치의 인식장치를 속이려는 행위를 예방하거나, 코드나 인식카드를 잃어버린 인가된 사람이 출입통제시스템에 의해 거절되는 상황을 도와줄 수 있다.

일반적으로 출입통제시스템의 오동작률은 출입이 인가된 사람에 대해 출입이 거절되는 오동작 수를 퍼센트로 나타내는데, 가령, 인가된 100명 중 3명의 출입이 거절되었다면 오동작률은 3%가 된다. 오동작률이 높을 경우 출입통제장치를 선택하는 대신 근무자를 운용하여야 할 것이다.

인가된 사람의 출입이 거절되는 경우가 발생하면 그 발생률이 낮더라도 몇 명의 근무자가 출입통제시스템이 설치된 입구에서 감시해야 할지를 고민해야 하며, 출입통제의 신뢰를 위해 출입통제시스템의 인식방법을 달리할 수 있다.

제2절 출입통제장치의 인식방법

1. 인식의 의의

출입통제를 위해 인가된 사람과 인가되지 않는 사람을 식별하는 것이 중요하며, 식별하는 방법에 따라 출입통제시스템의 형태가 결정된다. 출입통제장치에 의해 출입이 허용되기 전 출입통제시스템이 그들이 허용되었다고 하는 인식수단이 필요하다.

출입자를 확인하기 위해 사용되는 증표 중 가장 잘 알려진 것이 키이며,

키를 지니고 있는 사람은 키 조작으로 출입통제지역에 출입을 할 수 있다. 키는 분실하거나 도난 또는 협박으로 탈취될 수 있고 주인 몰래 복제하여 사용할 수 있다는 취약점이 있으나, 출입통제를 위해 널리 사용되고 있다. 키 분실로 인해 유발되는 위험을 줄이기 위하여 키의 소지자들이 건물을 떠날 때마다 키를 의무적으로 보관하는 방법을 사용할 수 있는데, 이 경우 키의 보관업무로 근무자의 업무에 부담을 줄 수 있다.

출입통제를 위해 키를 대신하여 비교적 쉽게 사용할 수 있는 방법이 간단한 숫자나 기호가 표시된 버튼누름식 잠금장치를 사용하는 것이다. 기계적 버튼누름식 잠금장치는 키와 같은 별도의 장치를 휴대하거나 분실을 걱정할 필요가 없다는 장점이 있지만, 잠금장치를 사용하도록 인가된 모든 사람이 동일한 코드를 사용할 경우 인가되지 않은 사람이 우연히 또는 고의적으로 알아내어 사용할 수 있는 위험이 있으며, 이러한 위험을 방지하기 위하여 코드를 불규칙하게 자주 바꾸는 방법이 있으나, 많은 사람들이 바뀐 코드를 기억하지 못하면 별도의 근무자를 필요로 하게 된다.

이 장치는 실내에서 만족스럽게 사용되지만, 외부에서 사용시 거칠게 사용될 수 있어 수명이 단축될 수 있는데, 이를 방지하기 위하여 불필요한 사람으로부터 감추어지고 보호될 수 있도록 적절한 보호장치가 필요하다.

달리 콤비네이션 잠금장치를 선택할 수 있는데, 이 잠금장치는 금고나 귀중품을 보관하는 곳의 문에서 볼 수 있으나, 일반적인 출입문을 통제하는 방법으로는 잘 사용되지 않는다.

위에서 설명한 두 방법은 출입통제를 위한 인식방법 중 직접적이고 기계적인 방법을 사용하는 것이며, 최근에 사용이 증가하고 있는 '디지털 도어락'이라 불리는 장치는 전자·기계적 방법을 사용하는 일체형 출입통제장치로 출입통제시스템의 구성요소가 하나의 장치에 갖추어진 것이라 할 수 있다.

2. 인식방법

출입통제를 위한 인식은 크게 3가지 범위에서 행해질 수 있다. 하나는 인식카드와 같이 인가된 사람에게 주어진 증표에 의한 방법이고, 다른 하나는 지문이나 얼굴, 홍채, 음성 등과 같이 사람의 개인적 특성을 이용하는 방법이며, 나머지 하나는 비밀번호를 사용하는 방법이다. 인식을 위해 주어진 증표나 신체적 특징, 비밀번호를 같이 사용할 수 있으며, 이처럼 2가지 이상의 인식방법을 함께 사용하는 방법을 다중인식이라 부른다.

일반적으로 인식장치의 안전성 확보를 위해 인식장치와 키보드를 같이 사용하게 되는데, 키보드는 숫자가 적힌 버튼에 여러 개의 마이크로 스위치를 연결한 전자 · 기계식 버튼누름식 장치가 주로 사용되는 편이다. 키보드는 접촉식 버튼과 같이 외부의 강한 충격에 견딜 수 있는 튼튼한 재질을 사용하는 것이 바람직하며, 만약 외부의 충격에 견디어야 할 필요성이 강하게 요구된다면 스테인리스와 같은 튼튼한 형태의 키보드가 적당하다.

키보드 사용시 걱정되는 것은 인가된 사람이 사용할 때, 다른 사람이 그 암호를 알아내어 다른 목적으로 사용할 수 있다는 점이며, 키보드 번호판을 마개로 가려서 이러한 단점을 보완할 수 있다.

가. 카드

인식 증표의 한 형태로 사용되는 플라스틱카드는 여러 가지 형태로 출입통제장치에 널리 사용되고 있으며, 개인의 신분을 확인하거나 부가적인 기능을 위한 수단 등 그 적용범위가 갈수록 다양해지고 있다. 예를 들어, 은행에서 현금을 인출하거나 출퇴근관리, 식수관리 등과 같이 출입통제 외의 목적으로 사용된다는 것은 잘 알려져 있는 일이다.

카드는 카드리더와 통신을 통하여 필요한 정보를 교류하게 되는데, 카드를 작동하는 방식에 따라 ① 카드를 카드리더에 수직 또는 수평으로 형성된 얇은 홈 안으로 삽입하거나 완전히 통과시키는 형태의 삽입형 방식, ② 카드를 카드리더에 접촉하는 접촉형 방식, ③ 카드를 카드리더 가까이 노출시켜 무선주파수를 통한 통신이 이루어지는 비접촉형 방식(RF방식)으로 사용된다.

출입통제 또는 허용을 위해 카드가 판독되어 신뢰성 있게 인식하는데 걸리는 시간이 중요하며, 카드리더기에 플라스틱 카드가 삽입될 수 있는 홈이 있는 경우, 이 홈이 열쇠구멍에서와 마찬가지로 껌과 같은 이물질에 의해 막혀 적절한 사용을 방해하거나 지연시킬 수 있는데, 비접촉식 방식은 이러한 문제를 방지해 준다.

(1) 마그네틱카드

마그네틱카드(자기카드)는 플라스틱 카드의 후면에 정보가 기록된 마그네틱 띠를 부착하고 마그네틱 띠가 카드리더를 지나면서 정보를 인식하는 방법으로, 제조비용이 저렴하여 많이 사용된다. 그러나 마그네틱카드는 입력 가능한 정보의 양이 제한적이고 데이터를 손실할 위험이 있으며, 비교적 위·변조가 용이하다는 단점이 있다.

[그림 5-3] 마그네틱 카드의 형태

(2) 스마트카드

스마트카드는 플라스틱카드에 CPU와 메모리가 내장된 IC칩이 삽입된 것으로, 보안, 금융, 의료, 통신 등 다목적으로 사용되는 카드를 말하며, 'IC카드'라는 이름으로 잘 알려져 있다. 스마트카드는 마그네틱카드 보다 많은 양의 정보를 저장할 수 있고 보안성이 향상되어 한 개의 카드로 여러 기능을 수행할 수 있으며, 기능향상과 응용분야의 확장에 따라 사용이 증가하고 있다.

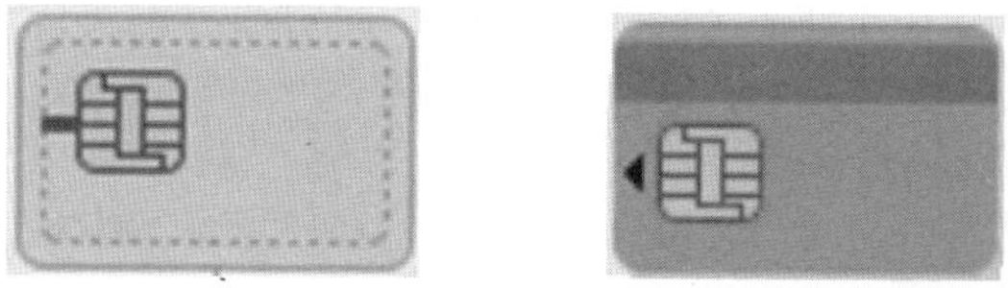

[그림 5-4] 스마트카드의 형태

(3) RF카드

RF카드는 RF칩을 내장한 카드로, 카드가 카드리더에 접촉하지 않고 주파수를 이용하여 서로 정보를 교환하는 방식으로 적용되며, 카드와 리더기 사이에 물리적인 접촉이 필요 없어 사용이 편리하고 카드의 손상이 상대적으로 적으며, 카드 내부의 칩 파손 위험이 없어 비교적 안정적으로 사용할 수 있다.

RF카드는 카드와 카드리더와의 인식거리 내에서 비교적 빠른 속도로 정보가 처리되어 신속하고 편리하게 이용할 수 있고, 출입통제 목적 외에 교통, 주차, 신분확인, 근태관리 등 여러 분야에서 적용되고 있으며, 적용범위가 증가하고 있다.

RF카드는 작용형태에 따라 크게 2가지로 구분할 수 있다.

첫째, 카드리더기에서 발생하는 전파를 카드가 이용하고 카드의 고유주파수를 발생하여 카드리더기와 교류하는 형태로 대부분의 근접형 카드방식에 사용되고 있으며, 아주 가까운 거리에서 사용되고 있다.

둘째, 카드 내에 배터리가 내장되어 있어 카드가 발생하는 고유주파수를 통해 카드리더와 교류하는 방식으로 이 방식은 비교적 원거리에서도 사용이 가능하나, 배터리 수명에 따라 카드의 사용이 제한된다는 것과 가격이 비싸다는 단점이 있어 제한적으로 사용되고 있다.

[그림 5-5] RF카드의 형태

카드는 키와 마찬가지로 인가되지 않은 사람이라도 이를 소지하고 있는 사람에게 출입을 허용하거나 인가된 사람과 동일한 서비스를 받을 수 있어 안전장치가 미흡하다는 한계가 있다. 이를 보완하기 위하여 은행 현금인출기의 예와 같이 플라스틱카드와 키보드를 함께 사용하여 2가지의 분리된 인식방법을 조화시켜 안전을 보완할 수 있다. 이러한 방법은 출입통제장치에 널리 사용되고 있으며, 카드를 소지하는 것 외에 키보드에 입력할 암호를 알아야 하므로 한 가지 방법으로 인식하는 방법이 줄 수 있는 위험을 덜어 준다.

RF카드는 복제하기 훨씬 어려우며, 카드에 코드를 입력하는 방법이 다양하고 그 기술이 계속 변화하고 있기 때문에 다양성 자체로 보호기능을 줄 수 있다. 그러나 복제할 수 있는 가능성을 완전히 배제할 수 없다.

[그림 5-6] 카드와 키패드 인식장치

나. 생체인식

인식증표의 위조 또는 복제로부터 보호하기 위한 개선된 방법이 있다면 개인별 차이가 있는 인간의 신체적 특성을 이용하는 생체인식 방법을 이용하는 것이다. 신체적 특성 중 출입통제를 위해 사용할 수 있는 것은 지문 외에 얼굴, 홍채, 정맥, 손가락 길이, 음성, 필체 등이다.

생체인식을 위해 독립적인 인식장치를 사용하거나 기존의 카드에 얼굴이나 지문 등과 같은 생체인식 정보를 저장하여 사용할 수 있다. 신체의 특징을 출입통제에 이용하기 위하여 출입통제를 결정하는 과정에서 대조할 수 있도록 신체특성에 관한 필요한 정보를 사전에 등록하는 절차를 거친다.

정보보안, 개인 및 공공 안전 등의 중요성이 강조되면서 생체인식에 대한 수요가 증가하고 있으며, 기존의 출입통제나 도어락 등 단순한 형태에서 기업의 정보보안, ATM, 전자상거래, 출입국심사 등으로 생체인식의 활용 범위가 넓어지고 있다.

생체인식은 바이오인식이라고도 불리며, 향후 생체인식은 인간의 편의성 향상과 산업 첨단화로 인한 적용 범위가 확대될 것이며, 이에 따라 '생체인식시스템'이라는 새로운 분야를 형성하면서 성장하고 있다.

(1) 지문인식

지문은 모양이 개인마다 다르고, 태어날 때 모습 그대로 평생 변하지 않는 특성이 있어 생체인식을 위한 수단으로 사용되고 있다. 지문인식장치는 다양한 형태로 적용할 수 있고, 사용자의 편의성이 뛰어나며 다른 생체인식장치에 비해 비용이 저렴하고 구조가 간단하다는 장점이 있어 가장 많이 사용되고 있다. 그러나 사용자에게 거부감을 줄 수 있고, 여러 사람이 같이 장치에 접촉하여 사용함에 따른 위생상의 문제가 있다는 단점이 있다.

지문인식을 위해 광학방식(프리즘, 홀로그램)과 비광학방식(반도체센서, 초음파 등)이 주로 이용되고 있는데, 생체가 아닌 모형물질로 인식장치를 속이는 것을 방지하기 위하여 지문인식 센서에는 일반적으로 전류를 흘리거나 맥박, 온도를 감지하는 기능이 추가되기도 한다.

지문정보가 입력되면 특징점을 추출하는 등의 이미지 프로세싱을 통해 미리 등록된 지문정보와 비교하여 본인여부를 최종 판정하게 되는데, 지문확인을 위해 지문의 모양을 사전에 통제시스템에 등록하게 된다.

일반적으로 출입을 원할 경우 키보드나 인식카드를 사용하여 자신의 코드를 입력시키면 사전 인가된 사람에 한하여 지문을 확인할 것을 요구하게 되며, 등록된 지문과 비교하여 출입통제 여부를 결정하게 된다. 만약 높은 수준의 안전을 원할 경우 두 개의 지문을 등록하여 사용할 수 있다.

[그림 5-7] 지문인식장치의 형태

(2) 얼굴인식

얼굴인식은 비디오카메라로부터 얼굴 정보를 입력받아 필터링 과정을 거쳐 추출 및 표준화해서 인식하게 된다.

얼굴인식은 다른 생체인식 기술이 사용자로 하여금 일정한 동작을 취하도록 요구하는 것과 달리 비접촉으로 자연스럽게 확인할 수 있는 장점이 있으며, 사용자는 자신이 현재 검사 당하고 있다는 사실을 전혀 눈치 채지 못하고 있는 중에 인식과정이 수행된다. 그러나 얼굴인식은 얼굴의 각도, 표정, 나이에 따라 얼굴이 계속 변하기 때문에 인식률이 낮고, 기존의 얼굴인식 기술은 조명, 포즈, 표정 등에 매우 취약하다는 단점이 있다.

기존의 얼굴인식방법과 매우 다른 3D 얼굴인식기술은 얼굴표면의 3차원 이미지를 캡쳐해 얼굴의 뚜렷한 특징을 이용하는데, 여러 각도에서 조명할 수 있고 전체얼굴을 커버하는 새로운 방법으로 정확도가 높고 처리가 빠르며, 사용이 편리하다.

[그림 5-8] 얼굴인식장치의 형태

(3) 홍채인식

사람의 홍채는 태어난 후 약 18개월 내에 모양이 생성되고 일생동안 모양이 쉽게 변하지 않는 특징이 있고, 홍채패턴의 수는 10의 78승으로 지문패턴의 수인 10의 12승 보다 훨씬 많아 생체인식 수단 중 가장 완벽한 식별수단으로 평가된다. 홍채인식은 눈에 적외선을 조사하여 검은 동공과 흰자위 사이에 존재하는 링 형태의 홍채 무늬 패턴을 코드화 해서 사용자를 인식하게 된다.

다만 홍채패턴을 입력하기 위해 눈에 적외선을 조사하므로 사용자 측면에서는 심리적 부담으로 작용할 수 있다는 단점이 있다.

[그림 5-9] 홍채인식장치의 형태

(4) 손모양인식

손모양인식은 인간의 특성 중 하나인 손가락 길이와 손바닥의 차이를 분석하여 인식하는 방법이다. 출입허용을 위해 사용하는 지문확인 방법은 범죄를 연상시키는 별로 좋지 않은 인식으로 일반인들이 지문확인 방법의 사용을 꺼리므로 이러한 단점을 개선하는 효과를 위해 달리 선택할 수 있다.

손모양인식장치는 인식을 위한 수단으로 키보드와 손바닥을 사용하며, 이 장치를 이용하기 위해 출입이 인가된 사람은 개인 인식번호를 키보드에 입력시키고 오른손을 펴서 인식판에 있는 고정핀에 맞게 올려놓는다. 이렇게 하여 손바닥의 수직모양이 키패드 아래 설치되어 있는 소형 CCTV에 의해 판독되고 엄지손가락 옆에 45도의 각도로 설치된 거울이 손바닥의 수평모양을 카메라에 반사하여 제공된 입체적 자료를 메모리칩에 전달한다. 이렇게 하여 개개인의 독특한 기본자료가 저장되어 출입통제를 위한 참고자료로 활용되며, 이 시스템의 설계자는 이러한 과정을 등록이라 말했다.

출입을 위해 인식카드나 키보드를 통해 자기인식코드를 입력시킨 후 손바닥 인식장치 위에 손바닥을 올려놓으면 카메라에 나타나는 손의 모양을 등록된 것과 비교하여 출입허용 여부를 결정하게 되며, 허용 또는 통제정보에 따라 출입통제장치의 잠금장치를 개방하거나 통제하게 된다.

[그림 5-10] 손모양인식장치의 형태

(5) 음성인식

음성식별방법은 출입통제장치에 확인을 위해 사용할 수 있는 최종적인 방법일 것이다. 이 방법은 인가된 사람의 음성을 사전에 녹음시켜 놓을 수 있기 때문에 출입통제장치에 쉽게 적용될 수 있으며, 출입을 원할 때마다 출입통제장치 앞에서 소리를 내어 녹음된 목소리와 대조하여 일치할 경우 출입을 허락받게 된다. 만약 범행이 진행되고 있는 동안 음성이 녹음되었다면 범인을 검거하기 위해 녹음된 음성과 동일한 음성을 가진 사람을 찾는데, 도움을 얻을 수 있을 것이다.

이 방법은 키보드 확인방식과 함께 사용하여 인가된 모든 사람의 녹음된 음성을 확인하는 것을 기다릴 필요 없이 녹음된 음성을 쉽게 끌어내어 대조할 수 있기 때문에 실용적이다.

(6) 필체인식

이 방법은 출입을 희망하는 사람이 자신의 이름을 사인할 때, 그 압력과 속도를 측정하여 인가된 출입자를 확인하는 방법으로 필체 인식을 위해 약간의 차이가 있는 2가지 방법을 사용한다.

첫째, 특별한 용도의 펜을 사용하여 사인하는 동안의 압력과 펜 끝의 움직임을 감지하는 방법

둘째, 사인하는 동안 테이블에 가해지는 압력을 측정하기 위하여 특별한 펜을 필요로 하지 않고 압력감지용 테이블을 사용하는 방법이다.

필체확인 방법은 지문이나 손바닥을 인식하는 방법과 마찬가지로 사전에 인가된 사람의 사인을 등록하는 절차를 거치며, 출입을 원할 때, 사전 등록된 사인과 비교하여 출입을 결정하게 된다.

사인의 외형은 흉내 낼 수 있으나 사인하는 속도와 압력을 흉내 내기 어렵기 때문에 남의 사인을 모조하여 인식장치를 피하기 힘들다. 한편, 사람의 사인은 시간이 지나면서 조금 달라질 수 있으므로 이를 보완하기 위해 시스템에 의해 변화되는 정보가 자동으로 수정되는 시스템이 사용된다.

안전을 높이기 위해 식별코드를 같이 사용할 수 있으나, 출입을 원할 때 키보드나 인식카드로 자신의 코드를 입력시킨 후 통제장치의 안내에 따라 사인을 하면 컴퓨터에 의해 사전 등록된 사인과 확인 후 허용 또는 통제가 결정된다.

3. 근접인식

높은 수준의 안전이 요구되는 건물 내에서 일부 한정적으로 지정된 통제지역의 출입을 통제하기 위해 앞에서 설명한 여러 가지의 인식방법을 적용할

수 있다. 건물 내로 출입이 허용된 후 통제된 지역 출입을 위한 별도의 식별이 필요할 때, 그 지역을 출입할 때마다 제시해야 하는 증표로 인식코드가 입력된 포켓용 무선장치나 내부의 문 통제장치와 연결되어 있는 감응장치에 반응하는 인식카드와 같은 증표를 사용하는 근접인식장치를 적용할 수 있다.

이 장치로 인가된 사람이 문으로 접근하여 카드리더나 키보드와 같은 장치에서 매번 번거로운 인식절차를 거칠 필요 없이 편리하게 출입을 할 수 있으며, 손을 사용할 필요가 없으므로 신속하게 출입할 수 있다. 특히 하루 중 일정한 시간에 출입자가 많을 때나 수시로 출입이 요구되는 상황에서 유용하게 사용할 수 있다.

한편, 다른 사람에 의해 인가된 사람의 인식장치가 사용될 수 있는 위험이 있으며, 이를 최소화하기 위해 여러 가지 방법이 사용된다. 일과 후 건물을 떠나기 전 장비를 안전근무자에게 반납하고 출근할 때 다시 받는 방법과 이 장치를 사용하는 사람의 수를 제한하여 이 장치를 휴대한 사람끼리 서로 인식할 수 있게 하여 낯선 사람이 사용하려는 것을 쉽게 알아내는 방법이 있다.

만약 누군가가 우연히 또는 고의적으로 인식장치를 가져갔을 경우, 안전근무자는 출입자를 잘 감시해야 하는 부담을 안게 된다.

4. 출입통제의 보완

가. 이중인식

위험이 높다고 생각되는 지역을 보호하기 위해 출입통제장치를 사용할 경우, 건물이나 장소의 입구에서 출입자를 식별하기 위한 더 좋은 방법을 사용하고, 인가된 사람이 거절되거나 인가되지 않은 사람이 허락되는 것과 같이 출입통제장치가 예외적으로 작동하는 상황을 보완해 주기 위해 안전근무자가 같이 감시하는 방법이 가장 효과적일 것이다.

그러나 인가되지 않은 사람이 출입통제장치를 피하는 것을 방지하는 역할을 안전근무자에게 전적으로 의존하는 것은 완전하지 못하다고 생각한다면,

건물 내의 취약한 장소의 입구에 출입통제장치를 추가로 설치하여 사용할 수 있으며, 이 경우 추가로 설치되는 출입통제장치의 인식방식을 건물 입구에 설치된 것과 다르게 하는 것이 바람직하다.

이렇게 하여 안전이 강하게 요구되지 않은 건물 내의 대부분의 장소에서는 통제 없이 출입이 허용되지만 건물 내에서 추가로 출입통제가 요구되는 지역의 경우, 꼭 필요한 사람만 출입할 수 있도록 제한할 수 있다.

건물 내에서의 통제지역을 통과할 때마다 자동적으로 통제되는 것이 적합하지만, 한층 더 높은 안전수준이 필요하다면 추가적인 출입통제장치에 안전요원을 운용할 수 있다. 추가로 설치되는 출입통제장치는 사용이 번거롭지 않고 인가된 사람이 신속하고 자유롭게 이동할 수 있는 방법이 요구된다.

나. 영상확인

경비목적을 위해 상황실을 운용하는 경우, 출입을 원하는 사람을 CCTV 카메라와 인터폰을 이용하여 상황실 근무자가 인식카드나 신원을 직접 확인하여 원격으로 출입을 통제하는 방법을 사용할 수 있다. 또한 이중문을 이용하여 인식카드로 1차 문을 통과한 후 근무자가 없는 부스를 통과하는 과정에서 상황실 근무자에 의해 신원을 확인받는 후 원격으로 조정되는 2차 출입문을 통해 출입을 허용하는 방법을 사용할 수 있다.

제3절 RFID

1. RFID의 개념

RFID 기술은 무선주파수를 이용하여 RFID 태그가 담고 있는 데이터를 RFID 리더를 통해 식별 및 수집하기 위한 기술이다.[1] 바코드가 단순히 표면에 인쇄된 기호를 인식하여 데이터를 구별할 수 있었다면 RFID 태그는 메모리의 크기, 안테나 구조 및 부호알고리즘 등에 따라 데이터 변경 및 추가는 물론 데이터 저장용량 및 인식거리가 확대되며, RFID 기술은 사물의 정보를 인식하여 데이터를 자동으로 수집하기 위한 대표적인 기술로 인식되고 있다.

RFID는 태그가 달린 모든 물체는 언제 어디서나 무선으로 인식 및 추적이 가능하므로 출입통제시스템의 인식장치 뿐 아니라 교통카드, 동물관리, 물류 및 유통관리, 재고관리 등을 위하여 유용하게 적용할 수 있다.

2. RFID의 구성

RFID시스템은 아래의 그림에서 보는 바와 같이, 고유정보를 저장하는 RFID태그와 태그의 정보를 무선으로 인식하는 기능을 하는 RFID리더, 태그로부터 읽어 들인 정보를 처리하는 호스트 컴퓨터(서버), 그리고 응용소프트웨어 및 네트워크로 구성된다.

태그는 칩과 안테나로 구성되고 리더에 무선으로 접속되어 자동으로 인식되며, 전파의 에너지원을 얻는 방법에 따라 배터리를 사용하는 능동형 태그와 배터리를 사용하지 않는 수동형 태그로 구분된다. 수동형 태그는 10m 이내의 근거리 통신에 적합하며, 가격이 저렴하고 반영구적인 수명을 가지고 있는 반면 능동형 태그는 수십미터 원거리 통신에 가능하나 고가이고 수명에 제한이 따른다.

---

1) ETRI, RFID 기술표준화 동향, 전자통신동향분석 제 25권, 2010.

[그림 5-11] RFID 시스템의 구성도

호스트 컴퓨터는 리더에서 읽은 정보를 데이터베이스화 해서 저장하거나 사용자가 필요한 데이터를 생성하는 역할을 한다. 데이터베이스를 기반으로 필요한 응용프로그램을 사용하여 RFID의 용도에 맞는 여러 가지 필요한 서비스를 제공할 수 있으며, 다양한 네트워크와 공유하여 많은 사람이 데이터베이스의 정보를 공유하는 등 다수의 사용자를 위한 부가서비스 제공을 가능하게 한다.

3. RFID의 특성

<표 5-1>에서 보여주는 바와 같이 RFID 시스템이 사용 주파수대 별로 약간 다른 특성을 보여주는데, RFID를 적용하기 위하여 요구되는 RFID 태그의 인식거리와 인식속도, 다중인식능력, 태그의 크기 등이 적용 안정성을 위해 중요하다. 우리나라에서 가장 활성화 되고 있는 900MHz의 태그는 인식거리, 인식속도, 태그의 크기, 가격, 활용도 등 모든 요소에서 우수한 성능을 보여주어 적용하기에 가장 적합한 것으로 평가된다.

RFID 태그는 리더에 자동적으로 인식될 수 있기 때문에 개인이 전혀 인식하지 못하는 상황에서 RFID 태그를 통해 해당 정보가 무단으로 수집될 수 있다는 문제점이 존재하는데, 특히 RFID 태그에 개인 정보가 포함된 경우 사용자의 프라이버시 노출에 대한 문제가 우려될 수 있다. 그리고 RFID 태그에 저장된 데이터를 지우거나 데이터를 조작할 수 있는 문제점이 존재하게 된다.

RFID 태그를 계속적으로 사용하는 경우는 한시적으로 사용하는 경우에 비해 프라이버시 침해 가능성이 높은데, 현재 상호인정이나 데이터 암호화와 같은 방법으로 기본적인 보안을 실시하고 있고, 이미 이와 관련된 표준은 제정되어 있어 구현상의 문제는 없는 것으로 평가되며, 이러한 문제를 해결하기 위해 새로운 알고리즘 개발이 지속적으로 진행되고 있다.

4. RFID의 적용

가. 적용 현황

우리나라는 125KHz, 134KHz, 13.56MHz, 433.67~434.17MHz, 908.5~914MHz, 2.45GHz의 주파수대를 RFID 용으로 사용하고 있으며, RFID의 인식기술에 대한 신뢰도는 비교적 높은 것으로 평가된다. 현재 태그의 가격은 칩의 메모리 용량이나 용도 등에 따라 다르지만 비교적 고가이며, 기술개발과 시장 확산으로 가격이 하락할 것으로 예상된다.

〈표 5-1〉은 우리나라에서 적용 가능한 주파수대역별 주 활용 분야를 설명한 것이다.

1996년 서울을 중심으로 버스카드에 수동형 RFID 태그가 사용되기 시작하여 전국적으로 확산되었고, 이어 지하철시스템과 호환되어 사용되고 있다.

〈표 5-1〉 RFID의 적용현황

주파수 대역	주 활용 분야	국내 기술 현황
125,134KHz	출입통제, 동물관리, 공장자동화	시범사업 및 활용단계(금속부착 가능)
13.56MHz	수화물관리, 대여물품관리, 교통카드, 도서관 도서관리, 출입통제	사용단계, 태그 개발 중
433.92MHz	컨테이너 위치추적 및 관리	도입 및 개발, 국내기술 기준/표준제정 필요
900MHz	물품 유통관리, 자동통행료 징수	개발, 국내기술 기준/표준 제정 필요
2.45GHz	지폐, 여권(위조방지)	태그개발 및 상용화 필요

도서에 RFID 태그를 부착하여 사서의 도움 없이 도서대출 및 24시간 무인 반납, 장서 점검, 도난방지, 각종 통계처리를 가능하게 함으로써 기존에 비해 높은 업무 효율성을 이루었다.

그리고 백화점이나 할인마트, 물류회사에서 RFID를 적용하여 효율적이고 경제적인 매장관리, 유통 및 물류 관리, 도난방지 등 성공적인 결과를 얻어내어 앞으로 적용물품의 범위를 확대하려 하고 있다.

국방부는 RFID를 이용하여 국방의 핵심인 탄약을 효율적으로 관리하고, 국방군수 물류관리에 대한 표준화를 선도하기 위한 최첨단 국방탄약물류체계를 구축하였는데, 2년마다 수작업으로 실시되는 재물조사를 RFID 태그를 사용하여 자동화한 것으로 태그는 팔레트, 박스 단위로 부착된다. 이렇게 하여 탄약 적재관리 자동화에 따른 공간 효율성 증대, 재물조사비용의 획기적 절감, 탄약 일일결산 등 신속한 탄약현황 조회 등의 효과를 이루었다.

미국은 9 · 11 테러사건 이후 테러방지 목적으로 해외에서 미국 항구로 들어오는 컨테이너에 FFID 태그가 부착된 전자봉인 장치를 부착하게 하고 컨테이너가 이동하는 경로에 RFID 리더를 설치함으로써 컨테이너의 개봉여부 및 이동하는 경로를 실시간으로 파악하도록 하였다. 그리고 미국 캘리포니아 주립 교도소에서는 RFID를 이용한 추적시스템을 사용하여 교도소에서 발생할 수 있는 수감자의 탈출 및 폭력발생을 감소시키는 효과를 얻고 있다. 수감자는 태그를 팔찌 형태로 착용하고 교도관은 벨트에 리더를 착용하여 교도소 내의 중앙통제소에서 수감자와 교도관의 움직임을 모니터링 할 수 있어 교도관의 안전을 확보할 수 있다.

나. RFID의 적용

(1) 출입통제

RFID의 인식기능을 출입통제시스템에 적용하여 출입통제업무를 보다 효과적으로 실행할 수 있다. 출입을 원하는 사용자의 RFID 카드를 리더에서 인식하여 출입여부를 판단할 수 있을 뿐 아니라 RFID 카드에 저장된 사진 등의 개인정보를 사용자와 비교하여 본인여부를 확인할 수 있고, 출입자의 직책이나 업무 등에 따라 출입구역을 세분화 하여 구역별로 출입을 통제할 수 있다.

출입통제시스템과 연계하여 방문자의 등록과 신분확인, 출입통제, 출입기록관리 등의 업무를 체계적으로 실행할 수 있으며, RFID의 위치추적 기능을 적용할 경우 RFID 카드를 소지하고 있는 방문자가 불필요한 지역에 진입하는 것을 통제할 수 있다.

특정지역을 방문하는 사람에게 발급된 RFID 카드는 주변에 설치된 리더에 의해 자동으로 인식되어 서버에 저장되며, 근무자는 서버에 저장된 데이터 및 가공된 여러 가지 정보를 실시간으로 검색할 수 있다.

RFID 카드는 자기카드에 비해 보안이 강하기 때문에 위조나 불법복제 방지를 위해 유용하며, 스마트카드처럼 RFID 카드에 선불기능을 가지게 하여 구내식당이나 자판기 등을 이용할 수 있다.

(2) 물품관리 및 도난방지

물품에 RFID 태그를 부착하여 물품의 반입과 반출을 효과적으로 관리할 수 있고 물품이 무단으로 반출되는 것을 감시 · 통제할 수 있으므로 출입통제시스템의 효과를 한층 더 높일 수 있다.

RFID는 백화점, 쇼핑센터, 도서관 등에서 도난방지를 위해 적용할 수 있는데, RFID 태그가 부착된 상품이 카운터의 계산과정을 거치지 않고 유출될 때 출입구의 RFID 리더에 인식되어 경보를 울리게 된다.

위성통신 또는 이동통신기술과 다양한 측위기술을 적용하여 여러 형태의 위치정보서비스가 이루어지고 있는데, 능동형 RFID는 장거리 데이터 전송이 가능하므로 실시간 위치정보시스템에 적용하여 특정사람 또는 사물의 위치정보를 실시간으로 제공할 수 있다.

(3) 자산의 유출방지

증가추세를 보이고 있는 산업기술 유출은 개인 컴퓨터 또는 업무시스템의 중요정보나 전자문서를 저장장치나 전자메일, 인터넷 메신저의 첨부형태로 유출되거나 오프라인 문서의 경우 프린터 복사물 또는 팩스를 통하여 유출되고 있다.

따라서 오프라인으로 발생하는 산업기술의 유출을 방지하기 위하여 프린터 출력, 복사, 팩스 송신 등의 관리 · 통제가 중요한데, RFID를 적용하여 프린터, 복사기, 팩스 등의 사용자와 사용량, 사용 내용 등을 관리 · 통제할 수 있다.

특히 산업기술 유출 도구로 많이 이용되는 노트북이나 소형 저장장치 등의 반출을 감시 · 통제하기 위하여 RFID를 활용할 수 있다.

제4절 출입문 통제

1. 출입문 통제의 의의

중요한 물품을 보호하기 위해 보편적으로 생각할 수 있는 것은 튼튼한 박스를 사용하는 것이며, 보호하고자 하는 물체가 클수록 박스는 커진다. 경비목적을 위하여 박스의 개념을 적용해 보면 바닥과 천장을 포함하여 사방을 튼튼하게 하여 외부의 물리적 침입에 견딜 수 있게 하고, 이 박스에 출입하기 위하여 문을 설치할 수 있다.

가장 이상적인 출입문은 모든 형태의 도구를 이용한 침입자의 물리적인 파괴에 견딜 수 있어야 하지만, 실질적으로 이러한 이상적인 문보다 철제문이나 목제문과 같은 비교적 튼튼한 문을 사용하게 된다. 문뿐 아니라 문이 부착되는 프레임도 동일하게 중요하므로 동일한 재질로 만들어져 벽에 견고하게 고정되어져야 한다. 그리고 문을 보강하기 위하여 문의 아래위에 힌지로 고정하고 힌지가 있는 선회축은 범인들이 선호하는 목표물이 될 수 있으므로 튼튼히 해야 하며, 문의 회전을 지탱해 주는 부분을 견고하게 고정하는 것이 중요하다. 이러한 문은 그 자체로 잠금장치와 함께 사용되거나 잠금장치에 솔레노이드를 추가로 설치하여 출입통제시스템과 함께 사용되어진다.

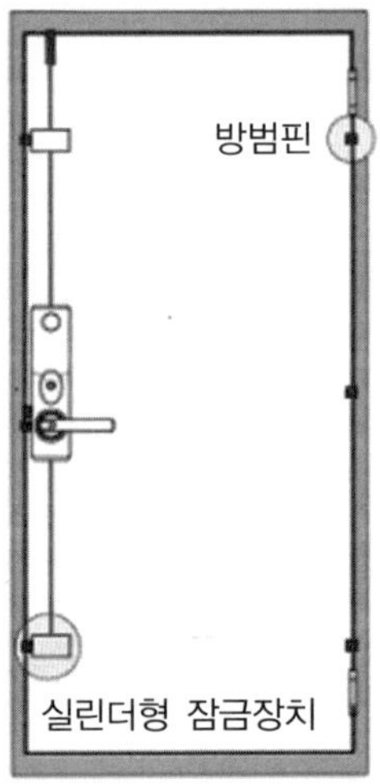

[그림 5-12] 출입문의 형태

2. 문 잠금장치

가. 잠금장치의 형태

출입통제시스템에서 출입이 허용되면 문의 잠금장치에 의해 출입을 허용하거나 통제하게 되는데, 일반적으로 전기에너지에 의해 작동되는 잠금장치로 출입문을 통제하게 되며, 작용형태에 따라 몇 가지의 방법이 사용된다.

첫째, 솔레노이드에 의해 스트라이크를 결합하고 해제하여 문을 잠그고 해제하는 'Electric Strike' 방식과 둘째, 솔레노이드에 의해 문과 문틀에 있는 구멍에 볼트를 넣고 빼는 방법으로 문을 잠그고 해제하는 'Dead Bolt' 방식, 셋째, 전기적 자성에 의해 문과 문틀에 설치된 자성체를 붙이고 떨어지는 형태로 문을 잠그고 해제하는 'EM(Electric Magnetic)' 방식이 있다.

ELECTRIC STRIKE ELECTRIC DEAD BOLT ELECTRIC MAGNETIC

[그림 5-13] 문 잠금장치의 형태

나. 퇴실장치의 형태

인가된 출입자가 건물 안에서 밖으로 나오기 위하여 여러 가지 방법을 사용할 수 있는데,

첫째, 사용자가 문안에 설치된 퇴실버튼을 직접 작동시켜 문의 잠금장치를 해제시키는 방법으로 쉽게 사용할 수 있는 방법이며,

둘째, 퇴실의 편리함을 위하여 적외선센서나 압력매트를 사용하여 퇴실자가 문 앞에 근접하는 것을 감지하여 자동으로 문을 열고 닫는 방법,

셋째, 들어올 때와 같은 방법으로 인식카드를 사용하여 퇴실하는 방법이 있는데, 이 방법은 출입자를 관리하기 위해 사용된다.

3. 출입문의 형태

출입통제를 위해 사용되는 문은 인가된 사람이 출입 후 자동적으로 닫히고 잠겨야 한다. 문 통제를 위해 다음과 같은 다양한 형태의 문을 용도에 맞게 선택하여 사용할 수 있다.

가. 여닫이문

여닫이문은 문의 측면에 힌지를 사용하여 자동적으로 닫히는 장치와 함께 출입통제를 위해 가장 많이 사용된다. 여닫이문이 비스듬히 열려 있는 것이 문제가 된다면, 문이 열릴 때 근무자나 다른 사람이 이를 주시해야 하며, 장애물과 문을 닫고 잠그는 것을 확인해야 하는 사람이 필요할 수 있다.

나. 턴 스타일

전철이나 놀이공원 등과 같은 시설의 개찰구에서 주로 사용되는 턴 스타일은 사용자가 피하기가 아주 쉽다. 따라서 이를 예방하지 못하면 근무자가 매번 주시하면서 불필요한 사람의 출입을 통제해야 한다.

이러한 특성으로 인하여 턴 스타일은 중요한 시설에서 직접적으로 출입자를 통제하는 목적보다 비교적 많은 사람들이 공용으로 사용할 수 있고 출입을 자유로이 이용할 수 있는 시설이나 근무자가 통제할 수 있는 장소에서 사용하는 것이 좋다.

[그림 5-14] 턴 스타일의 형태

다. 스피드게이트

스피드게이트는 주로 건물 로비에 설치되어 건물 내로 진입하려는 직원 및 방문자의 출입을 효율적으로 관리할 수 있다. 스피드게이트는 다수의 출입자를 단시간 내에 수용할 수 있을 뿐 아니라 주변에 일정한 통제구역을 설정할 수 있으므로 불필요한 사람이 기존의 출입구로 진입하는 것을 쉽게 통제할 수 있고 근무자를 최소화 할 수 있으므로 출입통제 효과를 한층 더 높일 수 있다.

[그림 5-15] 스피드게이트의 형태

라. 회전문

호텔이나 큰 빌딩에서 많이 사용되는 회전문은 90도를 기준으로 잠금장치를 할 수 있으며, 한 방향으로만 출입을 허용하기 위해 사용되기도 한다.

문이 열려 있지 않지만 구조상 한 명씩 출입할 수 있도록 자연스럽게 통제할 수 있다. 그러나 회전문은 공간을 많이 차지하고 비용이 비싸다는 단점이 있다.

[그림 5-16] 철재 회전문의 형태

4. 출입문의 통제 형태

가. 단일 출입문

출입이 인가된 사람이 출입하기 위해 문이 열려 있는 동안 인가되지 않은 사람이 그 출입문을 쉽게 이용할 수 있는데, 이러한 것을 방지하지 못하면 출입통제시스템의 본래의 목적을 수행하기 어렵다. 출입이 인가되지 않은 사람이 인가된 사람이 출입할 때 따라들어가는 것을 방지하기 위하여 이러한 상황을 경보하여 근무자에게 알려 줄 수 있어야 하며, 다음과 같은 대조적인 2가지 방법을 이용할 수 있다.

첫째, 문이 열려 있는 동안 두 사람이 통과하는 것을 방시하기 위하여 한 사람이 통과할 수 있을 정도로 충분히 열린 후 설정된 시간이 경과할 때까지 문이 닫히지 않으면 경보를 발생시켜 주는 시간지연방식을 사용할 수 있다.

둘째, 시간지연방식을 사용할 경우 불필요한 경보를 유발할 가능성이 높으므로 두 개 정도의 적외선 빔 센서를 문에 설치하여 인가된 것보다 초과한 인원이 출입할 때 적외선 빔이 차단되면서 경보를 발생시킬 수 있다.

출입이 인가된 사람은 이러한 문제를 잘 알고 그들이 출입시 다른 사람이 따라오는 것을 확인하고 통과 후 문이 닫히는지를 확인할 필요가 있다. 문을 자동으로 닫아주고 잠궈주는 장치의 사용으로 부주의에 의해 문이 열려 있는 것을 방지해 주지만 이것만으로 충분하지 않으며, 불필요하게 문이 개방되지 않도록 사용자의 관심이 필요하다.

나. 접문

두 개의 출입문이 연속해서 설치되는 접문은 한 문이 확실히 잠긴 후 다음 문이 열리는 형태로 공간을 최소화하기 위해 주로 여닫이 또는 미닫이형으로 사용한다. 교차로 잠기는 두 개의 문을 통하여 인가된 사람이 신속하게 들어갈 수 있다면 회전문과 같이 열려 있지 않는다는 것과 최소의 근무자가 필요하다는 장점을 살릴 수 있으므로 보다 효과적이고 안전한 출입통제기능을 할 수 있다.

다. 공기잠금문

'공기잠금'이라는 말은 공기를 통제한다는 것을 의미하는 것이 아니며, 출입문을 통제장치에 적용하기 위해 특별히 적용되는 말이다. 공기잠금의 개념은 서로 통하게 차례로 설치된 두 개의 문 중에서 첫째 문이 열린 후 첫째 문이 닫혀 잠기기 전에는 두 번째 문이 열리지 않게 하는 방법이다. 이렇게 하여 이중문으로 얻을 수 있는 경비상의 이점 외에 근무자 없이 사용되는 단일문에서 발생 가능한 거의 모든 문제를 해결할 수 있다.

공기잠금 문을 사용하는 동안 우연히 또는 고의적으로 문이 열린 채 두는 것은 거의 불가능하다. 만약 한 사람이 통과할 수 있게 인가된 출입문을 두 사람이 고의로든 협박에 의해서든 함께 들어가려고 한다면 앞에서 이야기한 것처럼 두 문 사이에 설치되어 있는 적외선빔 센서나 무게 감지센서에 의해 두 번째 사람이 통과하는 것을 감지하게 된다. 두 번째 사람이 감지되면 이 정보에 의해 두 개의 문이 잠기게 되고 근무자가 직접 확인하여 상황을 처리할 때까지 두 사람은 갇혀 있게 된다.

한편, 이 방법은 출입이 인가된 사람에게는 시간이 지연되고 불편하다는 단점이 있으며, 침입자가 출입통제장치를 피하는 것을 방지하는 효과와 적절하게 빨리 출입할 수 있는 효과 중 상황에 맞는 방법을 선택할 수 있다.

라. 회전문

회전문을 사용하여 출입자를 통제하는 방법은 보기보다 훨씬 우수하다. 회전문은 비교적 빨리 사용할 수 있고 출입이 허용되지 않은 사람을 눈으로 또는 전자장치를 이용하여 현장에서 원거리에 있는 근무자에 의해 쉽게 확인될 수 있다. 따라서 회전문은 근무자가 현장에 있는 상태에서 출입통제장치와 함께 사용되는 것이 가장 이상적이다.

근무자가 없는 출입구에서 사용할 수 있는 가장 확실한 출입문 통제장치는 철재봉과 같은 재질을 사용한 회전문이다. 이 장치를 사용할 경우, 출입문을 피하는 것은 아주 어려우나 장치를 설치하기 위한 공간이 다른 시스템에 필요한 넓이의 2배가 필요하고 비교적 설치비용이 비싸 많이 사용되지 않는 경향이 있다. 그리고 출입이 허용된 사람도 이 장치의 외형적 중압감 때문에 싫어하는 경향이 있다. 이러한 부정적인 요소로 인하여 새로운 외형으로 설계된 회전문을 출입통제장치와 함께 사용하고 있다.

어떤 형태의 문이라도 모든 면에서 완전할 수 없지만, 가능한 위해의 형태와 예상되는 범인의 범행 달성을 위한 노력 등을 고려하여 이에 적합한 방법을 적용하는 것이 바람직하다.

제5절 물품검색

1. 검색의 의의

사람이 근무하거나 방문하는 장소에서 물건을 몰래 가져가는 것을 방지하기 위해 물품이 반출되는 과정에서 그 물품이 발견될 수 있다는 것을 보여주는 방법을 이용할 수 있다. 이를 위해 근무자를 고용하여 현장을 떠나는 사람의 몸이나 휴대품을 순간적으로 검색하거나 의심이 있는 경우 전반적인 검색을 할 수 있을 것이다.

그러나 사람을 검색하는 일은 명백하게 사람을 방해하는 것으로 검색당하는 사람을 당황하게 하거나 거부감을 주게 되어 거의 실행하기 어렵다. 또한 물건이 반출되고 있다는 믿음을 가지고 검색을 실시할 경우, 검색을 하는 사람과 검색을 당하는 사람 사이에 긴장감을 조성하게 되고 물품이 발견되었다 하더라도 이로 인한 부작용을 무시할 수 없을 것이다.

결과적으로 사람을 검색하는 것은 아주 신중하게 고려한 후 실행되어져야 하며, 이를 위해 여러 형태의 검색장비를 사용할 수 있다.

2. 검색형태와 검색장비

가. 금속탐지기

기본적으로 물품검색을 위해 사람과 물품을 구별할 수 있어야 하며, 찾고자 하는 물품이 금속성일 경우에는 전자석이나 전기장을 이용한 검색방법을 사용하여 금속성과 거리가 먼 사람을 쉽게 구별되어 만족스럽게 사용할 수 있었다. 그러나 비금속성 물품을 찾을 경우 신체검색을 위해 믿을 만한 방법을 다시 모색했어야 했다.

금속탐지기는 휴대용 금속탐지기와 문형금속탐지로 구분되어 운용되는데, 몸 검색을 위해 가장 가까이서 사용할 수 있는 장비가 휴대용 금속탐지기이다. 휴대용 금속탐지기는 탐지기의 표면이 사람의 옷이나 신체를 따라 움직이면서 금속성 물체를 탐지하여 경보음을 발생하게 한다. 검색과정에서 경보음이 발생하면 그 물건에 대해 질문하거나 눈으로 직접 확인함으로써 사람의 몸을 만지지 않고 검색을 실시할 수 있다.

휴대용 금속탐지기는 근무자에 의해 검색대상자가 서 있는 상태에서 검색기를 움직이면서 검색을 실시하는 반면, 문형금속탐지기는 검색대상자가 목적지로 이동하기 위해 필수적으로 지나게 되는 길목에 설치되어 검색대를 통과하면서 검색이 이루어진다. 대상자가 검색대를 통과하면서 경보가 발생했을 때 자동으로 차단시켜 주는 회전 통제식 문과 같은 통제장치를 사용하면 의심스러운 사람을 효과적으로 대기시킬 수 있다.

나. 물품도난방지장치

금속탐지기는 금속성 물질을 탐지하기 위해 사용되고, 물품도난방지장치는 기둥형의 검색기와 같이 적용되어 상점이나 도서관 등에서 의류나 책, 음반 등과 같은 물품에 여러 형태의 태그나 코드를 부착시켜 물품이 몰래 반출되는 것을 감지하기 위하여 사용된다.

이 장치는 경보가 작동할 때에만 근무자가 주의를 기울이면 되므로 한 명의 근무자가 동시에 여러 대의 기둥형 검색대를 운용할 수 있다는 장점이 있다. 물품반출을 방지하는 장치는 '물품도난방지기'라는 이름으로 널리 이용되고 있으며, 백화점과 같은 장소에서 의류나 다른 여러 가지 물품에 부착할 수 있도록 다양한 형태의 태그(Tag)나 라벨(label)을 사용한다.

한편, 이 장비는 검색대와 검색대상 물품 사이의 거리가 휴대용 검색기를 사용할 때보다 훨씬 멀기 때문에 '역제곱법칙'에 의해 감도가 감소하게 된다.

[그림 5-17] 기둥형 검색대의 형태

3. 화물검색

항공기를 이용하는 기회가 증가하면서 항공기와 승객 및 승무원의 안전을 위해 항공기 내로 무기나 위험물이 반입되는 것을 방지하려는 노력이 증가하고 있다. 항공기의 안전조치를 위해 이를 이용하는 승객의 화물검색이 필수적이 되었고, 승객의 편의와 검색효율을 위해 화물을 빠르고 거의 자동적으로 검색할 수 있는 방법이 요구되었다. 이를 위해 X-ray를 이용하는 방법이 선택되어 그 기술이 계속 향상되고 있다.

한편, X-ray 검색기를 이용하여 화물을 검색하면서 장비의 운용요원이 형광성 스크린을 직접 보는 동안 방사능의 영향을 받을 수 있다는 위험에 대해 상당한 우려가 남아 있었으며, 이러한 문제를 개선하기 위해 형광 스크린을 운용요원이 직접 보는 대신 CCTV 카메라가 이를 보아 안전하고 편리한 위치에 설치된 TV모니터에 나타나게 하여 운용요원이 간접적으로 검색하는 한 단계 진전된 방법을 사용하게 되었다.

원거리에서 CCTV를 이용하여 감시하는 방법으로 운용요원의 안전문제는 개선되었지만, 비교적 오랫동안 방사선에 노출된 화물, 특히 필름과 같은 물품의 손상에 대한 우려가 남아 있었다. 이 문제를 해결하기 위해 마이크로 칩 메모리를 사용하여 화물이 아주 짧은 순간 X선에 노출되는 동안 필요한 정보가 형광 스크린에서 판독되어 메모리에 저장되고 저장된 정보가 필요한 시간 동안 TV모니터 화면에 나타나게 되어 목적에 맞는 검색을 할 수 있다.

테러방지를 위해 화물검색에 대한 관심이 증가하면서 입체적인 영상을 제공하는 발전된 형태의 X-ray 검색기를 개발하게 되었으며, 이 장치를 사용하여 가방 속에 든 내용물을 평면적이고 입체적인 투시도로 볼 수 있게 되었다.

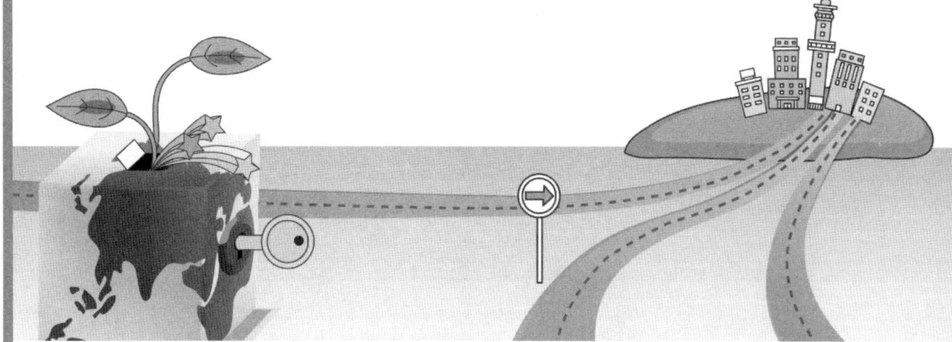

제6장

전원공급장치

제6장 전원공급장치

제1절 주 전원

1. 전원공급

기계경비시스템을 사용하는데 있어 센서의 작동이나 경보신호 발생을 위해 전기적 형태의 에너지가 필요하다. 그 에너지는 중단되지 않고 계속적으로 공급될 수 있어야 하며, 정전시에도 시스템을 작동시키기 위해 배터리와 배터리를 충전할 수 있는 충전장치를 내장하여 사용한다.

보통 침입감지시스템이 정상적으로 작동하더라도 정전사태가 발생하면 경보신호를 발생하게 되며, 오랫동안 전원공급장치를 점검하지 않아 배터리가 다 소모되거나 전원공급장치의 퓨즈가 나가면 경보가 울리게 된다.

한편, 범인은 자기의 활동에 방해가 된다고 생각하여 침입감지시스템을 무능화시키기 위해 시스템에 연결된 전선을 절단할 가능성이 있으며, 대부분의 경우 전원을 공급하는 전선이 외부로부터 방해를 받으면 경보신호가 발생하게 된다. 그러나 이러한 방해로부터 보호받기 위해 전원 공급선을 은폐시키거나 사람이 접근하기 어려운 곳에 설치할 수 있다.

실질적으로 대부분의 기계경비장치는 직류전원을 필요로 하며, 110V나 220V의 교류전원을 입력하여 12V나 24V의 직류전원으로 정류하여 사용한다.

2. 전원의 형태

가. 건전지

새로운 형태의 에너지에 관해 많은 연구가 이루어졌으나 전기적 에너지의 근원에 대해서는 크게 발전된 것이 없으며, 단지 전기적 에너지를 발생하기 위해 기름을 대신할 수 있는 새로운 형태의 에너지원을 만들어 내거나 기존의 것을 개선하려는 노력에 많은 비중을 두고 있다.

그 대표적인 형태가 전지이며, 건전지는 건조하고 비교적 가볍다는 특성이 있으므로 이동식이나 고정용 장비에 널리 사용되고 있다. 원래의 습식 배터리로부터 개선된 염화암모늄 전해질 전지에 카본과 아연 극을 사용하는 건식 배터리까지 전지는 상당한 발전이 있었다. 그리고 듀러셀(Duracell) 배터리는 같은 무게와 크기에 비해 저장용량이 더 크고 기존의 전지보다 출력전압이 더 오래 일정하게 유지되며, 외부케이스를 통한 부식성이 있는 전해질의 방전이 훨씬 적다.

보청기나 카메라, 시계, 무선침입감지기와 같이 적은 양의 에너지를 소모하는 전자장비의 경우 장비작동에 필요한 에너지소요가 감소하면서 수은건전지가 유용하게 사용되고 있다. 한편, 긴 수명이 요구되거나 이동용 장비를 위한 암페어시와 높은 전압이 필요할 경우, 리튬 망간 배터리가 대신 사용된다.

건전지의 특성 중 경비기기의 사용을 불편하게 하는 것은 화학적 성분이 전기적 형태의 에너지를 방출하면서 방전되고 충전이 될 수 없기 때문에 교체되어져야 한다.

나. 전기

일반전지는 경비기기용으로 사용하기 적합하도록 적절한 양의 에너지를 공급할 수 있으나, 조명장치나 온풍기, 가정이나 산업용으로 사용되는 기계장치를 가동시킬 수 있는 양의 에너지를 제공하게 힘들므로 전기에너지가 필요하다.

한편, 전지에너지는 일정한 장소에서 발생되어 필요한 장소로 이동되어야 하며, 이동과정에서 전력의 손실이 발생한다. 전기를 필요한 사람에게 경제적으로 분배하기 위해 몇 가지 알아두어야 할 필요가 있다.

옴의 법칙에서 동선과 같은 도체에 흐르는 전압(V)은 전류(I)에 비례하고 전류는 도체의 저항(R)에 반비례한다. 이러한 특성을 조합하면 V=I×R 또는 I=V/R이라는 등식이 성립한다. 그리고 전력소모는 전압과 전류를 곱한 값으로 W로 표시된다(W=V×I). 따라서 등식 'V=I×R'의 양변에 전류 I를 곱하면 V×I=I2×R=W가 되며, 이 등식을 이용하면 얼마나 많은 전력이 분배되는지를 알 수 있다.

전력분배에 있어 소비자가 소비하는 전력(W)뿐 아니라 중앙전력발전소로부터 분배되는 과정에서 전선에 의해 전력이 소비된다. 전선의 저항이 R이라면 전력등식으로부터 전선에 흐르는 전류를 반으로 하면 전선에서의 전력손실은 1/4로 감소하며, 소비자에게 공급되는 전력을 복원하기 위해 전선에 전압을 증가시켜야 한다. 공급용 케이블에서 소모되어 감소되는 양이 엄청나기 때문에 전국적인 분배를 위해 440,000V 이상의 전압이 사용된다. 전력발전소는 교류전기를 발생하여 그대로 공급하고 지역분배 변압기에서 전압을 조정하여 수요자에게 필요한 전압 가령 220V 또는 110V를 공급하게 된다.

전기사용시 유일한 문제는 가끔 정전이 발생하여 경비기기를 운용하는 사람을 당황하게 한다는 것이며, 이러한 상황은 범인이 감지장치를 피하기 위하여 전원공급장치를 고의적으로 방해한 것으로 간주되어 경보상황으로 취급되며, 만약 침입자가 없다면 또다른 오작동으로 취급된다. 따라서 전기는 비슷한 문제를 지니며, 이를 보완하기 위해 2차전지를 사용하게 된다.

다. 태양전지

태양전지는 현대의 기술에 의해 지상에서 사용되는 장비를 작동하기 위한 에너지원으로 개발되었으며, 경비기기용으로 사용하기 적합하도록 적절한 양의 에너지를 공급할 수 있다. 공간에서 직접 생산되는 태양에너지가 태양 전지를 위해 설치된 전지의 표면에 비쳐져 전기적 에너지가 발생한다. 태양이 에너지원으로 제공되지만 항상 우리가 원하는 전기적 형태로 사용할 수 없으므로 시스템 설계를 위해 태양전지를 경비기기에 사용하기 위해 실내와 외부에서 쉽게 사용하는 방법을 찾아야 한다.

제2절 2차 전원

1. 2차 전원의 의의

2차 전지로 가장 잘 알려져 있는 것은 차의 시동을 걸 때 사용되는 차량용 배터리이다. 이는 전기를 저장할 수 있을 뿐 아니라, 저장된 전기가 소모되면 배터리는 계속해서 충분한 용량으로 다시 충전될 수 있다.

경비기기를 위해 여러 종류의 2차 전지가 사용될 수 있지만 차에 사용되는 형태로는 적합하지 않다. 차량용 배터리는 짧은 시간 내에 아주 큰 부하를 감당할 수 있게 설계되지만 경비기기용 배터리는 작은 부하를 오랫동안 감당하는 것이 필요하다. 또한 차의 주인은 배터리의 수명이 짧은데 대해 거부감이 없지만 경비기기를 운용하는 사람은 배터리가 몇 년 동안 지속적으로 사용할 수 있기를 기대한다.

한편, 차량 배터리는 물과 희석한 황산을 전해질로 사용하며, 재충전되는 동안 가스발생 현상이 동반되는데, 전해액이 분해되면서 물에 있는 산소와 수소성분이 날아가고 이 과정이 계속되면서 산의 농도가 증가하고 전해액의 양은 조금씩 감소하게 되어 결국 배터리는 더 이상 전기를 저장하거나 충전할 수 없게 된다.

경비기기에 사용하기 위해 배터리를 과충전하거나 최고 전압을 얻을 필요가 없으며, 오직 일정한 전압이 오랫동안 작용하면 된다.

2. 전지의 형태

경비기기에서 2차 전지를 사용하는 목적은 전기나 태양전지와 같은 1차 전원의 공급이 일시적으로 중단되었을 경우, 감지장치에 지속적으로 전원을 공급해 주기 위한 것이다.

태양전지는 경비기기에 필요한 직류형태의 전기를 발생하고 2차 전지를 충전시켜 준다. 전기는 높은 공급전압에서 사용할 수 있는 전압으로 변압기에서 낮추어야 하며, 정류기를 통해 교류에서 직류로 전환되어야 한다. 많은 경우, 2차 전지의 선택은 니켈-카듐 알카리 배터리와 연산배터리 사이에서 주로 이루어진다.

가. 니켈–카듐 배터리

니켈 - 카듐 배터리로 12.5V의 전압을 얻기 위해 직렬로 연결된 10개의 셀이 필요하다.

니켈 - 카듐 배터리는 가스 발생현상이 거의 없어 정비를 위해 관심을 많이 기울일 필요가 없으며, 연산배터리의 경우처럼 가스발생을 감소시키기 위해 셀의 충전전압을 낮출 필요가 없다는 이점이 있다. 그리고 니켈 - 카듐 배터리는 연산배터리에 비해 최초 구입가격이 비싸지만 5년을 기준으로 하여 연산배터리와의 총비용을 비교하면 니켈 - 카듐 배터리가 오히려 싸다고 할 수 있다.

니켈 - 카듐 배터리는 내부 저항이 아주 낮아 비교적 짧은 시간 동안 아주 높은 출력의 전류를 공급할 수 있다는 이점이 있으나, 앞에서 말했듯이 경비기기를 위해 오랫동안 낮은 전류가 필요하므로 이러한 이점을 이용하기 힘들다.

한편, 니켈 - 카듐 배터리는 낮은 저항으로 인해 배터리와 우연한 단락현상이 발생할 수 있으므로 충전전류에 관해 주의해야 한다. 충전전류를 확실히 제한하지 않으면 충전장치가 쉽게 과부하되어 충전장치의 퓨즈가 나가게 되고 더 주의하지 않으면 전력이 부족하게 되어 경보상황이 될 수 있다.

니켈-카듐 배터리는 지속적인 과충전에 견딜 수 있다는 장점이 있으나, 이러한 장점은 경비기기에서 별로 중요한 것이 아니며, 단지 1차 전원이 차단되었을 때 신속하게 재충전할 수 있다는 장점을 이용할 수 있다.

영하 이하의 온도에서 건물 외부나 내부에서 사용될 경우 니켈-카듐 배터리는 크게 영향을 받지 않으며, 경비기기의 2차 전원을 위해 니켈-카듐 배터리만한 신뢰성 있는 것을 찾기 어렵다.

나. 연산배터리

연산배터리로 12V의 전원을 발생하기 위해 직렬로 연결된 6개의 셀이 필요하며, 연산배터리는 자동차의 시동을 걸 수 있을 정도의 용량을 가지며, 가격은 비교적 낮다.

일반적으로 사용하기 위해 달리 취급되어져야 한다는 것을 잘 모르는 경향이 있다.

다. 개방형 연산배터리

차량용으로 사용되는 연산배터리의 가장 큰 문제는 가스발생이다. 즉 전해액의 제조에 필요한 황산을 희석시키기 위해 사용한 물에서 수소와 산소가 분해되어 공기 중으로 날아간다. 일상적인 정비로 연산배터리에서 손실되는 전해액을 정류수로 보충해야 하지만, 차량과 달리 경비기기는 주의를 많이 기울이기가 어려우므로 보통 설치된 전원공급장치를 지나치게 된다.

개방형 연산배터리를 사용하여 충전되는 전압을 감소시켜 가스발생현상을 극복할 수 있다. 가령 차의 배터리가 완전 충전을 위해 셀당 2.6V까지 충전된다면 경비기기용으로 사용되는 배터리의 경우 일반적으로 2.35V에서 2.4V 사이로 감소시킨다. 이러한 방법이 가스발생을 상당히 줄여 주지만, 높이 설치된 장비의 정비를 위해 최소한 분기별 점검이 필요하며, 충전전압을 2.2V까지 낮추어 점검기간을 연장할 수 있다.

그러나 낮은 전압으로 충전을 시킬 경우 완전히 충전되지 않는다는 단점이 있으며, 따라서 저장용량이나 출력되는 암페어시의 결과에 비해 비용이 적게 드는 암페어시의 용량이 더 큰 배터리를 사용함으로써 보완할 수 있다.

라. 재결합 연산배터리

재결합 연산배터리는 보통의 연산배터리를 발전시킨 형태로 아주 작은 양의 전해질만이 두 전극 사이를 움직이고 형성된 가스는 정확한 규모로 간직되어 다시 재결합되어 물을 형성한다. 이런 과정이 계속되면서 가스 형태로 공기 중으로 손실되는 전해액이 보존된다.

재결합 배터리는 보통의 연상배터리의 모든 장점을 그대로 유지하며, 보통의 연산배터리에 비해 수명이 길다. 또한 가스 발생이 없기 때문에 최대 충전전압에 가깝게 작용하고 거의 최대율의 암페어시 용량이 사용될 수 있다. 과도한 전압은 배터리를 과열시키게 되므로 충전전압을 제한하는 것이 중요하며, 통풍구가 재결합배터리에 있으면 가스를 배출하기 위한 통풍구가 아니라 배터리가 가열될 경우 안전을 예방할 수 있는 장치로서의 역할을 한다.

니켈 - 카듐 배터리는 폐쇄형 재결합 연산배터리보다 가격은 비싸지만 수명이 최소 2배 정도 길고 경비기기의 보조전원공급장치로 우선적으로 선택되는 경향이 있다.

마. 겔산 배터리

겔산 배터리는 개방되어 있어 통풍이 되며, 산은 젤리로 흡수되어 산의 수준이 보이지 않으며, 엎질러지거나 흘러나와 옆에 있는 금속성 물질을 부식시키는 것을 줄여 준다. 이러한 형태의 배터리는 전해액이 건조되어 개방형 습식 배터리보다 전원공급이 중단될 수 있는 가능성이 높다.

제3절 충전장치

1. 충전장치의 의의

전기가 주 전원으로서 2차 전지와 함께 사용된다면 배터리 충전장치는 주 전원을 경비기기가 필요한 전압으로 낮추기 위한 변압기와 교류를 직류로 전환하기 위한 정류기이다.

경비기기를 설치하는 회사는 그들의 시스템에 필요한 낮은 전압을 제공하는 것으로 한정하려 하고 고객에게 배터리 충전장치와 정류장치에 주 전원공급장치를 제공하려는 경향이 있다. 이 경우, 배터리 충전장치의 작동을 방해하지 않기 위해 2가지를 고려해야 한다.

첫째, 전원은 지속적으로 공급되어져야 한다. 어떤 이유에서인가 건물에 공급되는 모든 전기가 차단될 경우 지속적인 보조전원으로 절취되어져야 한다.

둘째, 범인은 정류기에 관심을 가질 수 있으며, 주전원이 충전장치로 연결되거나 조정기를 필요로 할 경우 옆에 있는 퓨즈박스로 연결되어야 하며, 정류기는 접속이 쉽게 차단될 수 있는 벽에 설치되어 있는 소켓을 통해 연결되면 안 된다.

2. 보조장치

가. 조정 및 지시장치

조정기능은 아주 간단하고 자동적으로 이루어져야 한다. 니켈 - 카듐 배터리의 경우 일정한 전류로 충전시키기 위해 전류를 자동적으로 조정하는 것이 중요하며, 연산배터리의 경우 일정한 전압으로 충전시키기 위해 전압을 자동적으로 조정하는 것이 중요하다.

근무자가 있는 장소에서는 오류가 발생했을 때 즉각적인 조치가 이루어지지만, '잠그고 떠나는' 형태와 같이 근무자가 없는 상태에서는 오류가 오랫동안 남아 있을 수 있다. 어느 경우이든 운용요원이 오류를 아는 것이 중요하며, 이를 위해 적당한 경고지시등이나 경보음으로 운용요원에게 알릴 수 있는 장치가 필요하다. 이때 운용자가 필요한 주요 정보는 첫째, 주장치나 정류기의 고장으로 인해 배터리가 충전되지 않을 경우 시스템은 배터리에 의해 계속 작동하게 되지만, 조기에 주의를 기울여 시스템이 경보상태가 되는 것을 방지하고, 둘째, 니켈-카듐 배터리 충전기의 전류조정기나 연산배터리 충전기의 전압조정기의 고장일 경우 즉각적인 주의를 할 수 있게 해야 한다. 또한 배터리의 파손을 막기 위해 충전기를 자동으로 차단시켜 주는 기능이 주어지는 것이 이상적이다.

나. 접지

전자장비의 접지를 소홀히 하는 경향이 있으나, 많은 경우 기계경비시스템 전원공급장치의 직류측을 접지시켜 여러 가지의 파악하기 어려운 오작동을 제거할 수 있다.

음극을 접지하는 것이 관례적이지만, 사용되는 전자장치와 비교하면 양극을 접지시키는 것이 부식작용을 줄여 준다. 따라서 직류를 접지하기 위해 보통 관례에 따라 선택된다.

직류전류를 접지하는 것은 보통 전기에 직접 연결하여 사용하는 장비를 반드시 접지하는 것과 혼돈되면 안 되며, 접지와 연결되는 두 가닥이 떨어져 있게 하는 것이 좋다. 이와 비슷하게 전기에 의해 작동되는 장비가 이중적으로 절연되어 있고 접지가 안 된 경우 경비장치에 공급되는 직류전원은 접지되어야 한다.

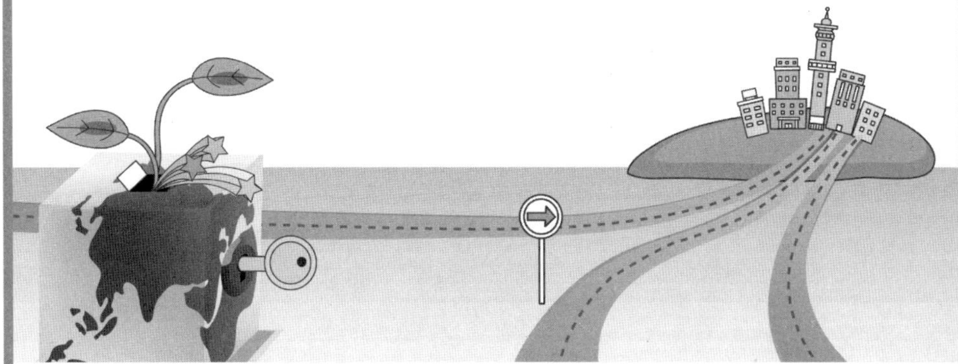

부 록

경비업법

[시행 2009. 4. 1] [법률 제9579호, 2009. 4. 1, 일부개정]

제1장 총칙

제1조(목적) 이 법은 경비업의 육성 및 발전과 그 체계적 관리에 관하여 필요한 사항을 정함으로써 경비업의 건전한 운영에 이바지함을 목적으로 한다.

제2조(정의) 이 법에서 사용하는 용어의 정의는 다음과 같다.
〈개정 2005.5.31〉

1. "경비업"이라 함은 다음 각목의 1에 해당하는 업무(이하 "경비업무"라 한다)의 전부 또는 일부를 도급받아 행하는 영업을 말한다.
   가. 시설경비업무 : 경비를 필요로 하는 시설 및 장소(이하 "경비대상시설"이라 한다)에서의 도난 · 화재 그 밖의 혼잡 등으로 인한 위험발생을 방지하는 업무
   나. 호송경비업무 : 운반중에 있는 현금 · 유가증권 · 귀금속 · 상품 그 밖의 물건에 대하여 도난 · 화재 등 위험발생을 방지하는 업무
   다. 신변보호업무 : 사람의 생명이나 신체에 대한 위해의 발생을 방지하고 그 신변을 보호하는 업무
   라. 기계경비업무 : 경비대상시설에 설치한 기기에 의하여 감지 · 송신된 정보를 그 경비대상시설외의 장소에 설치한 관제시설의 기기로 수신하여 도난 · 화재 등 위험발생을 방지하는 업무
   마. 특수경비업무 : 공항(항공기를 포함한다) 등 대통령령이 정하는 국가중요시설(이하 "국가중요시설"이라 한다)의 경비 및 도난 · 화재 그 밖의 위험발생을 방지하는 업무

2. “경비지도사”라 함은 경비원을 지도 · 감독 및 교육하는 자를 말하며 일반경비지도사와 기계경비지도사로 구분한다.
3. “경비원”이라 함은 제4조제1항의 규정에 의하여 경비업의 허가를 받은 법인(이하 “경비업자”라 한다)이 채용한 고용인으로서 다음 각목의 1에 해당하는 자를 말한다.
   가. 일반경비원 : 제1호 가목 내지 라목의 경비업무를 수행하는 자
   나. 특수경비원 : 제1호 마목의 경비업무를 수행하는 자
4. “무기”라 함은 인명 또는 신체에 위해를 가할 수 있도록 제작된 권총 · 소총 등을 말한다.

제3조(법인) 경비업은 법인이 아니면 이를 영위할 수 없다.

제2장 경비업의 허가 등

제4조(경비업의 허가) ① 경비업을 영위하고자 하는 법인은 도급받아 행하고자 하는 경비업무를 특정하여 그 법인의 주사무소의 소재지를 관할하는 지방경찰청장의 허가를 받아야 한다. 도급받아 행하고자 하는 경비업무를 변경하는 경우에도 또한 같다.

② 제1항의 규정에 의한 허가를 받고자 하는 법인은 대통령령이 정하는 경비인력 · 자본금 · 시설 및 장비를 갖추어야 한다.

③ 제1항의 규정에 의하여 경비업의 허가를 받은 법인은 다음 각호의 1에 해당하는 때에는 지방경찰청장에게 신고하여야 한다.

1. 영업을 폐업하거나 휴업한 때
2. 법인의 명칭이나 대표자 · 임원을 변경한 때
3. 법인의 주사무소나 출장소를 신설 · 이전 또는 폐지한 때
4. 기계경비업무의 수행을 위한 관제시설을 신설 · 이전 또는 폐지한 때
5. 특수경비업무를 개시하거나 종료한 때

6. 그 밖에 대통령령이 정하는 중요사항을 변경한 때

④ 제1항 및 제3항의 규정에 의한 허가 또는 신고의 절차, 신고의 기한 등 허가 및 신고에 관하여 필요한 사항은 대통령령으로 정한다.

제5조(임원의 결격사유) 다음 각호의 1에 해당하는 자는 경비업을 영위하는 법인(제4호에 해당하는 자의 경우에는 특수경비업무를 수행하는 법인을 말하고, 제5호에 해당하는 자의 경우에는 허가취소사유에 해당하는 경비업무와 동종의 경비업무를 수행하는 법인을 말한다)의 임원이 될 수 없다. 〈개정 2008.2.29〉

1. 금치산자 또는 한정치산자
2. 파산선고를 받고 복권되지 아니한 자
3. 금고 이상의 형의 선고를 받고 그 형이 실효되지 아니한 자
4. 이 법 또는 「대통령 등의 경호에 관한 법률」에 위반하여 벌금형의 선고를 받고 3년이 지나지 아니한 자
5. 이 법 또는 이 법에 의한 명령에 위반하여 허가가 취소된 법인의 허가 취소 당시의 임원이었던 자로서 그 취소 후 3년이 지나지 아니한 자

제6조(허가의 유효기간 등) ① 제4조제1항의 규정에 의한 경비업 허가의 유효기간은 허가받은 날부터 5년으로 한다.

② 제1항의 규정에 의한 유효기간이 만료된 후 계속하여 경비업을 하고자 하는 법인은 행정안전부령이 정하는 바에 의하여 갱신허가를 받아야 한다. 〈개정 2008.2.29〉

제7조(경비업자의 의무) ① 경비업자는 경비대상시설의 소유자 또는 관리자(이하 "시설주"라 한다)의 관리권의 범위안에서 경비업무를 수행하여야 하며, 다른 사람의 자유와 권리를 침해하거나 그의 정당한 활동에 간섭하여서는 아니된다.

② 경비업자는 경비업무를 성실하게 수행하여야 하고, 도급을 의뢰받은 경비업무가 위법 또는 부당한 것일 때에는 이를 거부하여야 한다.

③ 경비업자는 불공정한 계약으로 경비원의 권익을 침해하거나 경비업의 건전한 육성과 발전을 해치는 행위를 하여서는 아니된다.

④ 경비업자의 임 · 직원이거나 임 · 직원이었던 자는 다른 법률에 특별한 규정이 있는 경우를 제외하고는 그 직무상 알게 된 비밀을 누설하거나 다른 사람에게 제공하여 이용하도록 하는 등 부당한 목적을 위하여 사용하여서는 아니된다.

⑤ 경비업자는 허가받은 경비업무외의 업무에 경비원을 종사하게 하여서는 아니된다.

⑥ 특수경비업무를 수행하는 경비업자(이하 "특수경비업자"라 한다)는 제4조제3항제5호의 규정에 의한 특수경비업무의 개시신고를 하는 때에는 국가중요시설에 대한 특수경비업무의 수행이 중단되는 경우 시설주의 동의를 얻어 다른 특수경비업자 중에서 경비업무를 대행할 자(이하 "경비대행업자"라 한다)를 지정하여 허가관청에 신고하여야 한다. 경비대행업자의 지정을 변경하는 경우에도 또한 같다.

⑦ 특수경비업자는 국가중요시설에 대한 특수경비업무를 중단하게 되는 경우에는 미리 이를 제6항의 규정에 의한 경비대행업자에게 통보하여야 하며, 경비대행업자는 통보받은 즉시 그 경비업무를 인수하여야 한다. 이 경우 제6항의 규정은 경비대행업자에 대하여 이를 준용한다.

⑧ 특수경비업자는 이 법에 의한 경비업과 경비장비의 제조 · 설비 · 판매업, 네트워크를 활용한 정보산업, 시설물 유지관리업 및 경비원 교육업 등 대통령령이 정하는 경비관련업외의 영업을 하여서는 아니된다. 〈개정 2002.12.18〉

제3장 기계경비업무

제8조(대응체제) 기계경비업무를 수행하는 경비업자(이하 "기계경비업자"라 한다)는 경비대상시설에 관한 경보를 수신한 때에는 신속하게 그 사실을 확인하는 등 필요한 대응조치를 취하여야 하며, 이를 위한 대응체제를 갖추어야 한다.

제9조(오경보의 방지 등) ① 기계경비업자는 경비계약을 체결하는 때에는 오경보를 막기 위하여 계약상대방에게 기기사용요령 및 기계경비운영체계 등에 관하여 설명하여야 하며, 각종 기기가 오작동되지 아니하도록 관리하여야 한다.

② 기계경비업자는 대응조치 등 업무의 원활한 운영과 개선을 위하여 대통령령이 정하는 바에 따라 관련 서류를 작성 · 비치하여야 한다.

제4장 경비지도사 및 경비원

제10조(경비지도사 및 경비원의 결격사유) ① 다음 각호의 1에 해당하는 자는 경비지도사 또는 일반경비원이 될 수 없다.

1. 만 18세 미만인 자, 금치산자, 한정치산자
2. 파산선고를 받고 복권되지 아니한 자
3. 금고 이상의 실형의 선고를 받고 그 집행이 종료(집행이 종료된 것으로 보는 경우를 포함한다)되거나 집행이 면제된 날부터 5년이 지나지 아니한 자
4. 금고 이상의 형의 집행유예선고를 받고 그 유예기간중에 있는 자

② 다음 각호의 1에 해당하는 자는 특수경비원이 될 수 없다.
〈개정 2008.2.29, 2009.4.1〉

1. 만 18세 미만 또는 만 60세 이상인 자, 금치산자, 한정치산자
2. 제1항제2호 내지 제4호의 1에 해당되는 자

3. 금고 이상의 형의 선고유예를 받고 그 유예기간 중에 있는 자
4. 행정안전부령이 정하는 신체조건에 미달되는 자

③ 경비업자는 제1항 각호 또는 제2항 각호의 결격사유에 해당하는 자를 경비지도사 또는 경비원으로 채용 또는 근무하게 하여서는 아니된다.

제11조(경비지도사의 시험 등) ① 경비지도사는 제10조제1항 각호의 1에 해당하지 아니하는 자로서 경찰청장이 시행하는 경비지도사시험에 합격하고 행정안전부령이 정하는 교육을 받은 자이어야 한다. 〈개정 2008.2.29〉

② 경찰청장은 제1항의 규정에 의한 교육을 받은 자에게 행정안전부령이 정하는 바에 따라 경비지도사자격증을 교부하여야 한다. 〈개정 2008.2.29〉

③ 경비지도사시험의 시험과목, 시험공고, 시험의 일부가 면제되는 자의 범위 그 밖에 경비지도사시험에 관하여 필요한 사항은 대통령령으로 정한다.

제12조(경비지도사의 선임 등) ① 경비업자는 대통령령이 정하는 바에 따라 경비지도사를 선임하여야 한다.

② 제1항의 규정에 의하여 선임된 경비지도사의 직무는 다음과 같다.

1. 경비원의 지도 · 감독 · 교육에 관한 계획의 수립 · 실시 및 그 기록의 유지
2. 경비현장에 배치된 경비원에 대한 순회점검 및 감독
3. 경찰기관 및 소방기관과의 연락방법에 대한 지도
4. 그 밖에 대통령령이 정하는 직무

③ 선임된 경비지도사는 제2항 각호의 규정에 의한 직무를 대통령령이 정하는 바에 따라 성실하게 수행하여야 한다.

제13조(경비원의 교육 등) ① 경비업자는 경비업무를 적정하게 실시하기 위하여 경비원으로 하여금 대통령령이 정하는 바에 따라 경비원 교육을 받게 하여야 한다.

② 특수경비업자는 대통령령이 정하는 바에 따라 정기적으로 특수경비원 교육을 받게 하고 특수경비원 교육을 받지 아니한 자를 특수경비업무에 종사하게 하여서는 아니된다.
③ 제2항에 의한 특수경비원의 교육시 관할경찰서 소속 경찰공무원이 교육기관에 입회하여 대통령령이 정하는 바에 따라 지도 · 감독하여야 한다.

제14조(특수경비원의 직무 및 무기사용 등) ① 특수경비업자는 특수경비원으로 하여금 배치된 경비구역안에서 관할 경찰서장 및 공항경찰대장 등 국가중요시설의 경비책임자(이하 "관할 경찰관서장"이라 한다)와 국가중요시설의 시설주의 감독을 받아 시설을 경비하고 도난 · 화재 그 밖의 위험의 발생을 방지하는 업무를 수행하게 하여야 한다.
② 특수경비원은 국가중요시설에 대한 경비업무 수행중 국가중요시설의 정상적인 운영을 해치는 장해를 일으켜서는 아니된다.
③ 지방경찰청장은 국가중요시설에 대한 경비업무의 수행을 위하여 필요하다고 인정하는 때에는 시설주의 신청에 의하여 무기를 구입한다. 이 경우 시설주는 그 무기의 구입대금을 지불하고, 구입한 무기를 국가에 기부채납하여야 한다.
④ 지방경찰청장은 국가중요시설에 대한 경비업무의 수행을 위하여 필요하다고 인정하는 때에는 관할경찰관서장으로 하여금 시설주의 신청에 의하여 시설주로부터 국가에 기부채납된 무기를 대여하게 하고, 시설주는 이를 특수경비원으로 하여금 휴대하게 할 수 있다. 이 경우 특수경비원은 정당한 사유없이 무기를 소지하고 배치된 경비구역을 벗어나서는 아니된다.
⑤ 시설주가 제3항의 규정에 의하여 대여받은 무기에 대하여 시설주 및 관할 경찰관서장은 무기의 관리책임을 지고, 관할 경찰관서장은 시설주 및 특수경비원의 무기관리상황을 대통령령이 정하는 바에 따라 지도 · 감독하여야 한다.
⑥ 관할 경찰관서장은 무기의 적정한 관리를 위하여 제3항의 규정에 의하

여 무기를 대여받은 시설주에 대하여 필요한 명령을 발할 수 있다.

⑦ 시설주로부터 무기의 관리를 위하여 지정받은 책임자(이하 "관리책임자"라 한다)는 다음 각호에 의하여 이를 관리하여야 한다.

1. 무기출납부 및 무기장비운영카드를 비치 · 기록하여야 한다.
2. 무기는 관리책임자가 직접 지급 · 회수하여야 한다.

⑧ 특수경비원은 국가중요시설의 경비를 위하여 무기를 사용하지 아니하고는 다른 수단이 없다고 인정되는 때에는 필요한 한도안에서 무기를 사용할 수 있다. 다만, 다음 각호의 1에 해당하는 때를 제외하고는 사람에게 위해를 끼쳐서는 아니된다.

1. 무기 또는 폭발물을 소지하고 국가중요시설에 침입한 자가 특수경비원으로부터 3회 이상 투기(투기) 또는 투항(투항)을 요구받고도 이에 불응하면서 계속 항거하는 경우 이를 억제하기 위하여 무기를 사용하지 아니하고는 다른 수단이 없다고 인정되는 때
2. 국가중요시설에 침입한 무장간첩이 특수경비원으로부터 투항(투항)을 요구받고도 이에 불응한 때

⑨ 특수경비원의 무기휴대, 무기종류, 그 사용기준 및 안전검사의 기준 등에 관하여 필요한 사항은 대통령령으로 정한다.

第15조(특수경비원의 의무) ① 특수경비원은 직무를 수행함에 있어 시설주 · 관할 경찰관서장 및 소속상사의 직무상 명령에 복종하여야 한다.

② 특수경비원은 소속상사의 허가 또는 정당한 사유없이 경비구역을 벗어나서는 아니된다.

③ 특수경비원은 파업 · 태업 그 밖에 경비업무의 정상적인 운영을 저해하는 일체의 쟁의행위를 하여서는 아니된다.

④ 특수경비원이 무기를 휴대하고 경비업무를 수행하는 때에는 다음 각호의 1에 정하는 무기의 안전사용수칙을 지켜야 한다.

1. 특수경비원은 사람을 향하여 권총 또는 소총을 발사하고자 하는 때에

는 미리 구두 또는 공포탄에 의한 사격으로 상대방에게 경고하여야 한다. 다만, 다음 각목의 1에 해당하는 경우로서 부득이한 때에는 경고하지 아니할 수 있다.

가. 특수경비원을 급습하거나 타인의 생명 · 신체에 대한 중대한 위험을 야기하는 범행이 목전에 실행되고 있는 등 상황이 급박하여 경고할 시간적 여유가 없는 경우

나. 인질 · 간첩 또는 테러사건에 있어서 은밀히 작전을 수행하는 경우

2. 특수경비원은 무기를 사용하는 경우에 있어서 범죄와 무관한 다중의 생명 · 신체에 위해를 가할 우려가 있는 때에는 이를 사용하여서는 아니된다. 다만, 무기를 사용하지 아니하고는 타인 또는 특수경비원의 생명 · 신체에 대한 중대한 위협을 방지할 수 없다고 인정되는 때에는 필요한 최소한의 범위 안에서 이를 사용할 수 있다.

3. 특수경비원은 총기 또는 폭발물을 가지고 대항하는 경우를 제외하고는 14세 미만의 자 또는 임산부에 대하여는 권총 또는 소총을 발사하여서는 아니된다.

제15조의2(경비원 등의 의무) ① 경비원은 직무를 수행함에 있어 타인에게 위력을 과시하거나 물리력을 행사하는 등 경비업무의 범위를 벗어난 행위를 하여서는 아니된다.

② 누구든지 경비원으로 하여금 경비업무의 범위를 벗어난 행위를 하게 하여서는 아니된다.

[본조신설 2005.8.4]

제16조(복장 · 장비 등) 경비원의 복장 · 장비 및 출동차량에 관하여 필요한 사항은 행정안전부령으로 정한다. 〈개정 2008.2.29〉

제17조(결격사유자 등의 통보) 지방경찰청장 또는 경찰관서장은 경비원이 제10

조제1항 각호 또는 제2항 각호의 결격사유에 해당하게 된 사실을 알게되거나 이 법 또는 이 법에 의한 명령에 위반한 때에는 경비업자에게 그 사실을 통보하여야 한다.

제18조(경비원의 명부와 배치 등) ① 경비업자는 행정안전부령이 정하는 바에 따라 경비원의 명부를 작성·비치하여야 한다. 〈개정 2008.2.29〉

② 경비업자가 경비원을 배치하거나 배치를 폐지한 경우에는 행정안전부령이 정하는 바에 따라 관할 경찰관서장에게 신고하여야 한다. 다만, 다음 각 호의 경우에는 경비원을 배치하기 24시간 전(제3호의 특수경비원을 배치한 때에는 경비원을 배치하기 전)까지 신고하여야 한다. 〈개정 2005.8.4, 2008.2.29〉

1. 제2조제1호 가목의 규정에 의한 시설경비업무 중 행정안전부령이 정하는 곳에 배치된 일반경비원
2. 제2조제1호 다목의 규정에 의한 신변보호업무를 수행하는 일반경비원
3. 특수경비원

③ 경찰관서장은 경비업자가 제2항 단서의 규정을 위반하여 신고를 하지 아니하고 제2항제1호 및 제2호의 규정에 의한 일반경비원을 배치한 경우에 배치폐지를 명할 수 있다. 〈신설 2005.8.4〉

제5장 행정처분 등

제19조(경비업 허가의 취소 등) ① 허가관청은 경비업자가 제1호 내지 제6호의 1에 해당하는 때에는 그 허가를 취소하고, 제7호에 해당하는 때에는 그 허가를 취소하거나 6월 이내의 기간을 정하여 영업의 전부 또는 일부에 대하여 영업정지를 명할 수 있다. 〈개정 2002.12.18〉

1. 허위 그 밖의 부정한 방법으로 허가를 받은 때
2. 제7조제5항의 규정에 위반하여 허가받은 경비업무외의 업무에 경비원을 종사하게 한 때

3. 제7조제8항의 규정에 위반하여 경비업 및 경비관련업외의 영업을 한 때
4. 정당한 사유없이 허가를 받은 날부터 1년 이내에 경비 도급실적이 없거나 계속하여 1년 이상 휴업한 때
5. 정당한 사유없이 최종 도급계약 종료일의 다음 날부터 1년 이내에 경비 도급실적이 없을 때
6. 영업정지처분을 받고 계속하여 영업을 한 때
7. 이 법 또는 이 법에 의한 명령에 위반한 때

② 허가관청은 제1항의 규정에 의하여 허가취소 또는 영업정지처분을 하는 때에는 경비업자가 허가받은 경비업무중 허가취소 또는 영업정지사유에 해당되는 경비업무에 한하여 처분을 하여야 한다. 다만, 제1항제2호에 해당하여 허가취소를 하는 때에는 그러하지 아니하다.

제20조(경비지도사자격의 취소 등) ① 경찰청장은 경비지도사가 다음 각호의 1에 해당하는 때에는 그 자격을 취소하여야 한다.

1. 제10조제1항 각호의 결격사유에 해당하게 된 때
2. 허위 그 밖의 부정한 방법으로 경비지도사자격증을 교부받은 때
3. 경비지도사자격증을 다른 사람에게 빌려주거나 양도한 때

② 경찰청장은 경비지도사가 다음 각호의 1에 해당하는 때에는 대통령령이 정하는 바에 따라 1년의 범위 내에서 그 자격을 정지시킬 수 있다.

1. 제12조제3항의 규정에 위반하여 직무를 성실하게 수행하지 아니한 때
2. 제24조의 규정에 의한 경찰청장 또는 지방경찰청장의 명령을 위반한 때

③ 경찰청장은 제1항의 규정에 의하여 경비지도사의 자격을 취소한 때에는 경비지도사자격증을 회수하여야 하고, 제2항의 규정에 의하여 경비지도사의 자격을 정지한 때에는 그 정지기간동안 경비지도사자격증을 회수하여 보관하여야 한다.

第21조(청문) 경찰청장 또는 지방경찰청장은 다음 각호의 1에 해당하는 처분을 하고자 하는 경우에는 청문을 실시하여야 한다.

1. 제19조의 규정에 의한 경비업 허가의 취소 또는 영업정지
2. 제20조제1항 또는 제2항의 규정에 의한 경비지도사자격의 취소 또는 정지

제6장 경비협회

第22조(경비협회) ① 경비업자는 경비업무의 건전한 발전과 경비원의 자질향상 및 교육훈련 등을 위하여 대통령령이 정하는 바에 따라 경비협회를 설립할 수 있다.

② 경비협회는 법인으로 한다.

③ 경비협회의 업무는 다음과 같다.

1. 경비업무의 연구
2. 경비원 교육 · 훈련 및 그 연구
3. 경비원의 후생 · 복지에 관한 사항
4. 경비진단에 관한 사항
5. 그 밖에 경비업무의 건전한 운영과 육성에 관하여 필요한 사항

④ 경비협회에 관하여 이 법에 특별한 규정이 있는 것을 제외하고는 민법중 사단법인에 관한 규정을 준용한다.

第23조(공제사업) ① 경비협회는 제26조의 규정에 의한 경비업자의 손해배상책임을 보장하기 위하여 대통령령이 정하는 바에 따라 공제사업을 할 수 있다.

② 경비협회는 제1항의 규정에 의한 공제사업을 하고자 하는 때에는 공제규정을 제정하여야 한다.

③ 제2항의 공제규정에는 공제사업의 범위, 공제계약의 내용, 공제금, 공제

료 및 공제금에 충당하기 위한 책임준비금 등 공제사업의 운영에 관하여 필요한 사항을 정하여야 한다.

제7장 보칙

제24조(감독) ① 경찰청장 또는 지방경찰청장은 경비업무의 적정한 수행을 위하여 경비업자 및 경비지도사를 지도 · 감독하며 필요한 명령을 할 수 있다.
② 지방경찰청장 또는 관할 경찰관서장은 소속 경찰공무원으로 하여금 관할구역안에 있는 경비업자의 주사무소 및 출장소와 경비원배치장소에 출입하여 근무상황 및 교육훈련상황 등을 감독하며 필요한 명령을 하게 할 수 있다. 이 경우 출입하는 경찰공무원은 그 권한을 표시하는 증표를 관계인에게 내보여야 한다.

제25조(보안지도 · 점검 등) 지방경찰청장은 대통령령이 정하는 바에 따라 특수경비업자에 대하여 보안지도 · 점검을 실시하여야 하고, 필요한 경우 관계기관에 보안측정을 요청하여야 한다.

제26조(손해배상 등) ① 경비업자는 경비원이 업무수행 중 고의 또는 과실로 경비대상에 손해가 발생하는 것을 방지하지 못한 때에는 그 손해를 배상하여야 한다.
② 경비업자는 경비원이 업무수행 중 고의 또는 과실로 제3자에게 손해를 입힌 경우에는 이를 배상하여야 한다.

제27조(위임 및 위탁) ① 이 법에 의한 경찰청장의 권한은 대통령령이 정하는 바에 따라 그 일부를 지방경찰청장에게 위임할 수 있다.
② 경찰청장은 제11조의 규정에 의한 경비지도사의 시험 및 교육에 관한 업무를 대통령령이 정하는 바에 따라 관계전문기관 또는 단체에 위탁할 수 있다.

제27조의2(수수료) 이 법에 따른 경비업의 허가를 받거나 허가증을 재교부 받고자 하는 자는 대통령령이 정하는 바에 따라 수수료를 납부하여야 한다. [본조신설 2005.5.31]

제8장 벌칙

제28조(벌칙) ① 제14조제2항의 규정에 위반하여 국가중요시설의 정상적인 운영을 해치는 장해를 일으킨 특수경비원은 7년 이하의 징역 또는 5천만원 이하의 벌금에 처한다.

② 다음 각호의 1에 해당하는 자는 3년 이하의 징역 또는 3천만원 이하의 벌금에 처한다. 〈개정 2005.8.4〉

1. 제4조제1항의 규정에 의한 허가를 받지 아니하고 경비업을 영위한 자
2. 제7조제4항의 규정에 위반하여 직무상 알게 된 비밀을 누설하거나 부당한 목적을 위하여 사용한 자
3. 제7조제7항의 규정에 위반하여 경비업무의 중단을 통보하지 아니하거나 경비업무를 즉시 인수하지 아니한 특수경비업자 또는 경비대행업자
4. 과실로 인하여 제14조제2항의 규정에 위반하여 국가중요시설의 정상적인 운영을 해치는 장해를 일으킨 특수경비원
5. 특수경비원으로서 경비구역 안에서 시설물의 절도, 손괴, 위험물의 폭발 등의 사유로 인한 위급사태가 발생한 때에 제15조제1항 또는 제2항의 규정에 위반한 자
6. 제15조의2제2항의 규정을 위반하여 경비원에게 경비업무의 범위를 벗어난 행위를 하게 한 자

③ 제14조제4항 후단의 규정에 위반하여 정당한 사유없이 무기를 소지하고 배치된 경비구역을 벗어난 특수경비원은 2년 이하의 징역 또는 2천만원 이하의 벌금에 처한다.

④ 다음 각호의 1에 해당하는 자는 1년 이하의 징역 또는 1천만원 이하의

벌금에 처한다. 〈개정 2005.8.4〉

1. 제14조제7항의 규정에 위반한 관리책임자
2. 제15조제3항의 규정에 위반하여 쟁의행위를 한 특수경비원
3. 제18조제3항의 규정을 위반하여 경찰관서장의 배치폐지 명령을 따르지 아니한 자

⑤ 제15조의2제1항의 규정을 위반하여 경비업무의 범위를 벗어난 행위를 한 경비원은 1천만원 이하의 벌금에 처한다. 〈신설 2005.8.4〉

제29조(형의 가중처벌) 특수경비원이 무기를 휴대하고 경비업무를 수행 중에 제14조제8항의 규정 및 제15조제4항의 규정에 의한 무기의 안전수칙을 위반하여 형법 제257조제1항, 제258조제1항 · 제2항, 제259조제1항, 제260조제1항, 제262조, 제268조, 제276조제1항, 제277조제1항, 제281조제1항, 제283조제1항, 제324조, 제350조 및 제366조의 죄를 범한 때에는 그 죄에 정한 형의 2분의 1까지 가중처벌한다.

제30조(양벌규정) 법인의 대표자나 법인 또는 개인의 대리인, 사용인, 그 밖의 종업원이 그 법인 또는 개인의 업무에 관하여 제28조의 위반행위를 하면 그 행위자를 벌하는 외에 그 법인 또는 개인에게도 해당 조문의 벌금형을 과(과)한다. 다만, 법인 또는 개인이 그 위반행위를 방지하기 위하여 해당 업무에 관하여 상당한 주의와 감독을 게을리하지 아니한 경우에는 그러하지 아니하다.
[전문개정 2008.12.26]

제31조(과태료) ① 다음 각호의 1에 해당하는 경비업자 또는 시설주는 500만원 이하의 과태료에 처한다.

1. 제4조제3항 또는 제18조제2항의 규정에 위반하여 신고를 하지 아니한 자
2. 제7조제6항의 규정에 위반하여 경비대행업자 지정신고를 하지 아니한 자

3. 제9조제1항의 규정에 위반하여 설명의무를 이행하지 아니한 자
4. 제12조제1항의 규정에 위반하여 경비지도사를 선임하지 아니한 자
5. 제14조제6항의 규정에 의한 감독상 필요한 명령을 정당한 이유없이 이행하지 아니한 자
6. 제18조제1항의 규정에 위반하여 명부를 작성 · 비치하지 아니한 자

② 제1항의 규정에 의한 과태료는 대통령령이 정하는 바에 의하여 지방경찰청장 또는 경찰관서장이 부과 · 징수한다.

③ 제2항의 규정에 의한 과태료처분에 불복이 있는 자는 그 처분의 고지를 받은 날부터 30일 이내에 지방경찰청장 또는 경찰관서장에게 이의를 제기할 수 있다.

④ 제2항의 규정에 의한 과태료처분을 받은 자가 제3항의 규정에 의하여 이의를 제기한 때에는 지방경찰청장 또는 경찰관서장은 지체없이 관할법원에 그 사실을 통보하여야 하며, 그 통보를 받은 관할법원은 비송사건절차법에 의한 과태료의 재판을 한다.

⑤ 제3항의 규정에 의한 기간 이내에 이의를 제기하지 아니하고 과태료를 납부하지 아니한 때에는 국세체납처분의 예에 의하여 이를 징수한다.

부칙 〈제9579호, 2009. 4. 1〉

이 법은 공포한 날부터 시행한다.

경비업법 시행령

[시행 2011. 7. 5] [대통령령 제22832호, 2011. 4. 4, 일부개정]

제1조(목적) 이 영은 경비업법에서 위임된 사항과 그 시행에 관하여 필요한 사항을 규정함을 목적으로 한다.

제2조(국가중요시설) 경비업법(이하 "법"이라 한다) 제2조제1호마목에서 "대통령령이 정하는 국가중요시설"이라 함은 공항 · 항만, 원자력발전소 등의 시설 중 국가정보원장이 지정하는 국가보안목표시설과 「통합방위법」 제21조제4항의 규정에 의하여 국방부장관이 지정하는 국가중요시설을 말한다. 〈개정 2003.11.11, 2009.11.17〉

제3조(허가신청 등) ① 법 제4조제1항에 따라 경비업의 허가를 받으려는 경우에는 허가신청서에, 경비업의 허가를 받은 법인(이하 "경비업자"라 한다)이 허가를 받은 경비업무를 변경하거나 새로운 경비업무를 추가하려는 경우에는 변경허가신청서에 행정안전부령으로 정하는 서류를 첨부하여 법인의 주사무소를 관할하는 지방경찰청장 또는 해당 지방경찰청 소속의 경찰서장에게 제출하여야 한다. 이 경우 신청서를 제출받은 경찰서장은 지체 없이 관할 지방경찰청장에게 보내야 한다. 〈개정 2011.4.4〉

② 제1항의 규정에 의하여 허가 또는 변경허가 신청서를 제출하는 법인은 별표 1의 규정에 의한 경비인력 · 자본금 · 시설 및 장비를 갖추어야 한다. 다만, 경비업의 허가 또는 변경허가를 신청하는 때에 별표 1의 규정에 의한 시설 등(자본금을 제외한다. 이하 이 항에서 같다)을 갖출 수 없는 경우에

는 허가 또는 변경허가의 신청시 시설 등의 확보계획서를 제출한 후 허가 또는 변경허가를 받은 날부터 1월 이내에 별표 1의 규정에 의한 시설 등을 갖추고 지방경찰청장의 확인을 받아야 한다.

제4조(허가절차 등) ① 지방경찰청장은 제3조제1항의 규정에 의하여 허가 또는 변경허가의 신청을 받은 때에는 경비업을 영위하고자 하는 법인의 임원중 법 제5조의 규정에 의한 결격사유에 해당하는 자가 있는지의 유무, 경비인력 · 시설 및 장비의 확보 또는 확보가능성의 여부, 자본금과 대표자 · 임원의 경력 및 신용 등을 검토하여 허가여부를 결정하여야 한다.

② 지방경찰청장은 제1항에 따른 검토를 한 후 경비업을 허가하거나 변경허가를 한 경우에는 해당 법인의 주사무소를 관할하는 경찰서장을 거쳐 신청인에게 허가증을 발급하여야 한다. 〈개정 2011.4.4〉

③ 경비업자는 경비업 허가증을 잃어버리거나 경비업 허가증이 못쓰게 된 경우에는 허가증 재교부신청서에 다음 각 호의 구분에 따른 서류를 첨부하여 법인의 주사무소를 관할하는 지방경찰청장 또는 해당 지방경찰청 소속의 경찰서장에게 재발급을 신청하여야 하고, 신청서를 제출받은 경찰서장은 지체 없이 관할 지방경찰청장에게 보내야 한다. 〈개정 2011.4.4〉

1. 허가증을 잃어버린 경우에는 그 사유서
2. 허가증이 못쓰게 된 경우에는 그 허가증

제5조(폐업 또는 휴업 등의 신고) ① 경비업자는 폐업을 한 경우에는 법 제4조제3항제1호에 따라 폐업을 한 날부터 7일 이내에 폐업신고서에 허가증을 첨부하여 법인의 주사무소를 관할하는 지방경찰청장 또는 해당 지방경찰청 소속의 경찰서장에게 제출하여야 한다. 이 경우 폐업신고서를 제출받은 경찰서장은 지체 없이 관할 지방경찰청장에게 보내야 한다. 〈개정 2011.4.4〉

② 경비업자는 휴업을 한 경우에는 법 제4조제3항제1호에 따라 휴업한 날부터 7일 이내에 휴업신고서를 법인의 주사무소를 관할하는 지방경찰청장

또는 해당 지방경찰청 소속의 경찰서장에게 제출하여야 하고, 휴업신고서를 제출받은 경찰서장은 지체 없이 관할 지방경찰청장에게 보내야 한다. 이 경우 휴업신고를 한 경비업자가 신고한 휴업기간이 끝나기 전에 영업을 다시 시작하거나 신고한 휴업기간을 연장하려는 경우에는 영업을 다시 시작한 후 7일 이내에 또는 신고한 휴업기간이 끝난 후 7일 이내에 영업재개신고서 또는 휴업기간연장신고서를 제출하여야 한다. 〈개정 2011.4.4〉

③ 법 제4조제3항제3호의 규정에 의하여 신설 · 이전 또는 폐지한 때에 신고를 하여야 하는 출장소는 주사무소 외의 장소로서 일상적으로 일정 지역 안의 경비업무를 지휘 · 총괄하는 영업거점인 지점 · 지사 또는 사업소 등의 장소로 한다.

④ 법 제4조제3항제6호에서 "그밖에 대통령령이 정하는 중요사항"이라 함은 정관의 목적을 말한다. 〈개정 2003.11.11〉

⑤ 법 제4조제3항제2호 내지 제6호의 규정에 의한 신고는 그 사유가 발생한 날부터 15일 이내에 하여야 한다.

[제목개정 2003.11.11]

제6조(특수경비업자의 업무개시전의 조치) ① 법 제2조제1호마목의 규정에 의한 특수경비업무를 수행하는 경비업자(이하 "특수경비업자"라 한다)는 법 제4조제3항제5호의 규정에 의하여 첫 업무개시의 신고를 하기 전에 지방경찰청장의 비밀취급인가를 받아야 한다.

② 지방경찰청장은 제1항의 규정에 의하여 특수경비업자에게 비밀취급인가를 하고자 하는 때에는 법 제25조의 규정에 의하여 특수경비업자로 하여금 경찰청장을 거쳐 국가정보원장에게 보안측정을 요청하도록 하여야 한다.

제7조(기계경비업자의 대응체제) 법 제2조제1호라목의 규정에 의한 기계경비업무를 수행하는 경비업자(이하 "기계경비업자"라 한다)는 법 제8조의 규정에 의하여 관제시설 등에서 경보를 수신한 때에는 경보를 수신한 때부터 늦어

도 25분 이내에는 도착시킬 수 있는 대응체제를 갖추어야 한다.

제7조의2(특수경비업자가 할 수 있는 경비관련업) ① 법 제7조제8항에서 "대통령령이 정하는 경비관련업"이라 함은 별표 1의2의 규정에 의한 경비관련업을 말한다.

② 제1항의 규정에 의한 경비관련업의 범위에 관하여는 법 또는 이 영에 특별한 규정이 있는 경우를 제외하고는 「통계법」의 규정에 의하여 통계청장이 고시하는 한국표준산업분류표에 의한다. 〈개정 2007.10.23〉

[본조신설 2003.11.11]

제8조(오경보의 방지를 위한 설명 등) ① 법 제9조제1항의 규정에 의하여 기계경비업자가 계약상대방에게 하여야 하는 설명은 다음 각호의 사항을 기재한 서면 또는 전자문서(이하 "서면등"이라 하며, 이 조에서 전자문서는 계약상대방이 원하는 경우에 한한다)를 교부하는 방법에 의한다.

1. 당해 기계경비업무와 관련된 관제시설 및 출장소(제5조제3항의 규정에 의한 출장소를 말한다. 이하 같다)의 명칭 · 소재지
2. 기계경비업자가 경비대상시설에서 발생한 경보를 수신한 경우에 취하는 조치
3. 기계경비업무용 기기의 설치장소 및 종류와 그밖의 기계장치의 개요
4. 오경보의 발생원인과 송신기기의 유지 · 관리방법

② 기계경비업자는 제1항 각호의 사항을 기재한 서면등과 함께 법 제26조의 규정에 의한 손해배상의 범위와 손해배상액에 관한 사항을 기재한 서면등을 계약상대방에게 교부하여야 한다.

제9조(기계경비업자의 관리 서류) ① 기계경비업자는 법 제9조제2항의 규정에 의하여 출장소별로 다음 각호의 사항을 기재한 서류를 갖추어 두어야 한다.

1. 경비대상시설의 명칭 · 소재지 및 경비계약기간

2. 기계경비지도사의 명단 · 배치일자 · 배치장소와 출동차량의 대수
3. 경보의 수신 및 현장도착 일시와 조치의 결과
4. 오경보인 경우 오경보가 발생한 경비대상시설 및 그 오경보에 대한 조치의 결과

② 제1항제3호 및 제4호의 규정에 의한 사항을 기재한 서류는 당해 경보를 수신한 날부터 1년간 이를 보관하여야 한다.

제10조(경비지도사의 구분) 법 제10조 내지 제12조의 규정에 의한 경비지도사는 다음 각호와 같이 구분한다.

1. 일반경비지도사 : 다음 각목의 경비업무에 종사하는 경비원을 지도 · 감독 및 교육하는 경비지도사
   가. 시설경비업무
   나. 호송경비업무
   다. 신변보호업무
   라. 특수경비업무
2. 기계경비지도사 : 기계경비업무에 종사하는 경비원을 지도 · 감독 및 교육하는 경비지도사

제11조(경비지도사시험의 시행 및 공고) ① 경찰청장은 경비지도사의 수급상황을 조사하여 경비지도사를 새로이 선발할 필요가 있다고 인정되는 때에는 법 제11조제1항의 규정에 의한 경비지도사시험(이하 "시험"이라 한다)의 실시계획을 수립하여야 한다.

② 경찰청장은 제1항의 규정에 의한 시험의 실시계획에 따라 시험을 실시하고자 하는 때에는 응시자격 · 시험과목 · 시험일시 · 시험장소 및 선발예정인원 등을 시험시행일 60일전까지 공고하여야 한다.

③ 제2항의 규정에 의한 공고는 관보게재와 각 지방경찰청 게시판 및 인터넷 홈페이지에 게시하는 방법에 의한다.

제12조(시험의 방법 및 과목 등) ① 시험은 필기시험의 방법에 의하되, 제1차시험과 제2차시험으로 구분하여 실시한다. 이 경우 경찰청장이 필요하다고 인정하는 때에는 제1차시험과 제2차시험을 병합하여 실시할 수 있다.

② 제1차시험 및 제2차시험은 각각 선택형으로 하되, 제2차시험에 있어서는 선택형 외에 단답형을 추가할 수 있다.

③ 제1차시험 및 제2차시험의 과목은 별표 2와 같다.

④ 제2차시험은 제1차시험에 합격한 자에 대하여 실시한다. 다만, 제1항 후단의 규정에 의하여 제1차시험과 제2차시험을 병합하여 실시하는 경우에는 그러하지 아니하다.

⑤ 제1항 후단의 규정에 의하여 제1차시험과 제2차시험을 병합하여 실시하는 경우에는 제1차시험에 불합격한 자가 치른 제2차시험은 이를 무효로 한다.

⑥ 제1차시험에 합격한 자에 대하여는 다음 회의 시험에 한하여 제1차 시험을 면제한다. 〈신설 2003.11.11〉

제13조(시험의 일부면제) 법 제11조제3항에 따라 다음 각 호의 어느 하나에 해당하는 사람은 경비지도사 제1차 시험을 면제한다.

1. 「경찰공무원법」에 따른 경찰공무원으로 7년 이상 재직한 사람
2. 「대통령 등의 경호에 관한 법률」에 따른 경호공무원 또는 별정직공무원으로 7년 이상 재직한 사람
3. 「군인사법」에 따른 각 군 전투병과 또는 헌병병과 부사관 이상 간부로 7년 이상 재직한 사람
4. 「경비업법」에 따른 경비업무에 7년 이상(특수경비업무의 경우에는 3년 이상) 종사하고 행정안전부령으로 정하는 교육과정을 이수한 사람
5. 「고등교육법」에 따른 대학 이상의 학교를 졸업한 사람으로서 재학 중 제12조제3항에 따른 경비지도사 시험과목을 3과목 이상을 이수하고 졸업한 후 경비업무에 종사한 경력이 3년 이상인 사람
6. 「고등교육법」에 따른 전문대학을 졸업한 사람으로서 재학 중 제12조

제3항에 따른 경비지도사 시험과목을 3과목 이상을 이수하고 졸업한 후 경비업무에 종사한 경력이 5년 이상인 사람

7. 일반경비지도사의 자격을 취득한 후 기계경비지도사의 시험에 응시하는 사람 또는 기계경비지도사의 자격을 취득한 후 일반경비지도사의 시험에 응시하는 사람
8. 「공무원임용령」에 따른 행정직군 교정직렬 공무원으로 7년 이상 재직한 사람

[전문개정 2011.4.4]

제14조(시험합격자의 결정) ① 제1차시험의 합격결정에 있어서는 매 과목 100점을 만점으로 하며, 매과목 40점 이상, 전과목 평균 60점 이상 득점한 자를 합격자로 결정한다.

② 제2차시험의 합격결정에 있어서는 선발예정인원의 범위안에서 60점 이상을 득점한 자중에서 고득점 순으로 합격자를 결정한다. 이 경우 동점자로 인하여 선발예정인원이 초과되는 때에는 동점자 모두를 합격자로 한다.

③ 경찰청장은 제2차시험에 합격한 자에 대하여 합격공고를 하고, 합격 및 교육소집 통지서를 교부하여야 한다.

제15조(시험출제위원의 임명 · 위촉 등) ① 경찰청장은 시험문제의 출제를 위하여 다음 각호의 1에 해당하는 자중에서 시험출제위원을 임명 또는 위촉한다.

1. 고등교육법에 의한 전문대학 이상의 교육기관에서 경찰행정학과 등 경비업무 관련학과 및 법학과의 부교수(전문대학의 경우에는 교수) 이상으로 재직하고 있는 자
2. 석사 이상의 학위소지자로 경찰청장이 정하는 바에 의하여 경비업무에 관한 연구실적이나 전문경력이 인정되는 자
3. 방범 · 경비업무를 3년 이상 담당한 경감 이상 경찰공무원의 경력이 있는 자

② 제1항의 규정에 의한 시험출제위원의 수는 시험과목별로 2인 이상으로 한다.
③ 시험출제위원으로 임명 또는 위촉된 자는 경찰청장이 정하는 준수사항을 성실히 이행하여야 한다.
④ 시험출제위원과 시험관리업무에 종사하는 자에 대하여는 예산의 범위안에서 수당과 여비를 지급할 수 있다. 다만, 공무원인 위원이 그 소관업무와 직접적으로 관련하여 시험관리업무에 종사하는 경우에는 그러하지 아니하다.

第16조(경비지도사의 선임 · 배치) ① 경비업자는 법 제12조제1항의 규정에 의하여 별표 3의 기준에 따라 경비지도사를 선임 · 배치하여야 한다.
② 경비업자는 제1항의 규정에 의하여 선임 · 배치된 경비지도사에 결원이 있거나 자격정지 등의 사유로 그 직무를 수행할 수 없는 때에는 15일 이내에 경비지도사를 새로이 충원하여야 한다.

第17조(경비지도사의 직무 및 준수사항) ① 법 제12조제2항제4호에서 "그밖에 대통령령이 정하는 직무"라 함은 다음 각호의 직무를 말한다.

1. 기계경비업무를 위한 기계장치의 운용 · 감독(기계경비지도사의 경우에 한한다)
2. 오경보방지 등을 위한 기기관리의 감독(기계경비지도사의 경우에 한한다)

② 경비지도사는 법 제12조제3항에 따라 같은 조 제2항제1호 · 제2호의 직무 및 제1항 각 호의 직무를 월 1회 이상 수행하여야 한다. 〈개정 2011.4.4〉
③ 경비지도사는 법 제12조제2항제1호에 따라 경비원에 대한 교육을 실시하고, 행정안전부령으로 정하는 경비원 직무교육 실시대장에 그 내용을 기록하여 2년간 보존하여야 한다. 〈신설 2011.4.4〉

제18조(일반경비원에 대한 교육) ① 일반경비업자는 법 제13조제1항의 규정에 의하여 다음 각호의 1에 해당하는 사람에 대하여는 일반경비업자의 부담으로 신임교육을 받게 하여야 한다. 다만, 일반경비원으로 채용된 사람이 경찰공무원법에 의한 경찰공무원, 「대통령 등의 경호에 관한 법률」에 의한 경호공무원·별정직공무원 또는 군인사법에 의한 부사관 이상의 경력을 가진 사람인 경우에는 그를 신임교육의 대상에서 제외할 수 있다. 〈개정 2003.11.11, 2008.2.29〉

1. 경비원의 경력이 없는 사람으로서 일반경비원으로 채용된 사람
2. 경비원 교육을 받은 후 3년 이상의 기간동안 경비업무에 종사하지 아니하다가 일반경비원으로 채용된 사람

② 일반경비업자는 법 제13조제1항의 규정에 의하여 소속 일반경비원에 대하여 매월 행정안전부령이 정하는 시간 이상의 직무교육을 실시하여야 한다. 〈개정 2008.2.29〉

③ 제1항의 신임교육은 다음 각호의 기관 또는 단체가 실시하고, 직무교육은 경비업자가 실시한다.

1. 법 제22조제1항의 규정에 의한 경비협회
2. 경찰교육기관
3. 경비업무 관련학과가 개설된 대학 등 경비원에 대한 교육을 전문적으로 수행할 수 있는 인력과 시설을 갖춘 기관 또는 단체중 경찰청장이 지정하여 고시하는 기관 또는 단체

④ 일반경비원에 대한 교육의 과목·시간 그밖에 교육의 실시에 관하여 필요한 사항은 행정안전부령으로 정한다. 〈개정 2008.2.29〉

제19조(특수경비원에 대한 교육) ①특수경비업자는 법 제13조제1항의 규정에 의하여 다음 각호의 1에 해당하는 사람에 대하여는 특수경비업자의 부담으로 경찰교육기관이나 행정안전부령이 정하는 기준에 적합한 기관 또는 단체에서 개설한 특수경비원신임교육을 받게 하여야 한다. 〈개정 2003.11.11,

2008.2.29〉

1. 특수경비원의 경력이 없는 사람으로서 특수경비원으로 채용된 사람
2. 특수경비원 교육을 받은 후 3년 이상의 기간동안 특수경비업무에 종사하지 아니하다가 다시 특수경비원으로 채용된 사람

② 삭제 〈2003.11.11〉

③ 특수경비업자는 법 제13조제2항의 규정에 의하여 소속 특수경비원에 대하여 매월 행정안전부령이 정하는 시간 이상의 직무교육을 실시하여야 한다. 〈개정 2008.2.29〉

④ 특수경비원에 대한 교육의 과목 · 시간 그밖에 교육의 실시에 관하여 필요한 사항은 행정안전부령으로 정한다. 〈개정 2008.2.29〉

제20조(특수경비원 무기휴대의 절차 등) ① 시설주는 법 제14조제4항의 규정에 의하여 특수경비원이 휴대할 무기를 대여받고자 하는 때에는 무기대여신청서를 관할경찰서장 및 공항경찰대장 등 국가중요시설의 경비책임자(이하 "관할경찰관서장"이라 한다)를 거쳐 지방경찰청장에게 제출하여야 한다.

② 시설주는 법 제14조제4항의 규정에 의하여 관할경찰관서장으로부터 대여받은 무기를 특수경비원에게 휴대하게 하는 경우에는 동조제9항의 규정에 의하여 관할경찰관서장의 사전승인을 얻어야 한다.

③ 제2항의 규정에 의한 사전승인을 함에 있어서 관할경찰관서장은 국가중요시설에 총기 또는 폭발물의 소지자나 무장간첩 침입의 우려가 있는지의 여부 등을 고려하는 등 특수경비원에게 무기를 지급하여야 할 필요성이 있는지의 여부에 관하여 판단하여야 한다.

④ 시설주는 제3항의 규정에 의한 무기지급의 필요성이 해소되었다고 인정되는 때에는 특수경비원으로부터 즉시 무기를 회수하여야 한다.

⑤ 법 제14조제9항의 규정에 의하여 특수경비원이 휴대할 수 있는 무기종류는 권총 및 소총으로 한다.

⑥ 경찰장비의사용기준등에관한규정 제18조 및 별표 2의 규정은 법 제14조

제9항의 규정에 의한 안전검사의 기준에 관하여 이를 준용한다.
⑦ 시설주, 법 제14조제7항의 규정에 의한 관리책임자와 특수경비원은 행정안전부령이 정하는 무기관리수칙을 준수하여야 한다. 〈개정 2008.2.29〉

제21조(무기관리에 대한 지도 · 감독) 관할경찰관서장은 법 제14조제5항의 규정에 의하여 시설주 및 특수경비원의 무기관리상황을 매월 1회 이상 점검하여야 한다.

제22조(결격사유자 등의 통보) 지방경찰청장 또는 경찰관서장은 법 제17조의 규정에 의하여 경비원이 결격사유에 해당하게 된 사실 등을 경비업자에게 통보하는 때에는 그 사유를 명시한 서면 등으로 하여야 한다.

제23조(위반행위의 보고 · 통보) ① 경비업자의 출장소 또는 경비대상시설을 관할하는 지방경찰청장 또는 경찰관서장은 출장소의 임 · 직원이나 경비원이 법 또는 법에 의한 명령에 위반한 사실을 안 때에는 지체없이 그 사실을 서면등으로 당해 경비업을 허가한 지방경찰청장에게 통보하거나 보고하여야 한다.
② 제1항의 규정에 의하여 통보 또는 보고를 받은 지방경찰청장은 그 위반행위에 대하여 행정처분을 한 때에는 이를 해당 지방경찰청장 또는 경찰관서장에게 통보하여야 한다.

제24조(행정처분의 기준) 법 제19조제1항의 규정에 의한 행정처분의 기준은 별표 4와 같다.

제25조(경비지도사의 자격정지처분의 기준) 법 제20조제2항의 규정에 의한 경비지도사에 대한 자격정지처분의 기준은 별표 5와 같다.

第26조(경비협회) ① 경비업자는 법 제22조제1항의 규정에 의하여 경비업자 5인 이상이 발기인이 되어 경비협회(이하 "협회"라 한다)를 설립할 수 있다.
② 협회는 정관이 정하는 바에 의하여 회원으로부터 회비를 징수할 수 있다.

第27조(공제사업) ① 협회는 법 제23조제1항의 규정에 의하여 공제사업을 하는 경우 공제사업의 회계는 다른 사업의 회계와 구분하여 경리하여야 한다.
② 협회는 법 제26조제1항 또는 제2항의 규정에 의한 경비업자의 손해배상책임의 보장 외의 목적으로 공제사업을 운영하여서는 아니된다.

第28조(허가증 등의 수수료) ① 법에 의한 경비업의 허가를 받거나 허가증을 재교부받고자 하는 자는 다음 각호의 수수료를 납부하여야 한다.

1. 법 제4조제1항 및 법 제6조제2항의 규정에 의한 경비업의 허가(추가·변경·갱신허가를 포함한다)의 경우에는 1만원
2. 허가사항의 변경신고로 인한 허가증 재교부의 경우에는 2천원

② 제1항의 규정에 의한 수수료는 허가 등의 신청서에 수입인지를 첨부하여 납부한다.
③ 시험에 응시하고자 하는 자는 경찰청장이 정하여 고시하는 수수료를 납부하여야 한다.
④ 제3항에 따라 납부한 응시수수료는 다음 각 호의 어느 하나에 해당하는 경우에는 반환하여야 한다. 이 경우 제1호의 경우에는 과오납한 금액을, 제2호와 제3호의 경우에는 납부한 응시수수료의 전액을 각각 반환한다. 〈신설 2011.4.4〉

1. 응시수수료를 과오납한 경우
2. 시험시행기관의 귀책사유로 시험에 응시하지 못한 경우
3. 시험시행일 3일 전까지 접수를 취소한 경우

⑤ 경찰청장 및 지방경찰청장은 제2항 및 제3항의 규정에 불구하고 정보통신망을 이용하여 전자화폐·전자결제 등의 방법으로 수수료를 납부하게

할 수 있다. 〈신설 2004.3.17, 2011.4.4〉

第29조(보안지도점검) 지방경찰청장은 법 제25조의 규정에 의하여 특수경비업자에 대하여 연 2회 이상의 보안지도 · 점검을 실시하여야 한다.

第30조(경비가 필요한 시설 등에 대한 경비의 요청) 지방경찰청장은 행사장 그밖에 많은 사람이 모이는 시설 또는 장소에서 혼잡 등으로 인한 위험의 발생을 방지하기 위하여 법 제2조제3호의 규정에 의한 경비원에 의한 경비가 필요하다고 인정되는 때에는 행사개최일 전에 당해 행사의 주최자에게 경비원에 의한 경비를 실시하거나 부득이한 사유로 그것을 실시할 수 없는 경우에는 행사개최 24시간 전까지 지방경찰청장에게 그 사실을 통지하여 줄 것을 요청할 수 있다.

第31조(권한의 위임 및 위탁) ① 경찰청장은 법 제27조제1항의 규정에 의하여 다음 각호의 권한을 지방경찰청장에게 위임한다.

1. 법 제20조의 규정에 의한 경비지도사의 자격의 취소 및 정지에 관한 권한
2. 법 제21조제2호의 규정에 의한 경비지도사 자격의 취소 및 정지에 관한 청문의 권한

② 경찰청장 또는 경찰관서장은 법 제27조제2항의 규정에 의하여 법 제11조제1항의 규정에 의한 경비지도사시험의 관리와 경비지도사의 교육에 관한 업무를 경비업무에 관한 인력과 전문성을 갖춘 기관으로서 경찰청장이 지정하여 고시하는 기관 또는 단체에 위탁한다.

第32조(과태료의 부과기준 등) ① 법 제31조제1항에 따른 과태료의 부과기준은 별표 6과 같다.

② 지방경찰청장 또는 경찰관서장은 「질서위반행위규제법」 제14조 각 호

의 사항을 고려하여 별표 6에 따른 금액의 100분의 50의 범위에서 경감하거나 가중할 수 있다. 다만, 가중하는 때에는 법 제31조제1항에 따른 과태료 금액의 상한을 초과할 수 없다.

③ 과태료를 부과받은 자는 과태료 부과 고지서를 받은 날부터 60일 이내에 납부하여야 한다. 다만, 천재지변이나 그 밖의 부득이한 사유로 과태료를 납부할 수 없는 때에는 그 사유가 없어진 날부터 5일 이내에 납부하여야 한다.

④ 제1항부터 제3항까지에서 규정한 사항 외에 과태료의 부과 · 징수절차에 관하여 필요한 사항은 행정안전부령으로 정한다.

[전문개정 2008.11.26]

부칙 〈제22832호, 2011. 4. 4〉

이 영은 공포 후 3개월이 경과한 날부터 시행한다. 다만, 제17조제2항의 개정규정은 2011년 7월 1일부터 시행한다.

경비업법 시행규칙

[시행 2011. 7. 5] [행정안전부령 제210호, 2011. 4. 4, 일부개정]

제1조(목적) 이 규칙은 경비업법 및 동법시행령에서 위임된 사항과 그 시행에 관하여 필요한 사항을 규정함을 목적으로 한다.

제2조(호송경비의 통지) 경비업법(이하 "법"이라 한다) 제4조제1항의 규정에 의하여 경비업의 허가를 받은 법인(이하 "경비업자"라 한다)은 법 제2조제1호나목의 규정에 의한 호송경비업무를 수행하기 위하여 관할경찰서의 협조를 얻고자 하는 때에는 현금 등의 운반을 위한 출발 전일까지 출발지의 경찰서장에게 별지 제1호서식의 호송경비통지서(전자문서로 된 통지서를 포함한다)를 제출하여야 한다. 〈개정 2004.12.10〉

제3조(허가신청 등) ① 법 제4조제1항 및 「경비업법 시행령」(이하 "영"이라 한다) 제3조제1항에 따라 경비업의 허가를 받으려는 경우 또는 경비업자가 허가를 받은 경비업무를 변경하거나 새로운 경비업무를 추가하려는 경우에는 별지 제2호서식의 경비업 허가신청서 또는 변경허가신청서(전자문서로 된 신청서를 포함한다)에 다음 각 호의 서류(전자문서를 포함한다)를 첨부하여 법인의 주사무소를 관할하는 지방경찰청장 또는 해당 지방경찰청 소속의 경찰서장에게 제출하여야 한다. 이 경우 신청서를 제출받은 경찰서장은 지체 없이 관할 지방경찰청장에게 보내야 한다. 〈개정 2004.12.10, 2006.9.7, 2011.4.4〉

1. 법인의 정관 1부

2. 법인 임원의 이력서 1부
3. 경비인력 · 시설 및 장비의 확보계획서 1부(경비업 허가의 신청시 이를 갖출 수 없는 경우에 한한다)

② 제1항에 따른 신청서를 제출받은 지방경찰청장은 「전자정부법」 제36조제1항에 따른 행정정보의 공동이용을 통하여 법인의 등기사항증명서를 확인하여야 한다. 〈신설 2006.9.7, 2008.12.5, 2010.9.10〉

제4조(허가증 등) ① 영 제4조제2항의 규정에 의한 허가증은 별지 제3호서식에 의한다.

② 영 제4조제3항의 규정에 의한 허가증 재교부신청서는 별지 제4호서식에 의한다.

제5조(폐업 또는 휴업 등의 신고) ① 영 제5조제1항의 규정에 의한 폐업신고서와 동조제2항의 규정에 의한 휴업신고서 · 영업재개신고서 및 휴업기간연장신고서는 별지 제5호서식에 의한다. 〈개정 2003.11.17〉

② 법 제4조제3항제2호에 따른 법인의 명칭 · 대표자 · 임원, 같은 항 제3호에 따른 주사무소 · 출장소나 영 제5조제4항에 따른 정관의 목적이 변경되어 법 제4조제3항에 따른 신고를 하는 경우에는 별지 제6호서식의 경비업 허가사항 등의 변경신고서(전자문서로 된 신고서를 포함한다)에 다음 각 호의 서류(전자문서를 포함한다)를 첨부하여 법인의 주사무소를 관할하는 지방경찰청장 또는 해당 지방경찰청 소속의 경찰서장에게 제출하여야 한다. 변경신고서를 제출받은 경찰서장은 이를 지체 없이 관할지방경찰청장에게 보내야 한다. 〈개정 2003.11.17, 2004.12.10, 2006.2.2, 2006.9.7, 2011.4.4〉

1. 명칭 변경의 경우 : 허가증 원본
2. 대표자 변경의 경우

   가. 삭제 〈2006.9.7〉

나. 법인 대표자의 이력서 1부

다. 허가증 원본

3. 임원 변경의 경우 : 법인 임원의 이력서 1부

4. 주사무소 또는 출장소 변경의 경우 : 허가증 원본

5. 정관의 목적 변경의 경우 : 법인의 정관 1부

③ 제2항에 따른 신고서를 제출받은 지방경찰청장은 「전자정부법」 제36조제1항에 따른 행정정보의 공동이용을 통하여 법인의 등기사항증명서를 확인하여야 한다. 〈신설 2006.9.7, 2008.12.5, 2010.9.10〉

④ 법 제4조제3항제5호의 규정에 의한 특수경비업무의 개시 또는 종료의 신고는 별지 제7호서식에 의한다. 〈개정 2006.9.7〉

제6조(허가갱신) ① 법 제6조제2항에 따라 경비업의 갱신허가를 받으려는 자는 허가의 유효기간 만료일 30일 전까지 별지 제2호서식의 경비업 갱신허가신청서(전자문서로 된 신청서를 포함한다)에 허가증 원본 및 정관(변경사항이 있는 경우만 해당한다)을 첨부하여 법인의 주사무소를 관할하는 지방경찰청장 또는 해당 지방경찰청 소속의 경찰서장에게 제출하여야 한다. 경비업 갱신허가신청서를 제출받은 경찰서장은 이를 지체 없이 관할지방경찰청장에게 보내야 한다. 〈개정 2011.4.4〉

② 제1항에 따른 신청서를 제출받은 지방경찰청장은 「전자정부법」 제36조제1항에 따른 행정정보의 공동이용을 통하여 법인의 등기사항증명서를 확인하여야 한다. 〈신설 2006.9.7, 2010.9.10〉

③ 지방경찰청장은 법 제6조제2항의 규정에 의하여 갱신허가를 하는 때에는 유효기간이 만료되는 허가증을 회수한 후 별지 제3호서식의 허가증을 교부하여야 한다. 〈개정 2006.9.7, 2008.12.5〉

제7조(특수경비원의 신체조건) 법 제10조제2항제4호에서 "행정안전부령이 정하는 신체조건"이라 함은 팔과 다리가 완전하고 두 눈의 맨눈시력 각각 0.2

이상 또는 교정시력 각각 0.8 이상을 말한다. 〈개정 2008.3.6〉
[전문개정 2003.11.17]

제8조(응시원서) 법 제11조의 규정에 의한 경비지도사시험에 응시하고자 하는 자는 별지 제8호서식의 응시원서(전자문서로 된 원서를 포함한다)를 경찰청장에게 제출하여야 한다. 〈개정 2004.12.10〉

제9조(경비지도사에 대한 교육) ① 법 제11조제1항에서 "행정안전부령이 정하는 교육"이라 함은 경비지도사에 대한 별표 1의 규정에 의한 과목 및 시간의 교육을 말한다. 〈개정 2008.3.6〉
② 제1항의 규정에 의한 교육에 소요되는 비용은 경비지도사의 교육을 받는 자의 부담으로 한다.

제10조(경비지도사시험의 일부면제) 영 제13조제4호에서 "행정안전부령으로 정하는 교육과정을 이수한 사람"이란 다음 각 호의 어느 하나에 해당하는 사람을 말한다. 〈개정 2008.3.6, 2011.4.4〉

1. 고등교육법에 의한 전문대학 이상의 교육기관(경비지도사의 시험과목 3과목 이상이 개설된 교육기관에 한한다)에서 1년 이상의 경비업무관련 과정을 마친 사람
2. 경찰청장이 지정하는 기관 또는 단체에서 실시하는 64시간 이상의 경비지도사 양성과정을 마치고 수료시험에 합격한 사람

제11조(경비지도사자격증의 교부) 경찰청장은 법 제11조의 규정에 의한 경비지도사시험에 합격하고 제9조의 규정에 의한 경비지도사 교육을 받은 자에 대하여는 별지 제9호서식의 경비지도사자격증 교부대장에 소정의 사항을 기재한 후, 별지 제10호서식의 경비지도사 자격증을 교부하여야 한다.

제11조의2(경비원 직무교육 실시대장) 영 제17조제3항에 따른 경비원 직무교육 실시대장은 별지 제10호의2서식에 따른다.
[본조신설 2011.4.4]

제12조(일반경비원에 대한 신임교육의 실시 등) ① 영 제18조제4항의 규정에 의한 일반경비원 신임교육의 과목 및 시간은 별표 2와 같다.
② 경찰청장은 일반경비원에 대한 신임교육의 실시를 위하여 연도별 교육계획을 수립하고, 영 제18조제3항의 규정에 의한 일반경비원 신임교육 기관 또는 단체가 교육계획에 따라 교육을 실시하도록 하여야 한다.
〈개정 2006.2.2〉
③ 경비업자는 경비원을 새로이 채용한 때에는 근무배치후 2개월이 경과하기 전까지 신임교육을 받게 하여야 한다. 다만, 법 제18조제2항제1호 및 제2호의 규정에 의하여 배치하는 일반경비원의 경우에는 근무배치 전까지 신임교육을 받게 하여야 한다. 〈개정 2006.2.2, 2009.7.1〉
④ 영 제18조제3항의 규정에 의한 교육실시의 기관 또는 단체의 장은 제1항의 규정에 의한 신임교육의 과정을 마친 사람에 대하여는 별지 제11호서식의 일반경비원 신임교육 이수증교부대장에 그 사실을 기재한 후 별지 제12호서식의 일반경비원 신임교육이수증을 교부하여야 한다.
⑤ 경비업자는 일반경비원이 제1항의 규정에 의한 신임교육을 받은 때에는 제23조제1항의 규정에 의한 경비원의 명부에 그 사실을 기재하여야 한다.

제13조(일반경비원에 대한 직무교육의 시간 등) ① 영 제18조제2항의 규정에서 “행정안전부령이 정하는 시간”이라 함은 4시간을 말한다.
〈개정 2008.3.6, 2011.1.26〉
② 영 제18조제4항에 따른 일반경비원에 대한 직무교육의 과목은 일반경비원의 직무수행에 필요한 이론 · 실무과목, 그 밖에 정신교양 등으로 한다.
〈신설 2011.1.26〉

[제목개정 2011.1.26]

제14조(특수경비원에 대한 신임교육의 실시 등) ① 영 제19조제1항에 의한 특수경비원 신임교육의 과정을 개설하고자 하는 기관 또는 단체는 별표 3의 규정에 의한 시설 등을 갖추고 경찰청장에게 지정을 요청하여야 한다.

② 경찰청장은 제1항의 규정에 의한 교육과정을 개설하고자 하는 기관 또는 단체가 동항의 규정에 의한 지정을 요청한 때에는 별표 3의 규정에 의한 기준에 적합한 지의 여부를 확인한 후 그 기준에 적합한 경우 이를 특수경비원 신임교육을 실시할 수 있는 기관 또는 단체로 지정할 수 있다. 〈개정 2006.2.2〉

③ 제2항의 규정에 의하여 지정을 받은 기관 또는 단체는 신임교육의 과정에서 필요한 경우에는 관할 경찰관서장에게 경찰관서 시설물의 이용이나 전문적인 소양을 갖춘 경찰관의 파견을 요청할 수 있다. 〈개정 2006.2.2〉

제15조(특수경비원 교육과목 등) ① 영 제19조제4항의 규정에 의한 특수경비원 신임교육의 과목 및 시간은 별표 4와 같다.

② 영 제19조제1항의 규정에 의한 교육실시의 기관 또는 단체의 장은 제1항의 규정에 의한 신임교육의 과정을 마친 사람에 대하여는 별지 제11호서식의 특수경비원 신임교육 이수증교부대장이 그 사실을 기재한 후 별지 제12호서식의 특수경비원 신임교육이수증을 교부하여야 한다.

③ 경비업자는 특수경비원이 제1항의 규정에 의한 신임교육을 받은 때에는 제23조제1항의 규정에 의한 경비원의 명부에 그 사실을 기재하여야 한다.

제16조(특수경비원에 대한 직무교육의 시간 등) ① 영 제19조제3항에서 "행정안전부령이 정하는 시간"이란 6시간을 말한다. 〈개정 2008.3.6, 2011.1.26〉

② 관할경찰서장 및 공항경찰대장 등 국가중요시설의 경비책임자(이하 "관할경찰관서장"이라 한다)는 필요하다고 인정하는 경우에는 특수경비원이

배치된 경비대상시설에 소속공무원을 파견하여 직무집행에 필요한 교육을 실시할 수 있다.

③ 영 제19조제4항에 따른 특수경비원에 대한 직무교육의 과목은 특수경비원의 직무수행에 필요한 이론·실무과목, 그 밖에 정신교양 등으로 한다. 〈신설 2011.1.26〉

[제목개정 2011.1.26]

제17조(무기대여신청서) 영 제20조제1항의 규정에 의한 무기대여신청서는 별지 제13호서식에 의한다.

제18조(무기의 관리수칙 등) ①법 제14조제4항의 규정에 의하여 무기를 대여받은 국가중요시설의 시설주(이하 "시설주"라 한다) 또는 동조제7항의 규정에 의한 관리책임자(이하 "관리책임자"라 한다)는 다음 각호의 관리수칙에 따라 무기(탄약을 포함한다. 이하 같다)를 관리하여야 한다.

1. 무기의 관리를 위한 책임자를 지정하고 관할경찰관서장에게 이를 통보할 것
2. 무기고 및 탄약고는 단층에 설치하고 환기·방습·방화 및 총가 등의 시설을 할 것
3. 탄약고는 무기고와 사무실 등 많은 사람을 수용하거나 많은 사람이 오고 가는 시설과 떨어진 곳에 설치할 것
4. 무기고 및 탄약고에는 이중 시건장치를 하여야 하며, 열쇠는 관리책임자가 보관하되, 근무시간 이후에는 열쇠를 당직책임자에게 인계하여 보관시킬 것
5. 관할경찰관서장이 정하는 바에 의하여 무기의 관리실태를 매월 파악하여 다음 달 3일까지 관할경찰관서장에게 통보할 것
6. 대여받은 무기를 빼앗기거나 대여받은 무기가 분실·도난 또는 훼손되는 등의 사고가 발생한 때에는 관할경찰관서장에게 그 사유를 지체

없이 통보할 것

7. 대여받은 무기를 빼앗기거나 대여받은 무기가 분실 · 도난 또는 훼손된 때에는 경찰청장이 정하는 바에 의하여 그 전액을 배상할 것. 다만, 전시 · 사변, 천재 · 지변 그 밖의 불가항력의 사유가 있다고 지방경찰청장이 인정한 때에는 그러하지 아니하다.
8. 시설주는 자체계획을 수립하여 보관하고 있는 무기를 매주 1회 이상 손질할 수 있게 할 것

② 시설주 또는 관리책임자는 고의 또는 과실로 무기(부속품을 포함한다)를 빼앗기거나 무기가 분실 · 도난 또는 훼손되도록 한 특수경비원에 대하여 특수경비업자에게 교체 또는 징계 등의 조치를 요청할 수 있다. 이 경우 특수경비업자는 특별한 사유가 없는 한 이에 응하여야 한다.

③ 법 제14조제4항의 규정에 의하여 무기를 대여받은 시설주 또는 관리책임자가 특수경비원에게 무기를 출납하고자 하는 때에는 다음 각호의 관리수칙에 따라 무기를 관리하여야 한다.

1. 관할경찰관서장이 무기를 회수하여 집중적으로 관리하도록 지시하는 경우 또는 출납하는 탄약의 수를 증감하거나 출납을 중지하도록 지시하는 경우에는 이에 따를 것
2. 탄약의 출납은 소총에 있어서는 1정당 15발 이내, 권총에 있어서는 1정당 7발 이내로 하되, 생산된 후 오래된 탄약을 우선적으로 출납할 것
3. 무기를 지급받은 특수경비원으로 하여금 무기를 매주 1회 이상 손질하게 할 것
4. 수리가 필요한 무기가 있는 때에는 그 목록과 무기장비운영카드를 첨부하여 관할경찰관서장에게 수리를 요청할 것

④ 법 제14조제4항의 규정에 의하여 시설주로부터 무기를 지급받은 특수경비원은 다음 각호의 관리수칙에 따라 무기를 관리하여야 한다.

1. 무기를 지급받거나 반납하는 때 또는 무기의 인계 인수를 하는 때에는 반드시 "앞에 총"의 자세에서 "검사 총"을 할 것

2. 무기를 지급받은 때에는 별도의 지시가 없는 한 탄약은 무기로부터 분리하여 휴대하여야 하며, 소총은 "우로 어깨걸어 총"의 자세를 유지하고, 권총은 "권총집에 넣어 총"의 자세를 유지할 것
3. 지급받은 무기를 다른 사람에게 보관 · 휴대 또는 손질시키지 아니할 것
4. 무기를 손질 또는 조작하는 때에는 총구를 반드시 공중으로 향하게 할 것
5. 무기를 반납하는 때에는 손질을 철저히 한 후 반납하도록 할 것
6. 근무시간 이후에는 무기를 시설주에게 반납하거나 교대근무자에게 인계할 것

⑤ 시설주는 다음 각호의 1에 해당하는 특수경비원에 대하여 무기를 지급하여서는 아니되며, 지급된 무기가 있는 경우 이를 즉시 회수하여야 한다.

1. 형사사건으로 인하여 조사를 받고 있는 사람
2. 사의를 표명한 사람
3. 정신질환자
4. 그 밖에 무기를 지급하기에 부적합하다고 인정되는 사람

⑥ 시설주는 무기를 수송하는 때에는 출발하기 전에 관할경찰서장에게 그 사실을 통보하여야 하며, 통보를 받은 관할경찰서장은 1인 이상의 무장경찰관을 무기를 수송하는 자동차 등에 함께 타도록 하여야 한다.

제19조(제복) ① 경비원의 제복은 경찰공무원 또는 군인의 제복과 색상 및 표지장이 명확히 구별될 수 있어야 하며, 경비원임이 식별될 수 있는 복장으로 정하여야 한다.

② 경비업자가 경비원의 제복을 정한 때에는 주된 사무소를 관할하는 지방경찰청장에게 그 형식 및 색상을 확인할 수 있는 사진을 제출하여야 한다.

③ 경비원에 대한 지휘 · 감독을 위하여 조원 · 조장 · 반장 및 대장의 계급제도를 실시하는 경우 그 계급장은 별도 1에 의한다.

④ 경비원이 제복을 착용할 경우에는 별도 1 내지 별도 3에 의한 계급장·모장·흉장 및 표지장을 별도 4에서 규정된 위치에 붙여야 한다.
⑤ 경비업자는 근무의 지역 및 내용에 따라 경비원으로 하여금 제복외의 복장을 착용하게 할 수 있다. 〈개정 2006.2.2〉
⑥ 경비업자는 제5항의 규정에 의하여 제복외의 복장을 착용하는 경비원을 동일한 배치장소에 2인 이상을 배치할 경우 동일한 복장을 착용하게 하여야 한다. 다만, 신변보호 업무의 수행 등 부득이한 사유가 있는 경우에는 그러하지 아니하다. 〈신설 2006.2.2〉

제20조(장구 등) 경비원이 휴대하는 장구의 종류는 경적·경봉 및 분사기 등으로 하되, 근무중에 한하여 이를 휴대할 수 있다.

제21조(분사기의 휴대) 경비업자가 경비원으로 하여금 분사기를 휴대하여 직무를 수행하게 하는 경우에는 총포·도검·화약류등단속법에 의하여 미리 분사기의 소지허가를 받아야 한다.

제22조(출동차량의 도색 등) ① 기계경비업자는 출동차량의 도색 및 표지를 경찰차량 및 군차량과 명확히 구별될 수 있는 것으로 정하여야 한다.
② 기계경비업자는 출동차량의 도색 및 표지를 정한 때에는 그 도색 및 표지를 확인할 수 있는 사진을 주된 사무소를 관할하는 지방경찰청장에게 제출하여야 한다.

제23조(경비원의 명부) ① 법 제18조제1항의 규정에 의하여 경비업자가 갖추어 두어야 하는 경비원의 명부는 별지 제14호서식에 의한다.
② 경비업자는 제1항의 규정에 의한 경비원의 명부를 주된 사무소 및 출장소(영 제5조제3항의 규정에 의한 출장소를 말하며, 당해 출장소에 배치된 경비원에 한한다)에 갖추어 두고 이를 항상 정리하여야 한다.

③ 경비업자가 경비원을 채용하는 경우 법 제10조에 규정된 결격사유의 유무를 확인하기 위하여 필요한 때에는 주된 사무소 및 출장소를 관할하는 경찰관서장에게 범죄경력조회 등 필요한 협조를 요청할 수 있다.

제24조(경비원의 배치 및 배치폐지의 신고) ① 경비업자는 법 제18조제2항의 규정에 의하여 경비업무를 수행하기 위하여 20일 이상 경비원을 배치하거나 그 기간을 연장하고자 하는 때에는 경비원을 배치한 후 7일 이내에 별지 제15호서식의 경비원 배치신고서(전자문서로 된 신고서를 포함한다)를 배치지의 관할경찰관서장에게 제출하여야 한다. 다만, 법 제18조제2항제1호의 규정에 의하여 다음 각호의 장소에 일반경비원을 배치하는 때에는 경비원을 배치하는 기간과 관계없이 경비원을 배치하기 24시간 전까지 제출하여야 한다. 〈개정 2006.2.2, 2009.7.1〉

1. 영 제30조의 규정에 의하여 지방경찰청장이 행사장 그 밖의 많은 사람들이 모이는 시설 또는 장소로서 혼잡 등으로 인한 위험의 발생을 방지하기 위하여 경비원에 의한 경비가 필요하다고 인정하는 장소
2. 노사분규가 진행 중인 사업장 또는 노사분규가 발생할 것으로 예상되는 사업장
3. 주택재개발 · 재건축관련 이해대립이 있어 다툼이 있는 장소
4. 특정 시설물의 설치와 관련하여 민원이 있는 장소
5. 주주총회와 관련하여 이해대립이 있어 다툼이 있는 장소
6. 건물 · 토지 등 부동산 및 동산에 대한 소유권 · 운영권 · 관리권 · 점유권 등 법적 권리에 대한 이해대립이 있어 다툼이 있는 장소

② 제1항의 규정에 의하여 경비원의 배치신고를 한 경비업자가 경비원의 배치를 폐지한 때에는 배치폐지를 한 날부터 7일 이내에 별지 제15호서식의 경비원 배치폐지신고서(전자문서로 된 신고서를 포함한다)를 배치지의 관할경찰관서장에게 제출하여야 한다. 다만, 경비원 배치신고시에 기재한 배치폐지 예정일에 경비원의 배치를 폐지한 경우에는 그러하지 아니하다.

〈개정 2004.12.10, 2009.7.1〉

제25조(경비전화의 가설) ① 관할경찰관서장은 시설주의 신청에 의하여 특수경비원이 배치된 국가중요시설 등에 경비전화를 가설할 수 있다.

② 제1항의 규정에 의하여 경비전화를 가설하는 경우의 소요경비는 시설주의 부담으로 한다.

제26조(갖추어 두어야 하는 장부 또는 서류) ① 특수경비원을 배치한 시설주는 다음 각호의 장부 및 서류를 갖추어 두어야 한다.

1. 근무일지
2. 근무상황카드
3. 경비구역배치도
4. 순찰표철
5. 무기탄약출납부
6. 무기장비운영카드

② 특수경비원을 배치한 국가중요시설의 관할경찰관서장은 다음 각호의 장부 및 서류를 갖추어 두어야 한다.

1. 감독순시부
2. 특수경비원 전·출입관계철
3. 특수경비원 교육훈련실시부
4. 무기·탄약대여대장
5. 그 밖에 특수경비원의 관리 등을 위하여 필요한 장부 또는 서류

③ 제1항 및 제2항의 규정에 의한 장부 또는 서류의 서식은 경찰관서에서 사용하는 서식을 준용한다.

제27조(신분증명서의 발급) ① 경비지도사 및 경비원의 신분증명서는 경비지도사 또는 경비원이 소속된 경비업자가 발급한다.

② 제1항의 규정에 의한 신분증명서의 규격 및 지질은 별도 5와 같다.

제28조(과태료 부과 고지서 등) ① 법 제31조제1항에 따른 과태료 부과의 사전 통지는 별지 제16호서식의 과태료 부과 사전 통지서에 따른다.

② 법 제31조제1항에 따른 과태료의 부과는 별지 제17호서식의 과태료 부과 고지서에 따른다.

[전문개정 2008.12.5]

부칙 <제210호, 2011. 4. 4>

이 규칙은 공포 후 3개월이 경과한 날부터 시행한다.

개인정보 보호법

[시행 2011. 9.30] [법률 제10465호, 2011. 3.29, 제정]

제1장 총칙

제1조(목적) 이 법은 개인정보의 수집 · 유출 · 오용 · 남용으로부터 사생활의 비밀 등을 보호함으로써 국민의 권리와 이익을 증진하고, 나아가 개인의 존엄과 가치를 구현하기 위하여 개인정보 처리에 관한 사항을 규정함을 목적으로 한다.

[시행일 : 2011.9.30] 제1조

제2조(정의) 이 법에서 사용하는 용어의 뜻은 다음과 같다.

1. "개인정보"란 살아 있는 개인에 관한 정보로서 성명, 주민등록번호 및 영상 등을 통하여 개인을 알아볼 수 있는 정보(해당 정보만으로는 특정 개인을 알아볼 수 없더라도 다른 정보와 쉽게 결합하여 알아볼 수 있는 것을 포함한다)를 말한다.
2. "처리"란 개인정보의 수집, 생성, 기록, 저장, 보유, 가공, 편집, 검색, 출력, 정정(訂正), 복구, 이용, 제공, 공개, 파기(破棄), 그 밖에 이와 유사한 행위를 말한다.
3. "정보주체"란 처리되는 정보에 의하여 알아볼 수 있는 사람으로서 그 정보의 주체가 되는 사람을 말한다.
4. "개인정보파일"이란 개인정보를 쉽게 검색할 수 있도록 일정한 규칙에 따라 체계적으로 배열하거나 구성한 개인정보의 집합물(集合物)을 말한다.
5. "개인정보처리자"란 업무를 목적으로 개인정보파일을 운용하기 위하여

스스로 또는 다른 사람을 통하여 개인정보를 처리하는 공공기관, 법인, 단체 및 개인 등을 말한다.

6. "공공기관"이란 다음 각 목의 기관을 말한다.
   가. 국회, 법원, 헌법재판소, 중앙선거관리위원회의 행정사무를 처리하는 기관, 중앙행정기관(대통령 소속 기관과 국무총리 소속 기관을 포함한다) 및 그 소속 기관, 지방자치단체
   나. 그 밖의 국가기관 및 공공단체 중 대통령령으로 정하는 기관
7. "영상정보처리기기"란 일정한 공간에 지속적으로 설치되어 사람 또는 사물의 영상 등을 촬영하거나 이를 유·무선망을 통하여 전송하는 장치로서 대통령령으로 정하는 장치를 말한다.

[시행일 : 2011.9.30] 제2조

제3조(개인정보 보호 원칙) ① 개인정보처리자는 개인정보의 처리 목적을 명확하게 하여야 하고 그 목적에 필요한 범위에서 최소한의 개인정보만을 적법하고 정당하게 수집하여야 한다.

② 개인정보처리자는 개인정보의 처리 목적에 필요한 범위에서 적합하게 개인정보를 처리하여야 하며, 그 목적 외의 용도로 활용하여서는 아니 된다.

③ 개인정보처리자는 개인정보의 처리 목적에 필요한 범위에서 개인정보의 정확성, 완전성 및 최신성이 보장되도록 하여야 한다.

④ 개인정보처리자는 개인정보의 처리 방법 및 종류 등에 따라 정보주체의 권리가 침해받을 가능성과 그 위험 정도를 고려하여 개인정보를 안전하게 관리하여야 한다.

⑤ 개인정보처리자는 개인정보 처리방침 등 개인정보의 처리에 관한 사항을 공개하여야 하며, 열람청구권 등 정보주체의 권리를 보장하여야 한다.

⑥ 개인정보처리자는 정보주체의 사생활 침해를 최소화하는 방법으로 개인정보를 처리하여야 한다.

⑦ 개인정보처리자는 개인정보의 익명처리가 가능한 경우에는 익명에 의

하여 처리될 수 있도록 하여야 한다.

⑧ 개인정보처리자는 이 법 및 관계 법령에서 규정하고 있는 책임과 의무를 준수하고 실천함으로써 정보주체의 신뢰를 얻기 위하여 노력하여야 한다.

[시행일 : 2011.9.30] 제3조

제4조(정보주체의 권리) 정보주체는 자신의 개인정보 처리와 관련하여 다음 각 호의 권리를 가진다.

1. 개인정보의 처리에 관한 정보를 제공받을 권리
2. 개인정보의 처리에 관한 동의 여부, 동의 범위 등을 선택하고 결정할 권리
3. 개인정보의 처리 여부를 확인하고 개인정보에 대하여 열람(사본의 발급을 포함한다. 이하 같다)을 요구할 권리
4. 개인정보의 처리 정지, 정정 · 삭제 및 파기를 요구할 권리
5. 개인정보의 처리로 인하여 발생한 피해를 신속하고 공정한 절차에 따라 구제받을 권리

[시행일 : 2011.9.30] 제4조

제5조(국가 등의 책무) ① 국가와 지방자치단체는 개인정보의 목적 외 수집, 오용 · 남용 및 무분별한 감시 · 추적 등에 따른 폐해를 방지하여 인간의 존엄과 개인의 사생활 보호를 도모하기 위한 시책을 강구하여야 한다.

② 국가와 지방자치단체는 제4조에 따른 정보주체의 권리를 보호하기 위하여 법령의 개선 등 필요한 시책을 마련하여야 한다.

③ 국가와 지방자치단체는 개인정보의 처리에 관한 불합리한 사회적 관행을 개선하기 위하여 개인정보처리자의 자율적인 개인정보 보호활동을 존중하고 촉진 · 지원하여야 한다.

④ 국가와 지방자치단체는 개인정보의 처리에 관한 법령 또는 조례를 제정하거나 개정하는 경우에는 이 법의 목적에 부합되도록 하여야 한다.

[시행일 : 2011.9.30] 제5조

제6조(다른 법률과의 관계) 개인정보 보호에 관하여는 「정보통신망 이용촉진 및 정보보호 등에 관한 법률」, 「신용정보의 이용 및 보호에 관한 법률」 등 다른 법률에 특별한 규정이 있는 경우를 제외하고는 이 법에서 정하는 바에 따른다.

[시행일 : 2011.9.30] 제6조

제2장 개인정보 보호정책의 수립 등

제7조(개인정보 보호위원회) ① 개인정보 보호에 관한 사항을 심의·의결하기 위하여 대통령 소속으로 개인정보 보호위원회(이하 "보호위원회"라 한다)를 둔다. 보호위원회는 그 권한에 속하는 업무를 독립하여 수행한다.

② 보호위원회는 위원장 1명, 상임위원 1명을 포함한 15명 이내의 위원으로 구성하되, 상임위원은 정무직 공무원으로 임명한다.

③ 위원장은 위원 중에서 공무원이 아닌 사람으로 대통령이 위촉한다.

④ 위원은 다음 각 호의 어느 하나에 해당하는 사람을 대통령이 임명하거나 위촉한다. 이 경우 위원 중 5명은 국회가 선출하는 자를, 5명은 대법원장이 지명하는 자를 각각 임명하거나 위촉한다.

1. 개인정보 보호와 관련된 시민사회단체 또는 소비자단체로부터 추천을 받은 사람
2. 개인정보처리자로 구성된 사업자단체로부터 추천을 받은 사람
3. 그 밖에 개인정보에 관한 학식과 경험이 풍부한 사람

⑤ 위원장과 위원의 임기는 3년으로 하되, 1차에 한하여 연임할 수 있다.

⑥ 보호위원회의 회의는 위원장이 필요하다고 인정하거나 재적위원 4분의 1 이상의 요구가 있는 경우에 위원장이 소집한다.

⑦ 보호위원회는 재적위원 과반수의 출석과 출석위원 과반수의 찬성으로 의결한다.

⑧ 보호위원회의 사무를 지원하기 위하여 보호위원회에 사무국을 둔다.

⑨ 제1항부터 제8항까지에서 규정한 사항 외에 보호위원회의 조직과 운영에 필요한 사항은 대통령령으로 정한다.

[시행일 : 2011.9.30] 제7조

제8조(보호위원회의 기능 등) ① 보호위원회는 다음 각 호의 사항을 심의 · 의결한다.

1. 제9조에 따른 기본계획 및 제10조에 따른 시행계획
2. 개인정보 보호와 관련된 정책, 제도 및 법령의 개선에 관한 사항
3. 개인정보의 처리에 관한 공공기관 간의 의견조정에 관한 사항
4. 개인정보 보호에 관한 법령의 해석 · 운용에 관한 사항
5. 제18조제2항제5호에 따른 개인정보의 이용 · 제공에 관한 사항
6. 제33조제3항에 따른 영향평가 결과에 관한 사항
7. 제61조제1항에 따른 의견제시에 관한 사항
8. 제64조제4항에 따른 조치의 권고에 관한 사항
9. 제66조에 따른 처리 결과의 공표에 관한 사항
10. 제67조제1항에 따른 연차보고서의 작성 · 제출에 관한 사항
11. 개인정보 보호와 관련하여 대통령, 보호위원회의 위원장 또는 위원 2명 이상이 회의에 부치는 사항
12. 그 밖에 이 법 또는 다른 법령에 따라 보호위원회가 심의 · 의결하는 사항

② 보호위원회는 제1항 각 호의 사항을 심의 · 의결하기 위하여 필요하면 관계 공무원, 개인정보 보호에 관한 전문 지식이 있는 사람이나 시민사회단체 및 관련 사업자로부터 의견을 들을 수 있고, 관계기관 등에 대하여 자료 등의 제출을 요구할 수 있다.

[시행일 : 2011.9.30] 제8조

제9조(기본계획) ① 개인정보의 보호와 정보주체의 권익 보장을 위하여 행정

안전부장관은 3년마다 개인정보 보호 기본계획(이하 "기본계획"이라 한다)을 관계 중앙행정기관의 장과 협의 하에 작성하여 보호위원회에 제출하고, 보호위원회의 심의 · 의결을 거쳐 시행하여야 한다.

② 기본계획에는 다음 각 호의 사항이 포함되어야 한다.

1. 개인정보 보호의 기본목표와 추진방향
2. 개인정보 보호와 관련된 제도 및 법령의 개선
3. 개인정보 침해 방지를 위한 대책
4. 개인정보 보호 자율규제의 활성화
5. 개인정보 보호 교육 · 홍보의 활성화
6. 개인정보 보호를 위한 전문인력의 양성
7. 그 밖에 개인정보 보호를 위하여 필요한 사항

③ 국회, 법원, 헌법재판소, 중앙선거관리위원회는 해당 기관(그 소속 기관을 포함한다)의 개인정보 보호를 위한 기본계획을 수립 · 시행할 수 있다.

[시행일 : 2011.9.30] 제9조

제10조(시행계획) ① 중앙행정기관의 장은 기본계획에 따라 매년 개인정보 보호를 위한 시행계획을 작성하여 보호위원회에 제출하고, 보호위원회의 심의 · 의결을 거쳐 시행하여야 한다.

② 시행계획의 수립 · 시행에 필요한 사항은 대통령령으로 정한다.

[시행일 : 2011.9.30] 제10조

제11조(자료제출 요구 등) ① 행정안전부장관은 기본계획을 효율적으로 수립 · 추진하기 위하여 개인정보처리자, 관계 중앙행정기관의 장, 지방자치단체의 장 및 관계 단체 등에 개인정보처리자의 법규 준수 현황과 개인정보 관리 실태 등에 관한 자료의 제출이나 의견의 진술 등을 요구할 수 있다.

② 중앙행정기관의 장은 시행계획을 효율적으로 수립 · 추진하기 위하여 소관 분야의 개인정보처리자에게 제1항에 따른 자료제출 등을 요구할 수 있다.

③ 제1항 및 제2항에 따른 자료제출 등을 요구받은 자는 특별한 사정이 없으면 이에 따라야 한다.

④ 제1항 및 제2항에 따른 자료제출 등의 범위와 방법 등 필요한 사항은 대통령령령으로 정한다.

[시행일 : 2011.9.30] 제11조

제12조(개인정보 보호지침) ① 행정안전부장관은 개인정보의 처리에 관한 기준, 개인정보 침해의 유형 및 예방조치 등에 관한 표준 개인정보 보호지침(이하 "표준지침"이라 한다)을 정하여 개인정보처리자에게 그 준수를 권장할 수 있다.

② 중앙행정기관의 장은 표준지침에 따라 소관 분야의 개인정보 처리와 관련한 개인정보 보호지침을 정하여 개인정보처리자에게 그 준수를 권장할 수 있다.

③ 국회, 법원, 헌법재판소 및 중앙선거관리위원회는 해당 기관(그 소속 기관을 포함한다)의 개인정보 보호지침을 정하여 시행할 수 있다.

[시행일 : 2011.9.30] 제12조

제13조(자율규제의 촉진 및 지원) 행정안전부장관은 개인정보처리자의 자율적인 개인정보 보호활동을 촉진하고 지원하기 위하여 다음 각 호의 필요한 시책을 마련하여야 한다.

1. 개인정보 보호에 관한 교육 · 홍보
2. 개인정보 보호와 관련된 기관 · 단체의 육성 및 지원
3. 개인정보 보호 인증마크의 도입 · 시행 지원
4. 개인정보처리자의 자율적인 규약의 제정 · 시행 지원
5. 그 밖에 개인정보처리자의 자율적 개인정보 보호활동을 지원하기 위하여 필요한 사항

[시행일 : 2011.9.30] 제13조

제14조(국제협력) ① 정부는 국제적 환경에서의 개인정보 보호 수준을 향상시키기 위하여 필요한 시책을 마련하여야 한다.

② 정부는 개인정보 국외 이전으로 인하여 정보주체의 권리가 침해되지 아니하도록 관련 시책을 마련하여야 한다.

[시행일 : 2011.9.30] 제14조

제3장 개인정보의 처리

제1절 개인정보의 수집, 이용, 제공 등

제15조(개인정보의 수집·이용) ① 개인정보처리자는 다음 각 호의 어느 하나에 해당하는 경우에는 개인정보를 수집할 수 있으며 그 수집 목적의 범위에서 이용할 수 있다.

1. 정보주체의 동의를 받은 경우
2. 법률에 특별한 규정이 있거나 법령상 의무를 준수하기 위하여 불가피한 경우
3. 공공기관이 법령 등에서 정하는 소관 업무의 수행을 위하여 불가피한 경우
4. 정보주체와의 계약의 체결 및 이행을 위하여 불가피하게 필요한 경우
5. 정보주체 또는 그 법정대리인이 의사표시를 할 수 없는 상태에 있거나 주소불명 등으로 사전 동의를 받을 수 없는 경우로서 명백히 정보주체 또는 제3자의 급박한 생명, 신체, 재산의 이익을 위하여 필요하다고 인정되는 경우
6. 개인정보처리자의 정당한 이익을 달성하기 위하여 필요한 경우로서 명백하게 정보주체의 권리보다 우선하는 경우. 이 경우 개인정보처리자의 정당한 이익과 상당한 관련이 있고 합리적인 범위를 초과하지 아니하는 경우에 한한다.

② 개인정보처리자는 제1항제1호에 따른 동의를 받을 때에는 다음 각 호의

사항을 정보주체에게 알려야 한다. 다음 각 호의 어느 하나의 사항을 변경하는 경우에도 이를 알리고 동의를 받아야 한다.

1. 개인정보의 수집 · 이용 목적
2. 수집하려는 개인정보의 항목
3. 개인정보의 보유 및 이용 기간
4. 동의를 거부할 권리가 있다는 사실 및 동의 거부에 따른 불이익이 있는 경우에는 그 불이익의 내용

[시행일 : 2011.9.30] 제15조

제16조(개인정보의 수집 제한) ① 개인정보처리자는 제15조제1항 각 호의 어느 하나에 해당하여 개인정보를 수집하는 경우에는 그 목적에 필요한 최소한의 개인정보를 수집하여야 한다. 이 경우 최소한의 개인정보 수집이라는 입증책임은 개인정보처리자가 부담한다.

② 개인정보처리자는 정보주체가 필요한 최소한의 정보 외의 개인정보 수집에 동의하지 아니한다는 이유로 정보주체에게 재화 또는 서비스의 제공을 거부하여서는 아니 된다.

[시행일 : 2011.9.30] 제16조

제17조(개인정보의 제공) ① 개인정보처리자는 다음 각 호의 어느 하나에 해당되는 경우에는 정보주체의 개인정보를 제3자에게 제공(공유를 포함한다. 이하 같다)할 수 있다.

1. 정보주체의 동의를 받은 경우
2. 제15조제1항제2호 · 제3호 및 제5호에 따라 개인정보를 수집한 목적 범위에서 개인정보를 제공하는 경우

② 개인정보처리자는 제1항제1호에 따른 동의를 받을 때에는 다음 각 호의 사항을 정보주체에게 알려야 한다. 다음 각 호의 어느 하나의 사항을 변경하는 경우에도 이를 알리고 동의를 받아야 한다.

1. 개인정보를 제공받는 자
2. 개인정보를 제공받는 자의 개인정보 이용 목적
3. 제공하는 개인정보의 항목
4. 개인정보를 제공받는 자의 개인정보 보유 및 이용 기간
5. 동의를 거부할 권리가 있다는 사실 및 동의 거부에 따른 불이익이 있는 경우에는 그 불이익의 내용

③ 개인정보처리자가 개인정보를 국외의 제3자에게 제공할 때에는 제2항 각 호에 따른 사항을 정보주체에게 알리고 동의를 받아야 하며, 이 법을 위반하는 내용으로 개인정보의 국외 이전에 관한 계약을 체결하여서는 아니 된다.

[시행일 : 2011.9.30] 제17조

제18조(개인정보의 이용·제공 제한) ① 개인정보처리자는 개인정보를 제15조제1항에 따른 범위를 초과하여 이용하거나 제17조제1항 및 제3항에 따른 범위를 초과하여 제3자에게 제공하여서는 아니 된다.

② 제1항에도 불구하고 개인정보처리자는 다음 각 호의 어느 하나에 해당하는 경우에는 정보주체 또는 제3자의 이익을 부당하게 침해할 우려가 있을 때를 제외하고는 개인정보를 목적 외의 용도로 이용하거나 이를 제3자에게 제공할 수 있다. 다만, 제5호부터 제9호까지의 경우는 공공기관의 경우로 한정한다.

1. 정보주체로부터 별도의 동의를 받은 경우
2. 다른 법률에 특별한 규정이 있는 경우
3. 정보주체 또는 그 법정대리인이 의사표시를 할 수 없는 상태에 있거나 주소불명 등으로 사전 동의를 받을 수 없는 경우로서 명백히 정보주체 또는 제3자의 급박한 생명, 신체, 재산의 이익을 위하여 필요하다고 인정되는 경우
4. 통계작성 및 학술연구 등의 목적을 위하여 필요한 경우로서 특정 개

인을 알아볼 수 없는 형태로 개인정보를 제공하는 경우

5. 개인정보를 목적 외의 용도로 이용하거나 이를 제3자에게 제공하지 아니하면 다른 법률에서 정하는 소관 업무를 수행할 수 없는 경우로서 보호위원회의 심의·의결을 거친 경우
6. 조약, 그 밖의 국제협정의 이행을 위하여 외국정부 또는 국제기구에 제공하기 위하여 필요한 경우
7. 범죄의 수사와 공소의 제기 및 유지를 위하여 필요한 경우
8. 법원의 재판업무 수행을 위하여 필요한 경우
9. 형(刑) 및 감호, 보호처분의 집행을 위하여 필요한 경우

③ 개인정보처리자는 제2항제1호에 따른 동의를 받을 때에는 다음 각 호의 사항을 정보주체에게 알려야 한다. 다음 각 호의 어느 하나의 사항을 변경하는 경우에도 이를 알리고 동의를 받아야 한다.

1. 개인정보를 제공받는 자
2. 개인정보의 이용 목적(제공 시에는 제공받는 자의 이용 목적을 말한다)
3. 이용 또는 제공하는 개인정보의 항목
4. 개인정보의 보유 및 이용 기간(제공 시에는 제공받는 자의 보유 및 이용 기간을 말한다)
5. 동의를 거부할 권리가 있다는 사실 및 동의 거부에 따른 불이익이 있는 경우에는 그 불이익의 내용

④ 공공기관은 제2항제2호부터 제6호까지, 제8호 및 제9호에 따라 개인정보를 목적 외의 용도로 이용하거나 이를 제3자에게 제공하는 경우에는 그 이용 또는 제공의 법적 근거, 목적 및 범위 등에 관하여 필요한 사항을 행정안전부령으로 정하는 바에 따라 관보 또는 인터넷 홈페이지 등에 게재하여야 한다.

⑤ 개인정보처리자는 제2항 각 호의 어느 하나의 경우에 해당하여 개인정보를 목적 외의 용도로 제3자에게 제공하는 경우에는 개인정보를 제공받는 자에게 이용 목적, 이용 방법, 그 밖에 필요한 사항에 대하여 제한을 하거

나, 개인정보의 안전성 확보를 위하여 필요한 조치를 마련하도록 요청하여야 한다. 이 경우 요청을 받은 자는 개인정보의 안전성 확보를 위하여 필요한 조치를 하여야 한다.

[시행일 : 2011.9.30] 제18조

제19조(개인정보를 제공받은 자의 이용·제공 제한) 개인정보처리자로부터 개인정보를 제공받은 자는 다음 각 호의 어느 하나에 해당하는 경우를 제외하고는 개인정보를 제공받은 목적 외의 용도로 이용하거나 이를 제3자에게 제공하여서는 아니 된다.

1. 정보주체로부터 별도의 동의를 받은 경우
2. 다른 법률에 특별한 규정이 있는 경우

[시행일 : 2011.9.30] 제19조

제20조(정보주체 이외로부터 수집한 개인정보의 수집 출처 등 고지) ① 개인정보처리자가 정보주체 이외로부터 수집한 개인정보를 처리하는 때에는 정보주체의 요구가 있으면 즉시 다음 각 호의 모든 사항을 정보주체에게 알려야 한다.

1. 개인정보의 수집 출처
2. 개인정보의 처리 목적
3. 제37조에 따른 개인정보 처리의 정지를 요구할 권리가 있다는 사실

② 제1항은 다음 각 호의 어느 하나에 해당하는 경우에는 적용하지 아니한다. 다만, 이 법에 따른 정보주체의 권리보다 명백히 우선하는 경우에 한한다.

1. 고지를 요구하는 대상이 되는 개인정보가 제32조제2항 각 호의 어느 하나에 해당하는 개인정보파일에 포함되어 있는 경우
2. 고지로 인하여 다른 사람의 생명 · 신체를 해할 우려가 있거나 다른 사람의 재산과 그 밖의 이익을 부당하게 침해할 우려가 있는 경우

[시행일 : 2011.9.30] 제20조

제21조(개인정보의 파기) ① 개인정보처리자는 보유기간의 경과, 개인정보의 처리 목적 달성 등 그 개인정보가 불필요하게 되었을 때에는 지체 없이 그 개인정보를 파기하여야 한다. 다만, 다른 법령에 따라 보존하여야 하는 경우에는 그러하지 아니하다.

② 개인정보처리자가 제1항에 따라 개인정보를 파기할 때에는 복구 또는 재생되지 아니하도록 조치하여야 한다.

③ 개인정보처리자가 제1항 단서에 따라 개인정보를 파기하지 아니하고 보존하여야 하는 경우에는 해당 개인정보 또는 개인정보파일을 다른 개인정보와 분리하여서 저장 · 관리하여야 한다.

④ 개인정보의 파기방법 및 절차 등에 필요한 사항은 대통령령으로 정한다.

[시행일 : 2011.9.30] 제21조

제22조(동의를 받는 방법) ① 개인정보처리자는 이 법에 따른 개인정보의 처리에 대하여 정보주체(제5항에 따른 법정대리인을 포함한다. 이하 이 조에서 같다)의 동의를 받을 때에는 각각의 동의사항을 구분하여 정보주체가 이를 명확하게 인지할 수 있도록 알리고 각각 동의를 받아야 한다.

② 개인정보처리자는 제15조제1항제1호, 제17조제1항제1호, 제23조제1호 및 제24조제1항제1호에 따라 개인정보의 처리에 대하여 정보주체의 동의를 받을 때에는 정보주체와의 계약 체결 등을 위하여 정보주체의 동의 없이 처리할 수 있는 개인정보와 정보주체의 동의가 필요한 개인정보를 구분하여야 한다. 이 경우 동의 없이 처리할 수 있는 개인정보라는 입증책임은 개인정보처리자가 부담한다.

③ 개인정보처리자는 정보주체에게 재화나 서비스를 홍보하거나 판매를 권유하기 위하여 개인정보의 처리에 대한 동의를 받으려는 때에는 정보주체가 이를 명확하게 인지할 수 있도록 알리고 동의를 받아야 한다.

④ 개인정보처리자는 정보주체가 제2항에 따라 선택적으로 동의할 수 있는 사항을 동의하지 아니하거나 제3항 및 제18조제2항제1호에 따른 동의를 하

지 아니한다는 이유로 정보주체에게 재화 또는 서비스의 제공을 거부하여서는 아니 된다.

⑤ 개인정보처리자는 만 14세 미만 아동의 개인정보를 처리하기 위하여 이 법에 따른 동의를 받아야 할 때에는 그 법정대리인의 동의를 받아야 한다. 이 경우 법정대리인의 동의를 받기 위하여 필요한 최소한의 정보는 법정대리인의 동의 없이 해당 아동으로부터 직접 수집할 수 있다.

⑥ 제1항부터 제5항까지에서 규정한 사항 외에 정보주체의 동의를 받는 세부적인 방법 및 제5항에 따른 최소한의 정보의 내용에 관하여 필요한 사항은 개인정보의 수집매체 등을 고려하여 대통령령으로 정한다.

[시행일 : 2011.9.30] 제22조

제2절 개인정보의 처리 제한

제23조(민감정보의 처리 제한) 개인정보처리자는 사상 · 신념, 노동조합 · 정당의 가입 · 탈퇴, 정치적 견해, 건강, 성생활 등에 관한 정보, 그 밖에 정보주체의 사생활을 현저히 침해할 우려가 있는 개인정보로서 대통령령으로 정하는 정보(이하 "민감정보"라 한다)를 처리하여서는 아니 된다. 다만, 다음 각 호의 어느 하나에 해당하는 경우에는 그러하지 아니하다.

1. 정보주체에게 제15조제2항 각 호 또는 제17조제2항 각 호의 사항을 알리고 다른 개인정보의 처리에 대한 동의와 별도로 동의를 받은 경우
2. 법령에서 민감정보의 처리를 요구하거나 허용하는 경우

[시행일 : 2011.9.30] 제23조

제24조(고유식별정보의 처리 제한) ① 개인정보처리자는 다음 각 호의 경우를 제외하고는 법령에 따라 개인을 고유하게 구별하기 위하여 부여된 식별정보로서 대통령령으로 정하는 정보(이하 "고유식별정보"라 한다)를 처리할 수 없다.

1. 정보주체에게 제15조제2항 각 호 또는 제17조제2항 각 호의 사항을

알리고 다른 개인정보의 처리에 대한 동의와 별도로 동의를 받은 경우
2. 법령에서 구체적으로 고유식별정보의 처리를 요구하거나 허용하는 경우

② 대통령령으로 정하는 기준에 해당하는 개인정보처리자는 정보주체가 인터넷 홈페이지를 통하여 회원으로 가입할 경우 주민등록번호를 사용하지 아니하고도 회원으로 가입할 수 있는 방법을 제공하여야 한다.

③ 개인정보처리자가 제1항 각 호에 따라 고유식별정보를 처리하는 경우에는 그 고유식별정보가 분실 · 도난 · 유출 · 변조 또는 훼손되지 아니하도록 대통령령으로 정하는 바에 따라 암호화 등 안전성 확보에 필요한 조치를 하여야 한다.

④ 행정안전부장관은 제2항에 따른 방법의 제공을 지원하기 위하여 관계 법령의 정비, 계획의 수립, 필요한 시설 및 시스템의 구축 등 제반 조치를 마련할 수 있다.

[시행일 : 2012.3.30] 제24조제2항

제25조(영상정보처리기기의 설치 · 운영 제한) ① 누구든지 다음 각 호의 경우를 제외하고는 공개된 장소에 영상정보처리기기를 설치 · 운영하여서는 아니 된다.

1. 법령에서 구체적으로 허용하고 있는 경우
2. 범죄의 예방 및 수사를 위하여 필요한 경우
3. 시설안전 및 화재 예방을 위하여 필요한 경우
4. 교통단속을 위하여 필요한 경우
5. 교통정보의 수집 · 분석 및 제공을 위하여 필요한 경우

② 누구든지 불특정 다수가 이용하는 목욕실, 화장실, 발한실(發汗室), 탈의실 등 개인의 사생활을 현저히 침해할 우려가 있는 장소의 내부를 볼 수 있도록 영상정보처리기기를 설치 · 운영하여서는 아니 된다. 다만, 교도소, 정신보건 시설 등 법령에 근거하여 사람을 구금하거나 보호하는 시설로서 대통령령으로 정하는 시설에 대하여는 그러하지 아니하다.

③ 제1항 각 호에 따라 영상정보처리기기를 설치 · 운영하려는 공공기관의 장과 제2항 단서에 따라 영상정보처리기기를 설치 · 운영하려는 자는 공청회 · 설명회의 개최 등 대통령령으로 정하는 절차를 거쳐 관계 전문가 및 이해관계인의 의견을 수렴하여야 한다.

④ 제1항 각 호에 따라 영상정보처리기기를 설치 · 운영하는 자(이하 "영상정보처리기기운영자"라 한다)는 정보주체가 쉽게 인식할 수 있도록 대통령령으로 정하는 바에 따라 안내판 설치 등 필요한 조치를 하여야 한다. 다만, 대통령령으로 정하는 시설에 대하여는 그러하지 아니하다.

⑤ 영상정보처리기기운영자는 영상정보처리기기의 설치 목적과 다른 목적으로 영상정보처리기기를 임의로 조작하거나 다른 곳을 비춰서는 아니 되며, 녹음기능은 사용할 수 없다.

⑥ 영상정보처리기기운영자는 개인정보가 분실 · 도난 · 유출 · 변조 또는 훼손되지 아니하도록 제29조에 따라 안전성 확보에 필요한 조치를 하여야 한다.

⑦ 영상정보처리기기운영자는 대통령령으로 정하는 바에 따라 영상정보처리기기 운영 · 관리 방침을 마련하여야 한다. 이 경우 제30조에 따른 개인정보 처리방침을 정하지 아니할 수 있다.

⑧ 영상정보처리기기운영자는 영상정보처리기기의 설치 · 운영에 관한 사무를 위탁할 수 있다. 다만, 공공기관이 영상정보처리기기 설치 · 운영에 관한 사무를 위탁하는 경우에는 대통령령으로 정하는 절차 및 요건에 따라야 한다.

[시행일 : 2011.9.30] 제25조

제26조(업무위탁에 따른 개인정보의 처리 제한) ① 개인정보처리자가 제3자에게 개인정보의 처리 업무를 위탁하는 경우에는 다음 각 호의 내용이 포함된 문서에 의하여야 한다.

1. 위탁업무 수행 목적 외 개인정보의 처리 금지에 관한 사항

2. 개인정보의 기술적 · 관리적 보호조치에 관한 사항
3. 그 밖에 개인정보의 안전한 관리를 위하여 대통령령으로 정한 사항

② 제1항에 따라 개인정보의 처리 업무를 위탁하는 개인정보처리자(이하 "위탁자"라 한다)는 위탁하는 업무의 내용과 개인정보 처리 업무를 위탁받아 처리하는 자(이하 "수탁자"라 한다)를 정보주체가 언제든지 쉽게 확인할 수 있도록 대통령령으로 정하는 방법에 따라 공개하여야 한다.

③ 위탁자가 재화 또는 서비스를 홍보하거나 판매를 권유하는 업무를 위탁하는 경우에는 대통령령으로 정하는 방법에 따라 위탁하는 업무의 내용과 수탁자를 정보주체에게 알려야 한다. 위탁하는 업무의 내용이나 수탁자가 변경된 경우에도 또한 같다.

④ 위탁자는 업무 위탁으로 인하여 정보주체의 개인정보가 분실 · 도난 · 유출 · 변조 또는 훼손되지 아니하도록 수탁자를 교육하고, 처리 현황 점검 등 대통령령으로 정하는 바에 따라 수탁자가 개인정보를 안전하게 처리하는지를 감독하여야 한다.

⑤ 수탁자는 개인정보처리자로부터 위탁받은 해당 업무 범위를 초과하여 개인정보를 이용하거나 제3자에게 제공하여서는 아니 된다.

⑥ 수탁자가 위탁받은 업무와 관련하여 개인정보를 처리하는 과정에서 이 법을 위반하여 발생한 손해배상책임에 대하여는 수탁자를 개인정보처리자의 소속 직원으로 본다.

⑦ 수탁자에 관하여는 제15조부터 제25조까지, 제27조부터 제31조까지, 제33조부터 제38조까지 및 제59조를 준용한다.

[시행일 : 2011.9.30] 제26조

제27조(영업양도 등에 따른 개인정보의 이전 제한) ① 개인정보처리자는 영업의 전부 또는 일부의 양도 · 합병 등으로 개인정보를 다른 사람에게 이전하는 경우에는 미리 다음 각 호의 사항을 대통령령으로 정하는 방법에 따라 해당 정보주체에게 알려야 한다.

1. 개인정보를 이전하려는 사실
2. 개인정보를 이전받는 자(이하 "영업양수자등"이라 한다)의 성명(법인의 경우에는 법인의 명칭을 말한다), 주소, 전화번호 및 그 밖의 연락처
3. 정보주체가 개인정보의 이전을 원하지 아니하는 경우 조치할 수 있는 방법 및 절차

② 영업양수자등은 개인정보를 이전받았을 때에는 지체 없이 그 사실을 대통령령으로 정하는 방법에 따라 정보주체에게 알려야 한다. 다만, 개인정보처리자가 제1항에 따라 그 이전 사실을 이미 알린 경우에는 그러하지 아니하다.

③ 영업양수자등은 영업의 양도·합병 등으로 개인정보를 이전받은 경우에는 이전 당시의 본래 목적으로만 개인정보를 이용하거나 제3자에게 제공할 수 있다. 이 경우 영업양수자등은 개인정보처리자로 본다.

[시행일 : 2011.9.30] 제27조

제28조(개인정보취급자에 대한 감독) ① 개인정보처리자는 개인정보를 처리함에 있어서 개인정보가 안전하게 관리될 수 있도록 임직원, 파견근로자, 시간제근로자 등 개인정보처리자의 지휘·감독을 받아 개인정보를 처리하는 자(이하 "개인정보취급자"라 한다)에 대하여 적절한 관리·감독을 행하여야 한다.

② 개인정보처리자는 개인정보의 적정한 취급을 보장하기 위하여 개인정보취급자에게 정기적으로 필요한 교육을 실시하여야 한다.

[시행일 : 2011.9.30] 제28조

제4장 개인정보의 안전한 관리

제29조(안전조치의무) 개인정보처리자는 개인정보가 분실·도난·유출·변조 또는 훼손되지 아니하도록 내부 관리계획 수립, 접속기록 보관 등 대통령령

령으로 정하는 바에 따라 안전성 확보에 필요한 기술적·관리적 및 물리적 조치를 하여야 한다.

[시행일 : 2011.9.30] 제29조

제30조(개인정보 처리방침의 수립 및 공개) ① 개인정보처리자는 다음 각 호의 사항이 포함된 개인정보의 처리 방침(이하 "개인정보 처리방침"이라 한다)을 정하여야 한다. 이 경우 공공기관은 제32조에 따라 등록대상이 되는 개인정보파일에 대하여 개인정보 처리방침을 정한다.

1. 개인정보의 처리 목적
2. 개인정보의 처리 및 보유 기간
3. 개인정보의 제3자 제공에 관한 사항(해당되는 경우에만 정한다)
4. 개인정보처리의 위탁에 관한 사항(해당되는 경우에만 정한다)
5. 정보주체의 권리·의무 및 그 행사방법에 관한 사항
6. 그 밖에 개인정보의 처리에 관하여 대통령령으로 정한 사항

② 개인정보처리자가 개인정보 처리방침을 수립하거나 변경하는 경우에는 정보주체가 쉽게 확인할 수 있도록 대통령령으로 정하는 방법에 따라 공개하여야 한다.

③ 개인정보 처리방침의 내용과 개인정보처리자와 정보주체 간에 체결한 계약의 내용이 다른 경우에는 정보주체에게 유리한 것을 적용한다.

④ 행정안전부장관은 개인정보 처리방침의 작성지침을 정하여 개인정보처리자에게 그 준수를 권장할 수 있다.

[시행일 : 2011.9.30] 제30조

제31조(개인정보 보호책임자의 지정) ① 개인정보처리자는 개인정보의 처리에 관한 업무를 총괄해서 책임질 개인정보 보호책임자를 지정하여야 한다.

② 개인정보 보호책임자는 다음 각 호의 업무를 수행한다.

1. 개인정보 보호 계획의 수립 및 시행

2. 개인정보 처리 실태 및 관행의 정기적인 조사 및 개선
3. 개인정보 처리와 관련한 불만의 처리 및 피해 구제
4. 개인정보 유출 및 오용·남용 방지를 위한 내부통제시스템의 구축
5. 개인정보 보호 교육 계획의 수립 및 시행
6. 개인정보파일의 보호 및 관리·감독
7. 그 밖에 개인정보의 적절한 처리를 위하여 대통령령으로 정한 업무

③ 개인정보 보호책임자는 제2항 각 호의 업무를 수행함에 있어서 필요한 경우 개인정보의 처리 현황, 처리 체계 등에 대하여 수시로 조사하거나 관계 당사자로부터 보고를 받을 수 있다.

④ 개인정보 보호책임자는 개인정보 보호와 관련하여 이 법 및 다른 관계 법령의 위반 사실을 알게 된 경우에는 즉시 개선조치를 하여야 하며, 필요하면 소속 기관 또는 단체의 장에게 개선조치를 보고하여야 한다.

⑤ 개인정보처리자는 개인정보 보호책임자가 제2항 각 호의 업무를 수행함에 있어서 정당한 이유 없이 불이익을 주거나 받게 하여서는 아니 된다.

⑥ 개인정보 보호책임자의 지정요건, 업무, 자격요건, 그 밖에 필요한 사항은 대통령령으로 정한다.

[시행일 : 2011.9.30] 제31조

제32조(개인정보파일의 등록 및 공개) ① 공공기관의 장이 개인정보파일을 운용하는 경우에는 다음 각 호의 사항을 행정안전부장관에게 등록하여야 한다. 등록한 사항이 변경된 경우에도 또한 같다.

1. 개인정보파일의 명칭
2. 개인정보파일의 운영 근거 및 목적
3. 개인정보파일에 기록되는 개인정보의 항목
4. 개인정보의 처리방법
5. 개인정보의 보유기간
6. 개인정보를 통상적 또는 반복적으로 제공하는 경우에는 그 제공받는 자

7. 그 밖에 대통령령으로 정하는 사항

② 다음 각 호의 어느 하나에 해당하는 개인정보파일에 대하여는 제1항을 적용하지 아니한다.

1. 국가 안전, 외교상 비밀, 그 밖에 국가의 중대한 이익에 관한 사항을 기록한 개인정보파일
2. 범죄의 수사, 공소의 제기 및 유지, 형 및 감호의 집행, 교정처분, 보호처분, 보안관찰처분과 출입국관리에 관한 사항을 기록한 개인정보파일
3. 「조세범처벌법」에 따른 범칙행위 조사 및 「관세법」에 따른 범칙행위 조사에 관한 사항을 기록한 개인정보파일
4. 공공기관의 내부적 업무처리만을 위하여 사용되는 개인정보파일
5. 다른 법령에 따라 비밀로 분류된 개인정보파일

③ 행정안전부장관은 필요하면 제1항에 따른 개인정보파일의 등록사항과 그 내용을 검토하여 해당 공공기관의 장에게 개선을 권고할 수 있다.

④ 행정안전부장관은 제1항에 따른 개인정보파일의 등록 현황을 누구든지 쉽게 열람할 수 있도록 공개하여야 한다.

⑤ 제1항에 따른 등록과 제4항에 따른 공개의 방법, 범위 및 절차에 관하여 필요한 사항은 대통령령으로 정한다.

⑥ 국회, 법원, 헌법재판소, 중앙선거관리위원회(그 소속 기관을 포함한다)의 개인정보파일 등록 및 공개에 관하여는 국회규칙, 대법원규칙, 헌법재판소규칙 및 중앙선거관리위원회규칙으로 정한다.

[시행일 : 2011.9.30] 제32조

제33조(개인정보 영향평가) ① 공공기관의 장은 대통령령으로 정하는 기준에 해당하는 개인정보파일의 운용으로 인하여 정보주체의 개인정보 침해가 우려되는 경우에는 그 위험요인의 분석과 개선 사항 도출을 위한 평가(이하 "영향평가"라 한다)를 하고 그 결과를 행정안전부장관에게 제출하여야 한다. 이 경우 공공기관의 장은 영향평가를 행정안전부장관이 지정하는 기관

(이하 "평가기관"이라 한다) 중에서 의뢰하여야 한다.

② 영향평가를 하는 경우에는 다음 각 호의 사항을 고려하여야 한다.

1. 처리하는 개인정보의 수
2. 개인정보의 제3자 제공 여부
3. 정보주체의 권리를 해할 가능성 및 그 위험 정도
4. 그 밖에 대통령령으로 정한 사항

③ 행정안전부장관은 제1항에 따라 제출받은 영향평가 결과에 대하여 보호위원회의 심의 · 의결을 거쳐 의견을 제시할 수 있다.

④ 공공기관의 장은 제1항에 따라 영향평가를 한 개인정보파일을 제32조제1항에 따라 등록할 때에는 영향평가 결과를 함께 첨부하여야 한다.

⑤ 행정안전부장관은 영향평가의 활성화를 위하여 관계 전문가의 육성, 영향평가 기준의 개발 · 보급 등 필요한 조치를 마련하여야 한다.

⑥ 제1항에 따른 평가기관의 지정기준 및 지정취소, 평가기준, 영향평가의 방법 · 절차 등에 관하여 필요한 사항은 대통령령으로 정한다.

⑦ 국회, 법원, 헌법재판소, 중앙선거관리위원회(그 소속기관을 포함한다)의 영향평가에 관한 사항은 국회규칙, 대법원규칙, 헌법재판소규칙 및 중앙선거관리위원회규칙으로 정하는 바에 따른다.

⑧ 공공기관 외의 개인정보처리자는 개인정보파일 운용으로 인하여 정보주체의 개인정보 침해가 우려되는 경우에는 영향평가를 하기 위하여 적극 노력하여야 한다.

[시행일 : 2011.9.30] 제33조

제34조(개인정보 유출 통지 등) ① 개인정보처리자는 개인정보가 유출되었음을 알게 되었을 때에는 지체 없이 해당 정보주체에게 다음 각 호의 사실을 알려야 한다.

1. 유출된 개인정보의 항목
2. 유출된 시점과 그 경위

3. 유출로 인하여 발생할 수 있는 피해를 최소화하기 위하여 정보주체가 할 수 있는 방법 등에 관한 정보
4. 개인정보처리자의 대응조치 및 피해 구제절차
5. 정보주체에게 피해가 발생한 경우 신고 등을 접수할 수 있는 담당부서 및 연락처

② 개인정보처리자는 개인정보가 유출된 경우 그 피해를 최소화하기 위한 대책을 마련하고 필요한 조치를 하여야 한다.

③ 개인정보처리자는 대통령령으로 정한 규모 이상의 개인정보가 유출된 경우에는 제1항에 따른 통지 및 제2항에 따른 조치 결과를 지체 없이 행정안전부장관 또는 대통령령으로 정하는 전문기관에 신고하여야 한다. 이 경우 행정안전부장관 또는 대통령령으로 정하는 전문기관은 피해 확산방지, 피해 복구 등을 위한 기술을 지원할 수 있다.

④ 제1항에 따른 통지의 시기, 방법 및 절차 등에 관하여 필요한 사항은 대통령령으로 정한다.

[시행일 : 2011.9.30] 제34조

제5장 정보주체의 권리 보장

제35조(개인정보의 열람) ① 정보주체는 개인정보처리자가 처리하는 자신의 개인정보에 대한 열람을 해당 개인정보처리자에게 요구할 수 있다.

② 제1항에도 불구하고 정보주체가 자신의 개인정보에 대한 열람을 공공기관에 요구하고자 할 때에는 공공기관에 직접 열람을 요구하거나 대통령령으로 정하는 바에 따라 행정안전부장관을 통하여 열람을 요구할 수 있다.

③ 개인정보처리자는 제1항 및 제2항에 따른 열람을 요구받았을 때에는 대통령령으로 정하는 기간 내에 정보주체가 해당 개인정보를 열람할 수 있도록 하여야 한다. 이 경우 해당 기간 내에 열람할 수 없는 정당한 사유가 있을 때에는 정보주체에게 그 사유를 알리고 열람을 연기할 수 있으며, 그

사유가 소멸하면 지체 없이 열람하게 하여야 한다.

④ 개인정보처리자는 다음 각 호의 어느 하나에 해당하는 경우에는 정보주체에게 그 사유를 알리고 열람을 제한하거나 거절할 수 있다.

1. 법률에 따라 열람이 금지되거나 제한되는 경우
2. 다른 사람의 생명 · 신체를 해할 우려가 있거나 다른 사람의 재산과 그 밖의 이익을 부당하게 침해할 우려가 있는 경우
3. 공공기관이 다음 각 목의 어느 하나에 해당하는 업무를 수행할 때 중대한 지장을 초래하는 경우

가. 조세의 부과 · 징수 또는 환급에 관한 업무

나. 「초 · 중등교육법」 및 「고등교육법」에 따른 각급학교, 「평생교육법」에 따른 평생교육시설, 그 밖의 다른 법률에 따라 설치된 고등교육기관에서의 성적 평가 또는 입학자 선발에 관한 업무

다. 학력 · 기능 및 채용에 관한 시험, 자격 심사에 관한 업무

라. 보상금 · 급부금 산정 등에 대하여 진행 중인 평가 또는 판단에 관한 업무

마. 다른 법률에 따라 진행 중인 감사 및 조사에 관한 업무

⑤ 제1항부터 제4항까지의 규정에 따른 열람 요구, 열람 제한, 통지 등의 방법 및 절차에 관하여 필요한 사항은 대통령령으로 정한다.

[시행일 : 2011.9.30] 제35조

제36조(개인정보의 정정 · 삭제) ① 제35조에 따라 자신의 개인정보를 열람한 정보주체는 개인정보처리자에게 그 개인정보의 정정 또는 삭제를 요구할 수 있다. 다만, 다른 법령에서 그 개인정보가 수집 대상으로 명시되어 있는 경우에는 그 삭제를 요구할 수 없다.

② 개인정보처리자는 제1항에 따른 정보주체의 요구를 받았을 때에는 개인정보의 정정 또는 삭제에 관하여 다른 법령에 특별한 절차가 규정되어 있는 경우를 제외하고는 지체 없이 그 개인정보를 조사하여 정보주체의 요구

에 따라 정정 · 삭제 등 필요한 조치를 한 후 그 결과를 정보주체에게 알려야 한다.

③ 개인정보처리자가 제2항에 따라 개인정보를 삭제할 때에는 복구 또는 재생되지 아니하도록 조치하여야 한다.

④ 개인정보처리자는 정보주체의 요구가 제1항 단서에 해당될 때에는 지체 없이 그 내용을 정보주체에게 알려야 한다.

⑤ 개인정보처리자는 제2항에 따른 조사를 할 때 필요하면 해당 정보주체에게 정정 · 삭제 요구사항의 확인에 필요한 증거자료를 제출하게 할 수 있다.

⑥ 제1항 · 제2항 및 제4항에 따른 정정 또는 삭제 요구, 통지 방법 및 절차 등에 필요한 사항은 대통령령으로 정한다.

[시행일 : 2011.9.30] 제36조

제37조(개인정보의 처리정지 등) ① 정보주체는 개인정보처리자에 대하여 자신의 개인정보 처리의 정지를 요구할 수 있다. 이 경우 공공기관에 대하여는 제32조에 따라 등록 대상이 되는 개인정보파일 중 자신의 개인정보에 대한 처리의 정지를 요구할 수 있다.

② 개인정보처리자는 제1항에 따른 요구를 받았을 때에는 지체 없이 정보주체의 요구에 따라 개인정보 처리의 전부를 정지하거나 일부를 정지하여야 한다. 다만, 다음 각 호의 어느 하나에 해당하는 경우에는 정보주체의 처리정지 요구를 거절할 수 있다.

1. 법률에 특별한 규정이 있거나 법령상 의무를 준수하기 위하여 불가피한 경우
2. 다른 사람의 생명 · 신체를 해할 우려가 있거나 다른 사람의 재산과 그 밖의 이익을 부당하게 침해할 우려가 있는 경우
3. 공공기관이 개인정보를 처리하지 아니하면 다른 법률에서 정하는 소관 업무를 수행할 수 없는 경우
4. 개인정보를 처리하지 아니하면 정보주체와 약정한 서비스를 제공하지

못하는 등 계약의 이행이 곤란한 경우로서 정보주체가 그 계약의 해지 의사를 명확하게 밝히지 아니한 경우

③ 개인정보처리자는 제2항 단서에 따라 처리정지 요구를 거절하였을 때에는 정보주체에게 지체 없이 그 사유를 알려야 한다.

④ 개인정보처리자는 정보주체의 요구에 따라 처리가 정지된 개인정보에 대하여 지체 없이 해당 개인정보의 파기 등 필요한 조치를 하여야 한다.

⑤ 제1항부터 제3항까지의 규정에 따른 처리정지의 요구, 처리정지의 거절, 통지 등의 방법 및 절차에 필요한 사항은 대통령령으로 정한다.

[시행일 : 2011.9.30] 제37조

제38조(권리행사의 방법 및 절차) ① 정보주체는 제35조에 따른 열람, 제36조에 따른 정정 · 삭제, 제37조에 따른 처리정지 등의 요구(이하 "열람등요구"라 한다)를 문서 등 대통령령으로 정하는 방법 · 절차에 따라 대리인에게 하게 할 수 있다.

② 만 14세 미만 아동의 법정대리인은 개인정보처리자에게 그 아동의 개인정보 열람등요구를 할 수 있다.

③ 개인정보처리자는 열람등요구를 하는 자에게 대통령령으로 정하는 바에 따라 수수료와 우송료(사본의 우송을 청구하는 경우에 한한다)를 청구할 수 있다.

④ 개인정보처리자는 정보주체가 열람등요구를 할 수 있는 구체적인 방법과 절차를 마련하고, 이를 정보주체가 알 수 있도록 공개하여야 한다.

⑤ 개인정보처리자는 정보주체가 열람등요구에 대한 거절 등 조치에 대하여 불복이 있는 경우 이의를 제기할 수 있도록 필요한 절차를 마련하고 안내하여야 한다.

[시행일 : 2011.9.30] 제38조

제39조(손해배상책임) ① 정보주체는 개인정보처리자가 이 법을 위반한 행위로

손해를 입으면 개인정보처리자에게 손해배상을 청구할 수 있다. 이 경우 그 개인정보처리자는 고의 또는 과실이 없음을 입증하지 아니하면 책임을 면할 수 없다.

② 개인정보처리자가 이 법에 따른 의무를 준수하고 상당한 주의와 감독을 게을리하지 아니한 경우에는 개인정보의 분실 · 도난 · 유출 · 변조 또는 훼손으로 인한 손해배상책임을 감경받을 수 있다.

[시행일 : 2011.9.30] 제39조

제6장 개인정보 분쟁조정위원회

제40조(설치 및 구성) ① 개인정보에 관한 분쟁의 조정(調停)을 위하여 개인정보 분쟁조정위원회(이하 "분쟁조정위원회"라 한다)를 둔다.

② 분쟁조정위원회는 위원장 1명을 포함한 20명 이내의 위원으로 구성하며, 그 중 1명은 상임위원으로 한다.

③ 위원은 다음 각 호의 어느 하나에 해당하는 사람 중에서 행정안전부장관이 임명하거나 위촉한다.

1. 개인정보 보호업무를 관장하는 중앙행정기관의 고위공무원단에 속하는 공무원 또는 이에 상당하는 공공부문 및 관련 단체의 직에 재직하고 있거나 재직하였던 사람으로서 개인정보 보호업무의 경험이 있는 사람
2. 대학이나 공인된 연구기관에서 부교수 이상 또는 이에 상당하는 직에 재직하고 있거나 재직하였던 사람
3. 판사 · 검사 또는 변호사로 재직하고 있거나 재직하였던 사람
4. 개인정보 보호와 관련된 시민사회단체 또는 소비자단체로부터 추천을 받은 사람
5. 개인정보처리자로 구성된 사업자단체의 임원으로 재직하고 있거나 재직하였던 사람

④ 위원장은 위원 중에서 공무원이 아닌 사람으로 행정안전부장관이 임명한다.

⑤ 위원장과 위원의 임기는 2년으로 하되, 1차에 한하여 연임할 수 있다. 다만, 제3항제1호에 따라 임명된 공무원인 위원은 그 직에 재직하는 동안 재임한다.

⑥ 분쟁조정위원회는 분쟁조정 업무를 효율적으로 수행하기 위하여 필요하면 대통령령으로 정하는 바에 따라 조정사건의 분야별로 5명 이내의 위원으로 구성되는 조정부를 둘 수 있다. 이 경우 조정부가 분쟁조정위원회에서 위임받아 의결한 사항은 분쟁조정위원회에서 의결한 것으로 본다.

⑦ 분쟁조정위원회 또는 조정부는 재적위원 과반수의 출석으로 개의하며 출석위원 과반수의 찬성으로 의결한다.

⑧ 행정안전부장관은 분쟁조정위원회 사무국 운영 등 업무를 지원하기 위하여 대통령령으로 정하는 바에 따라 전문기관을 지정할 수 있다.

⑨ 이 법에서 정한 사항 외에 분쟁조정위원회 운영에 필요한 사항은 대통령령으로 정한다.

[시행일 : 2011.9.30] 제40조

제41조(위원의 신분보장) 위원은 자격정지 이상의 형을 선고받거나 심신상의 장애로 직무를 수행할 수 없는 경우를 제외하고는 그의 의사에 반하여 면직되거나 해촉되지 아니한다.

[시행일 : 2011.9.30] 제41조

제42조(위원의 제척·기피·회피) ① 분쟁조정위원회의 위원은 다음 각 호의 어느 하나에 해당하는 경우에는 제43조제1항에 따라 분쟁조정위원회에 신청된 분쟁조정사건(이하 이 조에서 "사건"이라 한다)의 심의 · 의결에서 제척(除斥)된다.

1. 위원 또는 그 배우자나 배우자였던 자가 그 사건의 당사자가 되거나

그 사건에 관하여 공동의 권리자 또는 의무자의 관계에 있는 경우

2. 위원이 그 사건의 당사자와 친족이거나 친족이었던 경우
3. 위원이 그 사건에 관하여 증언, 감정, 법률자문을 한 경우
4. 위원이 그 사건에 관하여 당사자의 대리인으로서 관여하거나 관여하였던 경우

② 당사자는 위원에게 공정한 심의·의결을 기대하기 어려운 사정이 있으면 위원장에게 기피신청을 할 수 있다. 이 경우 위원장은 기피신청에 대하여 분쟁조정위원회의 의결을 거치지 아니하고 결정한다.

③ 위원이 제1항 또는 제2항의 사유에 해당하는 경우에는 스스로 그 사건의 심의·의결에서 회피할 수 있다.

[시행일 : 2011.9.30] 제42조

제43조(조정의 신청 등) ① 개인정보와 관련한 분쟁의 조정을 원하는 자는 분쟁조정위원회에 분쟁조정을 신청할 수 있다.

② 분쟁조정위원회는 당사자 일방으로부터 분쟁조정 신청을 받았을 때에는 그 신청내용을 상대방에게 알려야 한다.

③ 공공기관이 제2항에 따른 분쟁조정의 통지를 받은 경우에는 특별한 사유가 없으면 분쟁조정에 응하여야 한다.

[시행일 : 2011.9.30] 제43조

제44조(처리기간) ① 분쟁조정위원회는 제43조제1항에 따른 분쟁조정 신청을 받은 날부터 60일 이내에 이를 심사하여 조정안을 작성하여야 한다. 다만, 부득이한 사정이 있는 경우에는 분쟁조정위원회의 의결로 처리기간을 연장할 수 있다.

② 분쟁조정위원회는 제1항 단서에 따라 처리기간을 연장한 경우에는 기간연장의 사유와 그 밖의 기간연장에 관한 사항을 신청인에게 알려야 한다.

[시행일 : 2011.9.30] 제44조

제45조(자료의 요청 등) ① 분쟁조정위원회는 제43조제1항에 따라 분쟁조정 신청을 받았을 때에는 해당 분쟁의 조정을 위하여 필요한 자료를 분쟁당사자에게 요청할 수 있다. 이 경우 분쟁당사자는 정당한 사유가 없으면 요청에 따라야 한다.

② 분쟁조정위원회는 필요하다고 인정하면 분쟁당사자나 참고인을 위원회에 출석하도록 하여 그 의견을 들을 수 있다.

[시행일 : 2011.9.30] 제45조

제46조(조정 전 합의 권고) 분쟁조정위원회는 제43조제1항에 따라 분쟁조정 신청을 받았을 때에는 당사자에게 그 내용을 제시하고 조정 전 합의를 권고할 수 있다.

[시행일 : 2011.9.30] 제46조

제47조(분쟁의 조정) ① 분쟁조정위원회는 다음 각 호의 어느 하나의 사항을 포함하여 조정안을 작성할 수 있다.

1. 조사 대상 침해행위의 중지
2. 원상회복, 손해배상, 그 밖에 필요한 구제조치
3. 같거나 비슷한 침해의 재발을 방지하기 위하여 필요한 조치

② 분쟁조정위원회는 제1항에 따라 조정안을 작성하면 지체 없이 각 당사자에게 제시하여야 한다.

③ 제1항에 따라 조정안을 제시받은 당사자가 제시받은 날부터 15일 이내에 수락 여부를 알리지 아니하면 조정을 거부한 것으로 본다.

④ 당사자가 조정내용을 수락한 경우 분쟁조정위원회는 조정서를 작성하고, 분쟁조정위원회의 위원장과 각 당사자가 기명날인하여야 한다.

⑤ 제4항에 따른 조정의 내용은 재판상 화해와 동일한 효력을 갖는다.

[시행일 : 2011.9.30] 제47조

제48조(조정의 거부 및 중지) ① 분쟁조정위원회는 분쟁의 성질상 분쟁조정위원회에서 조정하는 것이 적합하지 아니하다고 인정하거나 부정한 목적으로 조정이 신청되었다고 인정하는 경우에는 그 조정을 거부할 수 있다. 이 경우 조정거부의 사유 등을 신청인에게 알려야 한다.

② 분쟁조정위원회는 신청된 조정사건에 대한 처리절차를 진행하던 중에 한 쪽 당사자가 소를 제기하면 그 조정의 처리를 중지하고 이를 당사자에게 알려야 한다.

[시행일 : 2011.9.30] 제48조

제49조(집단분쟁조정) ① 국가 및 지방자치단체, 개인정보 보호단체 및 기관, 정보주체, 개인정보처리자는 정보주체의 피해 또는 권리침해가 다수의 정보주체에게 같거나 비슷한 유형으로 발생하는 경우로서 대통령령으로 정하는 사건에 대하여는 분쟁조정위원회에 일괄적인 분쟁조정(이하 "집단분쟁조정"이라 한다)을 의뢰 또는 신청할 수 있다.

② 제1항에 따라 집단분쟁조정을 의뢰받거나 신청받은 분쟁조정위원회는 그 의결로써 제3항부터 제7항까지의 규정에 따른 집단분쟁조정의 절차를 개시할 수 있다. 이 경우 분쟁조정위원회는 대통령령으로 정하는 기간 동안 그 절차의 개시를 공고하여야 한다.

③ 분쟁조정위원회는 집단분쟁조정의 당사자가 아닌 정보주체 또는 개인정보처리자로부터 그 분쟁조정의 당사자에 추가로 포함될 수 있도록 하는 신청을 받을 수 있다.

④ 분쟁조정위원회는 그 의결로써 제1항 및 제3항에 따른 집단분쟁조정의 당사자 중에서 공동의 이익을 대표하기에 가장 적합한 1인 또는 수인을 대표당사자로 선임할 수 있다.

⑤ 분쟁조정위원회는 개인정보처리자가 분쟁조정위원회의 집단분쟁조정의 내용을 수락한 경우에는 집단분쟁조정의 당사자가 아닌 자로서 피해를 입은 정보주체에 대한 보상계획서를 작성하여 분쟁조정위원회에 제출하도

록 권고할 수 있다.

⑥ 제48조제2항에도 불구하고 분쟁조정위원회는 집단분쟁조정의 당사자인 다수의 정보주체 중 일부의 정보주체가 법원에 소를 제기한 경우에는 그 절차를 중지하지 아니하고, 소를 제기한 일부의 정보주체를 그 절차에서 제외한다.

⑦ 집단분쟁조정의 기간은 제2항에 따른 공고가 종료된 날의 다음 날부터 60일 이내로 한다. 다만, 부득이한 사정이 있는 경우에는 분쟁조정위원회의 의결로 처리기간을 연장할 수 있다.

⑧ 집단분쟁조정의 절차 등에 관하여 필요한 사항은 대통령령으로 정한다.

[시행일 : 2011.9.30] 제49조

제50조(조정절차 등) ① 제43조부터 제49조까지의 규정에서 정한 것 외에 분쟁의 조정방법, 조정절차 및 조정업무의 처리 등에 필요한 사항은 대통령령으로 정한다.

② 분쟁조정위원회의 운영 및 분쟁조정 절차에 관하여 이 법에서 규정하지 아니한 사항에 대하여는 「민사조정법」을 준용한다.

[시행일 : 2011.9.30] 제50조

제7장 개인정보 단체소송

제51조(단체소송의 대상 등) 다음 각 호의 어느 하나에 해당하는 단체는 개인정보처리자가 제49조에 따른 집단분쟁조정을 거부하거나 집단분쟁조정의 결과를 수락하지 아니한 경우에는 법원에 권리침해 행위의 금지·중지를 구하는 소송(이하 "단체소송"이라 한다)을 제기할 수 있다.

1. 「소비자기본법」 제29조에 따라 공정거래위원회에 등록한 소비자단체로서 다음 각 목의 요건을 모두 갖춘 단체

   가. 정관에 따라 상시적으로 정보주체의 권익증진을 주된 목적으로 하는 단체일 것

나. 단체의 정회원수가 1천명 이상일 것

다. 「소비자기본법」 제29조에 따른 등록 후 3년이 경과하였을 것

2. 「비영리민간단체 지원법」 제2조에 따른 비영리민간단체로서 다음 각 목의 요건을 모두 갖춘 단체

가. 법률상 또는 사실상 동일한 침해를 입은 100명 이상의 정보주체로부터 단체소송의 제기를 요청받을 것

나. 정관에 개인정보 보호를 단체의 목적으로 명시한 후 최근 3년 이상 이를 위한 활동실적이 있을 것

다. 단체의 상시 구성원수가 5천명 이상일 것

라. 중앙행정기관에 등록되어 있을 것

[시행일 : 2011.9.30] 제51조

第52조(전속관할) ① 단체소송의 소는 피고의 주된 사무소 또는 영업소가 있는 곳, 주된 사무소나 영업소가 없는 경우에는 주된 업무담당자의 주소가 있는 곳의 지방법원 본원 합의부의 관할에 전속한다.

② 제1항을 외국사업자에 적용하는 경우 대한민국에 있는 이들의 주된 사무소·영업소 또는 업무담당자의 주소에 따라 정한다.

[시행일 : 2011.9.30] 제52조

第53조(소송대리인의 선임) 단체소송의 원고는 변호사를 소송대리인으로 선임하여야 한다.

[시행일 : 2011.9.30] 제53조

第54조(소송허가신청) ① 단체소송을 제기하는 단체는 소장과 함께 다음 각 호의 사항을 기재한 소송허가신청서를 법원에 제출하여야 한다.

1. 원고 및 그 소송대리인

2. 피고

3. 정보주체의 침해된 권리의 내용

② 제1항에 따른 소송허가신청서에는 다음 각 호의 자료를 첨부하여야 한다.

1. 소제기단체가 제51조 각 호의 어느 하나에 해당하는 요건을 갖추고 있음을 소명하는 자료
2. 개인정보처리자가 조정을 거부하였거나 조정결과를 수락하지 아니하였음을 증명하는 서류

[시행일 : 2011.9.30] 제54조

제55조(소송허가요건 등) ① 법원은 다음 각 호의 요건을 모두 갖춘 경우에 한하여 결정으로 단체소송을 허가한다.

1. 개인정보처리자가 분쟁조정위원회의 조정을 거부하거나 조정결과를 수락하지 아니하였을 것
2. 제54조에 따른 소송허가신청서의 기재사항에 흠결이 없을 것

② 단체소송을 허가하거나 불허가하는 결정에 대하여는 즉시 항고할 수 있다.

[시행일 : 2011.9.30] 제55조

제56조(확정판결의 효력) 원고의 청구를 기각하는 판결이 확정된 경우 이와 동일한 사안에 관하여는 제51조에 따른 다른 단체는 단체소송을 제기할 수 없다. 다만, 다음 각 호의 어느 하나에 해당하는 경우에는 그러하지 아니하다.

1. 판결이 확정된 후 그 사안과 관련하여 국가·지방자치단체 또는 국가·지방자치단체가 설립한 기관에 의하여 새로운 증거가 나타난 경우
2. 기각판결이 원고의 고의로 인한 것임이 밝혀진 경우

[시행일 : 2011.9.30] 제56조

제57조(「민사소송법」의 적용 등) ① 단체소송에 관하여 이 법에 특별한 규정이 없는 경우에는 「민사소송법」을 적용한다.

② 제55조에 따른 단체소송의 허가결정이 있는 경우에는 「민사집행법」 제4

편에 따른 보전처분을 할 수 있다.

③ 단체소송의 절차에 관하여 필요한 사항은 대법원규칙으로 정한다.

[시행일 : 2011.9.30] 제57조

제8장 보칙

제58조(적용의 일부 제외) ① 다음 각 호의 어느 하나에 해당하는 개인정보에 관하여는 제3장부터 제7장까지를 적용하지 아니한다.

1. 공공기관이 처리하는 개인정보 중 「통계법」에 따라 수집되는 개인정보
2. 국가안전보장과 관련된 정보 분석을 목적으로 수집 또는 제공 요청되는 개인정보
3. 공중위생 등 공공의 안전과 안녕을 위하여 긴급히 필요한 경우로서 일시적으로 처리되는 개인정보
4. 언론, 종교단체, 정당이 각각 취재 · 보도, 선교, 선거 입후보자 추천 등 고유 목적을 달성하기 위하여 수집 · 이용하는 개인정보

② 제25조제1항 각 호에 따라 공개된 장소에 영상정보처리기기를 설치 · 운영하여 처리되는 개인정보에 대하여는 제15조, 제22조, 제27조제1항 · 제2항, 제34조 및 제37조를 적용하지 아니한다.

③ 개인정보처리자가 동창회, 동호회 등 친목 도모를 위한 단체를 운영하기 위하여 개인정보를 처리하는 경우에는 제15조, 제30조 및 제31조를 적용하지 아니한다.

④ 개인정보처리자는 제1항 각 호에 따라 개인정보를 처리하는 경우에도 그 목적을 위하여 필요한 범위에서 최소한의 기간에 최소한의 개인정보만을 처리하여야 하며, 개인정보의 안전한 관리를 위하여 필요한 기술적 · 관리적 및 물리적 보호조치, 개인정보의 처리에 관한 고충처리, 그 밖에 개인정보의 적절한 처리를 위하여 필요한 조치를 마련하여야 한다.

[시행일 : 2011.9.30] 제58조

第59조(금지행위) 개인정보를 처리하거나 처리하였던 자는 다음 각 호의 어느 하나에 해당하는 행위를 하여서는 아니 된다.

1. 거짓이나 그 밖의 부정한 수단이나 방법으로 개인정보를 취득하거나 처리에 관한 동의를 받는 행위
2. 업무상 알게 된 개인정보를 누설하거나 권한 없이 다른 사람이 이용하도록 제공하는 행위
3. 정당한 권한 없이 또는 허용된 권한을 초과하여 다른 사람의 개인정보를 훼손, 멸실, 변경, 위조 또는 유출하는 행위

[시행일 : 2011.9.30] 제59조

第60조(비밀유지 등) 다음 각 호의 업무에 종사하거나 종사하였던 자는 직무상 알게 된 비밀을 다른 사람에게 누설하거나 직무상 목적 외의 용도로 이용하여서는 아니 된다. 다만, 다른 법률에 특별한 규정이 있는 경우에는 그러하지 아니하다.

1. 제8조에 따른 보호위원회의 업무
2. 제33조에 따른 영향평가 업무
3. 제40조에 따른 분쟁조정위원회의 분쟁조정 업무

[시행일 : 2011.9.30] 제60조

第61조(의견제시 및 개선권고) ① 행정안전부장관은 개인정보 보호에 영향을 미치는 내용이 포함된 법령이나 조례에 대하여 필요하다고 인정하면 보호위원회의 심의·의결을 거쳐 관계 기관에 의견을 제시할 수 있다.

② 행정안전부장관은 개인정보 보호를 위하여 필요하다고 인정하면 개인정보처리자에게 개인정보 처리 실태의 개선을 권고할 수 있다. 이 경우 권고를 받은 개인정보처리자는 이를 이행하기 위하여 성실하게 노력하여야 하며, 그 조치 결과를 행정안전부장관에게 알려야 한다.

③ 관계 중앙행정기관의 장은 개인정보 보호를 위하여 필요하다고 인정하

면 소관 법률에 따라 개인정보처리자에게 개인정보 처리 실태의 개선을 권고할 수 있다. 이 경우 권고를 받은 개인정보처리자는 이를 이행하기 위하여 성실하게 노력하여야 하며, 그 조치 결과를 관계 중앙행정기관의 장에게 알려야 한다.

④ 중앙행정기관, 지방자치단체, 국회, 법원, 헌법재판소, 중앙선거관리위원회는 그 소속 기관 및 소관 공공기관에 대하여 개인정보 보호에 관한 의견을 제시하거나 지도·점검을 할 수 있다.

[시행일 : 2011.9.30] 제61조

제62조(침해 사실의 신고 등) ① 개인정보처리자가 개인정보를 처리할 때 개인정보에 관한 권리 또는 이익을 침해받은 사람은 행정안전부장관에게 그 침해 사실을 신고할 수 있다.

② 행정안전부장관은 제1항에 따른 신고의 접수·처리 등에 관한 업무를 효율적으로 수행하기 위하여 대통령령으로 정하는 바에 따라 전문기관을 지정할 수 있다. 이 경우 전문기관은 개인정보침해 신고센터(이하 "신고센터"라 한다)를 설치·운영하여야 한다.

③ 신고센터는 다음 각 호의 업무를 수행한다.

1. 개인정보 처리와 관련한 신고의 접수·상담
2. 사실의 조사·확인 및 관계자의 의견 청취
3. 제1호 및 제2호에 따른 업무에 딸린 업무

④ 행정안전부장관은 제3항제2호의 사실 조사·확인 등의 업무를 효율적으로 하기 위하여 필요하면 「국가공무원법」 제32조의4에 따라 소속 공무원을 제2항에 따른 전문기관에 파견할 수 있다.

[시행일 : 2011.9.30] 제62조

제63조(자료제출 요구 및 검사) ① 행정안전부장관은 다음 각 호의 어느 하나에 해당하는 경우에는 개인정보처리자에게 관계 물품·서류 등 자료를 제출

하게 할 수 있다.

1. 이 법을 위반하는 사항을 발견하거나 혐의가 있음을 알게 된 경우
2. 이 법 위반에 대한 신고를 받거나 민원이 접수된 경우
3. 그 밖에 정보주체의 개인정보 보호를 위하여 필요한 경우로서 대통령령으로 정하는 경우

② 행정안전부장관은 개인정보처리자가 제1항에 따른 자료를 제출하지 아니하거나 이 법을 위반한 사실이 있다고 인정되면 소속 공무원으로 하여금 개인정보처리자의 사무소나 사업장에 출입하여 업무 상황, 장부 또는 서류 등을 검사하게 할 수 있다. 이 경우 검사를 하는 공무원은 그 권한을 나타내는 증표를 지니고 이를 관계인에게 내보여야 한다.

③ 관계 중앙행정기관의 장은 소관 법률에 따라 개인정보처리자에게 제1항에 따른 자료제출을 요구하거나 제2항에 따른 검사를 할 수 있다.

④ 행정안전부장관과 관계 중앙행정기관의 장은 개인정보처리자로부터 제출받거나 수집한 서류 · 자료 등을 이 법에 따른 경우를 제외하고는 제3자에게 제공하거나 일반에게 공개하여서는 아니 된다.

⑤ 행정안전부장관과 관계 중앙행정기관의 장은 정보통신망을 통하여 자료의 제출 등을 받은 경우나 수집한 자료 등을 전자화한 경우에는 개인정보 · 영업비밀 등이 유출되지 아니하도록 제도적 · 기술적 보완조치를 하여야 한다.

[시행일 : 2011.9.30] 제63조

제64조(시정조치 등) ① 행정안전부장관은 개인정보가 침해되었다고 판단할 상당한 근거가 있고 이를 방치할 경우 회복하기 어려운 피해가 발생할 우려가 있다고 인정되면 이 법을 위반한 자(중앙행정기관, 지방자치단체, 국회, 법원, 헌법재판소, 중앙선거관리위원회는 제외한다)에 대하여 다음 각 호에 해당하는 조치를 명할 수 있다.

1. 개인정보 침해행위의 중지

2. 개인정보 처리의 일시적인 정지
3. 그 밖에 개인정보의 보호 및 침해 방지를 위하여 필요한 조치

② 관계 중앙행정기관의 장은 개인정보가 침해되었다고 판단할 상당한 근거가 있고 이를 방치할 경우 회복하기 어려운 피해가 발생할 우려가 있다고 인정되면 소관 법률에 따라 개인정보처리자에 대하여 제1항 각 호에 해당하는 조치를 명할 수 있다.

③ 지방자치단체, 국회, 법원, 헌법재판소, 중앙선거관리위원회는 그 소속 기관 및 소관 공공기관이 이 법을 위반하였을 때에는 제1항 각 호에 해당하는 조치를 명할 수 있다.

④ 보호위원회는 중앙행정기관, 지방자치단체, 국회, 법원, 헌법재판소, 중앙선거관리위원회가 이 법을 위반하였을 때에는 해당 기관의 장에게 제1항 각 호에 해당하는 조치를 하도록 권고할 수 있다. 이 경우 권고를 받은 기관은 특별한 사유가 없으면 이를 존중하여야 한다.

[시행일 : 2011.9.30] 제64조

제65조(고발 및 징계권고) ① 행정안전부장관은 개인정보처리자에게 이 법 등 개인정보 보호와 관련된 법규의 위반에 따른 범죄혐의가 있다고 인정될 만한 상당한 이유가 있을 때에는 관할 수사기관에 그 내용을 고발할 수 있다.

② 행정안전부장관은 이 법 등 개인정보 보호와 관련된 법규의 위반행위가 있다고 인정될 만한 상당한 이유가 있을 때에는 책임이 있는 자를 징계할 것을 그 소속 기관 · 단체 등의 장에게 권고할 수 있다. 이 경우 권고를 받은 사람은 이를 존중하여야 하며 그 결과를 행정안전부장관에게 통보하여야 한다.

③ 관계 중앙행정기관의 장은 소관 법률에 따라 개인정보처리자에 대하여 제1항에 따른 고발을 하거나 소속 기관 · 단체 등의 장에게 제2항에 따른 징계권고를 할 수 있다. 이 경우 제2항에 따른 권고를 받은 사람은 이를 존중하여야 하며 그 결과를 관계 중앙행정기관의 장에게 통보하여야 한다.

[시행일 : 2011.9.30] 제65조

제66조(결과의 공표) ① 행정안전부장관은 제61조에 따른 개선권고, 제64조에 따른 시정조치 명령, 제65조에 따른 고발 또는 징계권고 및 제75조에 따른 과태료 부과의 내용 및 결과에 대하여 보호위원회의 심의 · 의결을 거쳐 공표할 수 있다.

② 관계 중앙행정기관의 장은 소관 법률에 따라 제1항에 따른 공표를 할 수 있다.

③ 제1항 및 제2항에 따른 공표의 방법, 기준 및 절차 등은 대통령령으로 정한다.

[시행일 : 2011.9.30] 제66조

제67조(연차보고) ① 보호위원회는 관계 기관 등으로부터 필요한 자료를 제출받아 매년 개인정보 보호시책의 수립 및 시행에 관한 보고서를 작성하여 정기국회 개회 전까지 국회에 제출(정보통신망에 의한 제출을 포함한다)하여야 한다.

② 제1항에 따른 보고서에는 다음 각 호의 내용이 포함되어야 한다.

1. 정보주체의 권리침해 및 그 구제현황
2. 개인정보 처리에 관한 실태조사 등의 결과
3. 개인정보 보호시책의 추진현황 및 실적
4. 개인정보 관련 해외의 입법 및 정책 동향
5. 그 밖에 개인정보 보호시책에 관하여 공개 또는 보고하여야 할 사항

[시행일 : 2011.9.30] 제67조

제68조(권한의 위임 · 위탁) ① 이 법에 따른 행정안전부장관 또는 관계 중앙행정기관의 장의 권한은 그 일부를 대통령령으로 정하는 바에 따라 특별시장, 광역시장, 도지사, 특별자치도지사 또는 대통령령으로 정하는 전문기관에

위임하거나 위탁할 수 있다.

② 제1항에 따라 행정안전부장관 또는 관계 중앙행정기관의 장의 권한을 위임 또는 위탁받은 기관은 위임 또는 위탁받은 업무의 처리 결과를 행정안전부장관 또는 관계 중앙행정기관의 장에게 통보하여야 한다.

③ 행정안전부장관은 제1항에 따른 전문기관에 권한의 일부를 위임하거나 위탁하는 경우 해당 전문기관의 업무 수행을 위하여 필요한 경비를 출연할 수 있다

[시행일 : 2011.9.30] 제68조

제69조(벌칙 적용 시의 공무원 의제) 행정안전부장관 또는 관계 중앙행정기관의 장의 권한을 위탁한 업무에 종사하는 관계 기관의 임직원은 「형법」 제129조부터 제132조까지의 규정을 적용할 때에는 공무원으로 본다.

[시행일 : 2011.9.30] 제69조

제9장 벌칙

제70조(벌칙) 공공기관의 개인정보 처리업무를 방해할 목적으로 공공기관에서 처리하고 있는 개인정보를 변경하거나 말소하여 공공기관의 업무 수행의 중단·마비 등 심각한 지장을 초래한 자는 10년 이하의 징역 또는 1억원 이하의 벌금에 처한다.

[시행일 : 2011.9.30] 제70조

제71조(벌칙) 다음 각 호의 어느 하나에 해당하는 자는 5년 이하의 징역 또는 5천만원 이하의 벌금에 처한다.

1. 제17조제1항제2호에 해당하지 아니함에도 같은 항 제1호를 위반하여 정보주체의 동의를 받지 아니하고 개인정보를 제3자에게 제공한 자 및 그 사정을 알고 개인정보를 제공받은 자

2. 제18조제1항 · 제2항, 제19조, 제26조제5항 또는 제27조제3항을 위반하여 개인정보를 이용하거나 제3자에게 제공한 자 및 그 사정을 알면서도 영리 또는 부정한 목적으로 개인정보를 제공받은 자
3. 제23조를 위반하여 민감정보를 처리한 자
4. 제24조제1항을 위반하여 고유식별정보를 처리한 자
5. 제59조제2호를 위반하여 업무상 알게 된 개인정보를 누설하거나 권한 없이 다른 사람이 이용하도록 제공한 자 및 그 사정을 알면서도 영리 또는 부정한 목적으로 개인정보를 제공받은 자
6. 제59조제3호를 위반하여 다른 사람의 개인정보를 훼손, 멸실, 변경, 위조 또는 유출한 자

[시행일 : 2011.9.30] 제71조

제72조(벌칙) 다음 각 호의 어느 하나에 해당하는 자는 3년 이하의 징역 또는 3천만원 이하의 벌금에 처한다.

1. 제25조제5항을 위반하여 영상정보처리기기의 설치 목적과 다른 목적으로 영상정보처리기기를 임의로 조작하거나 다른 곳을 비추는 자 또는 녹음기능을 사용한 자
2. 제59조제1호를 위반하여 거짓이나 그 밖의 부정한 수단이나 방법으로 개인정보를 취득하거나 개인정보 처리에 관한 동의를 받는 행위를 한 자 및 그 사정을 알면서도 영리 또는 부정한 목적으로 개인정보를 제공받은 자
3. 제60조를 위반하여 직무상 알게 된 비밀을 누설하거나 직무상 목적 외에 이용한 자

[시행일 : 2011.9.30] 제72조

제73조(벌칙) 다음 각 호의 어느 하나에 해당하는 자는 2년 이하의 징역 또는 1천만원 이하의 벌금에 처한다.

1. 제24조제3항, 제25조제6항 또는 제29조를 위반하여 안전성 확보에 필요한 조치를 하지 아니하여 개인정보를 분실 · 도난 · 유출 · 변조 또는 훼손당한 자
2. 제36조제2항을 위반하여 정정 · 삭제 등 필요한 조치를 하지 아니하고 개인정보를 계속 이용하거나 이를 제3자에게 제공한 자
3. 제37조제2항을 위반하여 개인정보의 처리를 정지하지 아니하고 계속 이용하거나 제3자에게 제공한 자

[시행일 : 2011.9.30] 제73조

제74조(양벌규정) ① 법인의 대표자나 법인 또는 개인의 대리인, 사용인, 그 밖의 종업원이 그 법인 또는 개인의 업무에 관하여 제70조에 해당하는 위반행위를 하면 그 행위자를 벌하는 외에 그 법인 또는 개인을 7천만원 이하의 벌금에 처한다. 다만, 법인 또는 개인이 그 위반행위를 방지하기 위하여 해당 업무에 관하여 상당한 주의와 감독을 게을리하지 아니한 경우에는 그러하지 아니하다.

② 법인의 대표자나 법인 또는 개인의 대리인, 사용인, 그 밖의 종업원이 그 법인 또는 개인의 업무에 관하여 제71조부터 제73조까지의 어느 하나에 해당하는 위반행위를 하면 그 행위자를 벌하는 외에 그 법인 또는 개인에게도 해당 조문의 벌금형을 과(科)한다. 다만, 법인 또는 개인이 그 위반행위를 방지하기 위하여 해당 업무에 관하여 상당한 주의와 감독을 게을리하지 아니한 경우에는 그러하지 아니하다.

[시행일 : 2011.9.30] 제74조

제75조(과태료) ① 다음 각 호의 어느 하나에 해당하는 자에게는 5천만원 이하의 과태료를 부과한다.

1. 제15조제1항을 위반하여 개인정보를 수집한 자
2. 제22조제5항을 위반하여 법정대리인의 동의를 받지 아니한 자

3. 제25조제2항을 위반하여 영상정보처리기기를 설치·운영한 자

② 다음 각 호의 어느 하나에 해당하는 자에게는 3천만원 이하의 과태료를 부과한다.

1. 제15조제2항, 제17조제2항, 제18조제3항 또는 제26조제3항을 위반하여 정보주체에게 알려야 할 사항을 알리지 아니한 자
2. 제16조제2항 또는 제22조제4항을 위반하여 재화 또는 서비스의 제공을 거부한 자
3. 제20조제1항을 위반하여 정보주체에게 같은 항 각 호의 사실을 알리지 아니한 자
4. 제21조제1항을 위반하여 개인정보를 파기하지 아니한 자
5. 제24조제2항을 위반하여 정보주체가 주민등록번호를 사용하지 아니할 수 있는 방법을 제공하지 아니한 자
6. 제24조제3항, 제25조제6항 또는 제29조를 위반하여 안전성 확보에 필요한 조치를 하지 아니한 자
7. 제25조제1항을 위반하여 영상정보처리기기를 설치·운영한 자
8. 제34조제1항을 위반하여 정보주체에게 같은 항 각 호의 사실을 알리지 아니한 자
9. 제34조제3항을 위반하여 조치 결과를 신고하지 아니한 자
10. 제35조제3항을 위반하여 열람을 제한하거나 거절한 자
11. 제36조제2항을 위반하여 정정·삭제 등 필요한 조치를 하지 아니한 자
12. 제37조제4항을 위반하여 처리가 정지된 개인정보에 대하여 파기 등 필요한 조치를 하지 아니한 자
13. 제64조제1항에 따른 시정명령에 따르지 아니한 자

③ 다음 각 호의 어느 하나에 해당하는 자에게는 1천만원 이하의 과태료를 부과한다.

1. 제21조제3항을 위반하여 개인정보를 분리하여 저장·관리하지 아니한 자

2. 제22조제1항부터 제3항까지의 규정을 위반하여 동의를 받은 자
3. 제25조제4항을 위반하여 안내판 설치 등 필요한 조치를 하지 아니한 자
4. 제26조제1항을 위반하여 업무 위탁 시 같은 항 각 호의 내용이 포함된 문서에 의하지 아니한 자
5. 제26조제2항을 위반하여 위탁하는 업무의 내용과 수탁자를 공개하지 아니한 자
6. 제27조제1항 또는 제2항을 위반하여 정보주체에게 개인정보의 이전 사실을 알리지 아니한 자
7. 제30조제1항 또는 제2항을 위반하여 개인정보 처리방침을 정하지 아니하거나 이를 공개하지 아니한 자
8. 제31조제1항을 위반하여 개인정보 보호책임자를 지정하지 아니한 자
9. 제35조제3항 · 제4항, 제36조제2항 · 제4항 또는 제37조제3항을 위반하여 정보주체에게 알려야 할 사항을 알리지 아니한 자
10. 제63조제1항에 따른 관계 물품 · 서류 등 자료를 제출하지 아니하거나 거짓으로 제출한 자
11. 제63조제2항에 따른 출입 · 검사를 거부 · 방해 또는 기피한 자

④ 제1항부터 제3항까지의 규정에 따른 과태료는 대통령령으로 정하는 바에 따라 행정안전부장관과 관계 중앙행정기관의 장이 부과 · 징수한다. 이 경우 관계 중앙행정기관의 장은 소관 분야의 개인정보처리자에게 과태료를 부과 · 징수한다.

[시행일 : 2012.3.30] 제75조제2항제5호

부칙 〈제10465호, 2011. 3.29〉

제1조(시행일) 이 법은 공포 후 6개월이 경과한 날부터 시행한다. 다만, 제24조제2항 및 제75조제2항제5호는 공포 후 1년이 경과한 날부터 시행한다.

제2조(다른 법률의 폐지) 공공기관의 개인정보보호에 관한 법률은 폐지한다.

제3조(개인정보분쟁조정위원회에 관한 경과조치) 이 법 시행 당시 종전의 「정보통신망 이용촉진 및 정보보호 등에 관한 법률」에 따른 개인정보분쟁조정위원회의 행위나 개인정보분쟁조정위원회에 대한 행위는 그에 해당하는 이 법에 따른 개인정보 분쟁조정위원회의 행위나 개인정보 분쟁조정위원회에 대한 행위로 본다.

제4조(처리 중인 개인정보에 관한 경과조치) 이 법 시행 전에 다른 법령에 따라 적법하게 처리된 개인정보는 이 법에 따라 처리된 것으로 본다.

제5조(벌칙의 적용에 관한 경과조치) ① 이 법 시행 전에 종전의 「공공기관의 개인정보보호에 관한 법률」을 위반한 행위에 대하여 벌칙을 적용할 때에는 종전의 「공공기관의 개인정보보호에 관한 법률」에 따른다.

② 이 법 시행 전에 종전의 「정보통신망 이용촉진 및 정보보호 등에 관한 법률」을 위반한 행위에 대하여 벌칙을 적용할 때에는 종전의 「정보통신망 이용촉진 및 정보보호 등에 관한 법률」에 따른다.

제6조(다른 법률의 개정) ① 6 · 25 전사자유해의 발굴 등에 관한 법률 일부를 다음과 같이 개정한다.

제14조제1항제2호 중 "「공공기관의 개인정보보호에 관한 법률」 제2조제2호"를 "「개인정보 보호법」 제2조제1호"로 한다.

② 공직자윤리법 일부를 다음과 같이 개정한다.

제6조제6항 및 제9항 중 "「공공기관의 개인정보보호에 관한 법률」 제10조"를 각각 "「개인정보 보호법」 제18조"로 한다.

③ 국가공무원법 일부를 다음과 같이 개정한다.

제19조의3제3항 중 "「공공기관의 개인정보보호에 관한 법률」 제2조제1호"를 "「개인정보 보호법」 제2조제6호"로 하고, 같은 조 제4항 중 "「공공기관의 개인정보보호에 관한 법률」"을 "「개인정보 보호법」"으로 한다.

④ 발명진흥법 일부를 다음과 같이 개정한다.

제20조의2제1항 중 "「공공기관의 개인정보보호에 관한 법률」"을 "「개인정보 보호법」"으로 한다.

⑤ 신용정보의 이용 및 보호에 관한 법률 일부를 다음과 같이 개정한다.
제23조제2항제2호를 다음과 같이 한다.
2. 「개인정보 보호법」
⑥ 아동복지법 일부를 다음과 같이 개정한다.
제9조의2제3항 중 "「공공기관의 개인정보보호에 관한 법률」"을 "「개인정보 보호법」"으로 한다.
⑦ 법률 제10333호 암관리법 전부개정법률 일부를 다음과 같이 개정한다.
제14조제1항 후단 중 "「공공기관의 개인정보보호에 관한 법률」 제3조제2항"을 "「개인정보 보호법」 제58조제1항"으로 한다.
제49조 중 "「공공기관의 개인정보보호에 관한 법률」 제10조제3항"을 "「개인정보 보호법」 제18조제2항"으로 한다.
⑧ 장애인차별금지 및 권리구제 등에 관한 법률 일부를 다음과 같이 개정한다.
제3조제8호다목 중 "「공공기관의 개인정보보호에 관한 법률」 제2조제2호"를 "「개인정보 보호법」 제2조제1호"로 한다.
제22조제2항 중 "「공공기관의 개인정보보호에 관한 법률」"을 "「개인정보 보호법」"으로 한다.
⑨ 전자서명법 일부를 다음과 같이 개정한다.
제24조제2항을 삭제한다.
⑩ 전자정부법 일부를 다음과 같이 개정한다.
제21조제2항 중 "「공공기관의 개인정보보호에 관한 법률」 제2조제2호"를 "「개인정보 보호법」 제2조제1호"로 한다.
제39조제4항 중 "「공공기관의 개인정보보호에 관한 법률」 제5조"를 "「개인정보 보호법」 제32조"로, "같은 법 제20조제1항에 따른 공공기관개인정보보호심의위원회의 심의를 거쳐"를 "「개인정보 보호법」 제7조에 따른 개인정보 보호위원회의 심의?의결을 거쳐"로 한다.
제42조제1항 중 "「공공기관의 개인정보보호에 관한 법률」 제2조제8호"를

"「개인정보 보호법」 제2조제3호"로, "「공공기관의 개인정보보호에 관한 법률」 제10조제3항제1호 및 같은 조 제5항은"을 "「개인정보 보호법」 제18조제2항제1호 및 제19조제1호는"으로 한다.

⑪ 정보통신망 이용촉진 및 정보보호 등에 관한 법률 일부를 다음과 같이 개정한다.

제4장제4절(제33조, 제33조의2, 제34조부터 제40조까지), 제66조제1호 및 제67조를 각각 삭제한다.

제4조제1항 · 제3항, 제64조의2제3항 후단, 제65조제1항 및 제69조 중 "행정안전부장관, 지식경제부장관 또는 방송통신위원회"를 각각 "지식경제부장관 또는 방송통신위원회"로 한다.

제64조제1항 각 호 외의 부분 · 제3항 · 제4항 전단 · 제5항 전단 · 제6항 · 제9항 · 제10항, 제64조의2제1항 · 제2항 · 제3항 각 호 외의 부분 전단, 제65조제3항, 제76조제1항제12호 및 제4항부터 제6항까지 중 "행정안전부장관 또는 방송통신위원회"를 각각 "방송통신위원회"로 한다.

⑫ 채권의 공정한 추심에 관한 법률 일부를 다음과 같이 개정한다.

제2조제5호 중 "「공공기관의 개인정보보호에 관한 법률」 제2조제2호"를 "「개인정보 보호법」 제2조제1호"로 한다.

⑬ 출입국관리법 일부를 다음과 같이 개정한다.

제12조의2제6항 및 제38조제3항 중 "「공공기관의 개인정보보호에 관한 법률」"을 각각 "「개인정보 보호법」"으로 한다.

⑭ 한국장학재단 설립 등에 관한 법률 일부를 다음과 같이 개정한다.

제50조제3항 중 "「공공기관의 개인정보보호에 관한 법률」"을 "「개인정보 보호법」"으로 한다.

제7조(다른 법령과의 관계) 이 법 시행 당시 다른 법령에서 종전의 「공공기관의 개인정보보호에 관한 법률」 또는 그 규정을 인용하고 있는 경우 이 법 중 그에 해당하는 규정이 있을 때에는 종전의 규정을 갈음하여 이 법 또는 이 법의 해당 규정을 인용한 것으로 본다.

참고문헌

1. 국내 문헌

김두현·김정현, 민간경비론, 경호출판사, 2005.

김병호, 화재경보설비, 기문당, 1997.

이강열, 경비지도사 기계경비개론, 백산출판사, 2008.

이봉훈, 센서의 이야기, 도서출판 세화, 1998.

이영실, 소방설비, 성안당, 1998.

전자기술연구회, 센서와 전자회로, 1999.

조대진, RFID 이론과 응용, 홍릉과학출판사, 2005.

지창환, CCTV시스템 구축, 인포더북스, 2009.

2. 외국 문헌

Clarles Schnabolk, *Physical Security*, Butterworths, 1983.

Delton T. Horn, *Electronic Alarm and Security Systems*, 1995.

James F. Broder, *Risk Analysis and Security Survey*, Butterworth–Heinemann, 1984.

John E.Traister, *Design and Application of Security, Fire–Alarm System*, Macgraw–Hill Publishing, 1980.

Philip P. Purpura, *Security and Prevention*, Butterworth–Heinemann, 1988.

Philip Walker, *Electronic Security System*, Butterworths, 1988.

Robert L.Barnard, *Intrusion Detection System*, Butterworths, 1988.

Robert J. Fischer, *Introduction to Security*, Butterworth–Heinemann, 1998.

Shari Mendelson Gallery, *Physical Security*, Butterworths, 1986.

Shari Mendelson Gallery, *Security Management*, Butterworths, 1984.

저자약력

정태황(鄭太況)

진주고등학교 졸업
울산대학교 기계공학과 졸업
고려대학교 경영학 석사
전북대학교 공학 박사
미국 콜로라도 주립 Police Academy 사법행정과정 수료
현재) 한서대학교 경호비서학과 교수

G20 정상회의 안전자문
문화재청 문화재 도난방지시스템 자문
한국경비협회 기계경비시스템 자문
주식회사 에스원(SECOM), 주식회사 H.D.S 등 자문
한국산업공단 기계경비지도사 출제위원
인터넷 방범시스템 개발

[저서]
경호운전, 도서출판 쟁기, 1996
경호실무론, 백산출판사, 2001
경호장비의 이해, 백산출판사, 2004

기계경비개론(개정판)

2001년 10월 10일 초 판 발행
2007년 8월 25일 제 3 판 발행
2011년 8월 30일 개정판 발행

저 자 정 태 황
발행인 (寅製) 진 욱 상

저자와의 합의하에 인지첩부 생략

발행처 백산출판사
서울시 성북구 정릉3동 653-40
등록 : 1974. 1. 9. 제 1-72호
전화 : 914-1621, 917-6240
FAX : 912-4438
http://www.ibaeksan.kr
editbsp@naver.com

값 17,000원
ISBN 89-7739-412-0